복잡한 세상을 단박에 정리해주는

세계 에너지
전쟁 지도

복잡한 세상을 단박에 정리해주는

세계 에너지 전쟁 지도

히라타 다케오 지음 ｜ 양하은 옮김

NATURAL RESOURCES AND ENERGY

세계 주요국의 에너지 전략에서 미래지도까지,
세계를 한 권으로 읽는다

와세다 대학
16년
화제의 명강의

nomad
지식노마드

나는 2007년부터 와세다대학 전 학부를 대상으로 일반교양 강의를 열었고 현재는 세계 각국의 에너지 자원 전략을 가르치고 있다. 그리고 10년이 넘도록 이 강의를 통해 각국의 에너지 전략 변화를 학생들에게 전달했다.

2006년 와세다대학 교수로 취임했을 당시 나는 에너지 관련 이공학부 교수와 논의하던 중 세계 각국의 에너지 정세를 가르치는 수업이 반드시 필요한데도 어째서인지 학부 교육과정에 아직까지 개설되지 않았다는 사실을 알게 되었다. 세계 에너지 정세는 문과 학부라면 국제정치나 비즈니스를 이해하는 데 빼놓을 수 없는 지식이고, 이과 학부에서도 시야를 넓히기 위해 필수적인 지식인데도 말이다.

예를 들어 2022년 월드컵은 카타르에서 개최되었는데 그 이전 개최된 나라는 러시아, 브라질, 남아프리카공화국으로 모두 자원생산국이다. 그 이유를 탐구하면 스포츠과학부 학생들에게도 귀중한 학습의 기회가 될 것으로 생각되었다. 따라서 나는 전 학부의 공통과목으로 에너지 정세 강의를 개설했다. 나는 2002년 공익재단법인 일본축구협회(JFA)로 이직하기 전까지 자원에너지청 석유 천연가스 과장으로 근무하였으며 당시 이란, 아랍에미리트, 쿠웨이트 등의 중동 국가와 카자흐스탄이나 아제르바이잔 등의 카스피해 연안국과 석유 이권 교섭을 진행했던 경험이 있었기에 어느 정도 자신이 있었다.

처음 수업을 시작한 2007년에는 1학기에 〈에너지 및 지구 환경 국가 전략과 비즈니스〉라는 강의명으로 진행했지만, 2010년부터 1학기와 2학기 두 과목을 개설하여 최근에는 〈에너지 자원과 지구 환경 문제를 고찰하다〉와 〈격동하는 세계 에너지 자원을 부감하다〉라는 두 개의 강의를 화상수업으로 진행하고 있다. 세계정세가 변화할 때마다 수업에 반영하고 그 미묘함을 알기 쉽게 전달하는 일은 힘들기도 했지만 매년 학생들의 열렬한 반응에 힘입어 더 잘 가르쳐야겠다는 자극을 받았다.

그동안 강의하며 느낀 학생들의 반응은 강의가 시작할 때는 대부분 학부와 관계없이 기후 정책에만 집중하며 개발도상국 지원에 열의를 보이는 학생들이 많았다. 하지만 3개월의 강의가 끝나갈 무렵에는 지구온난화 대책을 지나치게 추구하여 '자국 산업을 쇠퇴하게 만들어서는 안 된다, 에너지 자급률을 높이지 않으면 나라의 미래가 불안해진다'라는 식으로 생각에 균형이 잡히는 것을 볼 수 있었다. 특히 취업 전선에 뛰어든 학생들에게서 그런 경향은 분명하게 나타났다.

또 한편으로, 러시아가 우크라이나를 침공한 2022년은 수업 반응이 완전히 반대였다. 개전 직후였고 매일 관련 보도나 뉴스가 잇따랐기 때문에 학생들도 에너지 문제가 피부에 와닿았을 것이다. 에너지 전략을 잘못 세우면 국가의 독립과 안정이 위협받는다는 사실을 실감하고 지구온난화 대책도 중요하지만, 먼저 안전을 확보해야 한다는 인식이 돋보였다. 2007년에 강의를 개설한 이래 가장 그 목적을 체감할 수 있었던 해였다.

그러나 한 가지 우려되는 점은 이렇게 중요한 주제인데도 일본 대학의 어느 학부에서도 세계 각국의 에너지 자원 전략을 개괄하는 강의가 보이지 않는다는 것이었다. 당연한 말이지만 대학생은 앞으로 사회인이 된다. 세계 에너지 자원 정세는 사회인들에게 필수적인 지식이고 정치나 언론뿐 아니라 어느 분야에서 일하더라도 중요하게 작용할 지식인 것이다. 좋든 싫든 한 사람의 시민으로서 에너지와 지구 환경은 평생 접하게 될 주제이다.

나는 독자 여러분이 국제 사회에 나가서도 에너지와 지구 환경 분
야에서 모범적인 세계 시민으로서 활약했으면 하는 바람으로 이 책을
집필했다. 독자 여러분이 에너지 자원을 둘러싼 세계정세를 이해하는
데 이 책이 조금이라도 도움이 되기를 소망한다.

차례

제0장

격동하는 세계의 에너지 자원을 조망하다

제1장

에너지 전략에 대한 기본적 관점

제10장

일본

인접국의 위협 속에서 안전보장과 산업 경쟁력을 강화하는
에너지 전략의 필요성

격동하는
세계 에너지 자원을
조망하다

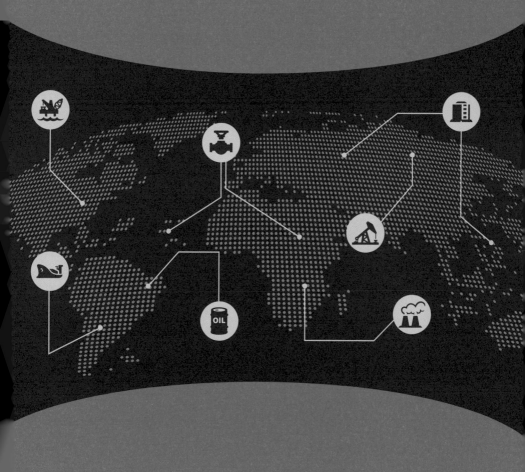

01 에너지를 이용한 푸틴 정권의 세계 영향력 확대

　　본문에 들어가기에 앞서, 먼저 세계의 에너지 전략을 둘러싼 역학을 이해하는 데 도움이 되는 몇 가지 토픽을 소개하고자 한다. 현재 진행으로 격변하는 에너지와 관련된 주요 동향을 파악하여 세계를 바라보는 시야를 넓히는 데 도움이 될 것이다.

　　첫 번째는 2000년 이후 줄곧 권좌를 차지하고 있는 푸틴 정권의 에너지 전략이다. 그동안 러시아는 에너지 전략을 통해 세계에 미치는 영향력을 확대해 왔다. 여기서는 러시아와 우크라이나의 어긋난 관계를 짚어본 다음 유럽과 중동, 중국에 대한 러시아의 영향력이 어떻게 확대되었는지 살펴볼 것이다.

우크라이나와의 관계

　　먼저 에너지를 중심으로 둘러싼 러시아와 우크라이나의 관계를 알아보자.

　　우크라이나는 러시아와 유럽 사이를 잇는 파이프라인이 통과하는 중요한 나라이다. 러시아에서 우크라이나, 슬로바키아, 체코 등을 경유하여 독일로 천연가스가 대량 수송된다. 러시아산 천연가스는 독일로 운반되어 국내에서 소비될 뿐 아니라 유럽 각국으로 수출되므로 독일에 우크라이나의 중요성은 매우 크다.

우크라이나를 경유하는 이 파이프라인은 소련 시절이었던 1964년 '드루즈바(우정)'라는 이름으로 건설되어 코메콘(경제상호원조회의)을 비롯한 공산권 국가들에 에너지를 공급하는 역할을 했다. 심지어 1985년에 당시 엄격하게 관리되고 있던 베를린 장벽을 일시적으로 무너뜨리면서까지 서베를린으로 파이프라인을 연결하기도 했다. 이 드루즈바 파이프라인을 통해 수송된 가스가 서베를린(구서독) 가스 공급의 9할을 차지하게 될 정도로 동서 냉전 시대부터 소련과 독일은 에너지 외교로 긴밀하게 연결되어 왔다.

1991년 소련이 붕괴하면서 러시아와 우크라이나는 분리되었고 그때부터 파이프라인을 둘러싼 골치 아픈 신경전이 시작되었다. 러시아의 국영 가스회사 가스프롬(Gazprom)은 우크라이나에 파이프라인 관리권을 요구했으나 거부당했고 이에 화가 난 러시아는 우크라이나를 우회하여 벨라루스, 폴란드를 경유하거나 흑해를 통과하는 파이프라인을 건설했다. 2004년 우크라이나에 반러시아 정권이 탄생하자 러시아는 형제 가격을 폐지하며 종전의 5배로 대폭 가격을 인상하고, 2006년과 2009년에는 우크라이나를 향한 가스 공급을 갑자기 중단하는 등 우크라이나 정권을 흔들어 놓았다. 게다가 러시아는 우크라이나를 우회하는 대용량 파이프라인을 손에 넣기 위해 2011년에 독일과 러시아를 직통으로 잇는 파이프라인인 '노르트스트림'을 개통했다. 러시아 북서부 비보르크에서 발트해 해저를 지나 독일 북동부 루브민으로 연결되는 이 파이프라인이 우크라이나 우회 기조에 박차를 가했던 것이다. 독일로서는 우크라이나를 경유하는 파이프라인이 정치 문제로 끊길 위험이 사라지고, 러시아로서는 우크라이나의 영향을 배제하고 가스프롬이 관리하는 파이프라인을 손에 넣는 획기적인 방책이었다.

2021년에는 한층 용량을 확대한 '노르트스트림 2'라는 파이프라인이 완성되었으나 우크라이나 침공으로 인해 지금은 운용되고 있지 않다.

여기까지의 흐름을 되짚어 보면, 우크라이나 우회는 러시아와 독일의 공통된 이익이었다. 그러나 러시아의 우크라이나 침공으로 이

▶ **도표 1 러시아의 파이프라인 구축**

드루즈바 파이프라인(1964년 건설) 세계 최장 석유 파이프라인

· 동서 냉전 시기에 경제협력기구 코메콘 가맹국 간에 석유를 공급, '우정 가스 파이프라인'이라고도 불린다.
· 카스피해, 시베리아 서부, 우랄의 석유가 사마라에 모인 후 벨라루스의 마지르를 경유, 북쪽으로는 폴란드와 구동독, 남쪽으로는 우크라이나, 슬로바키아, 체코, 헝가리로 향하는 파이프라인을 구축했다.

출처: United States Department of Energy 자료를 토대로 작성

▶ 도표 2 파이프라인이 외교 도구로 이용된 사례

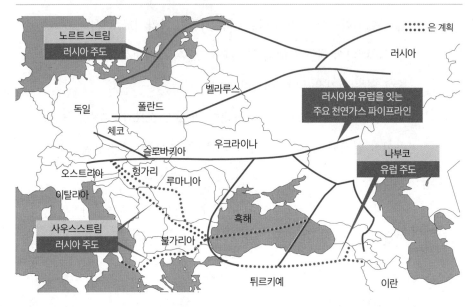

· 러시아가 우크라이나로 가는 가스 공급을 정지(2009년 1월)했다.
· EU가 러시아에서 수입하는 천연가스의 8할을 차지하는 우크라이나 경유 가스 공급을 정지하여 300~350백만㎥/d의 가스 공급이 2주간 정지되었다.

출처: United States Department of Energy 자료를 토대로 작성

관계는 근본적으로 변해가고 있다.

유럽과의 관계

이러한 배경을 염두에 두고 이제 유럽 주요국의 천연가스 러시아 의존도를 살펴보자. 독일 65.2%, 이탈리아 43.3%, 영국 6.7%, 프랑스 16.8%, 그리고 폴란드가 54.9%, 불가리아가 75.2%이다. 여러 유럽 국가의 러시아 의존도가 높지만, 주요국 중에서는 독일의 러시아 의

▶ **도표 3 국가별 원유·천연가스 러시아 의존도**

나라·지역	원유(%)	천연가스(%)
EU 가맹국 전체(2020년 이후)	25.7	38.7
유로존 19개국(2015년 이후)	23.0	34.9
벨기에	29.9	6.5
불가리아	0.0	75.2
체코	48.8	100.0
덴마크	12.2	0.0
독일(1990년까지는 구 서독일)	34.0	65.2
에스토니아		46.2
아일랜드	0.0	0.0
그리스	17.	39.0
스페인	1.8	10.4
프랑스	8.8	16.8
크로아티아	0.0	0.0
이탈리아	11.1	43.3
라트비아		100.0
리투아니아	72.6	41.8
룩셈부르크		27.2
헝가리	61.0	95.0
몰타 공화국		0.0
네덜란드	26.5	30.3
오스트리아	10.1	0.0
폴란드	72.0	54.9
포르투갈	0.0	9.7
루마니아	32.3	44.8
슬로베니아		8.7
슬로바키아	100.0	85.4
핀란드	84.0	67.4
스웨덴	7.7	12.7
리히텐슈타인		47.0
노르웨이	2.4	30.0
영국	8.5	6.7
북마케도니아		100.0
세르비아	29.8	100.0
튀르키예	11.1	33.6
보스니아 헤르체고비나		100.0
몰도바 공화국		100.0
우크라이나	0.0	0.0
조지아	0.0	0.0

출처: Eurostat(2020)

존도가 두드러지게 높다.

이 때문에 러시아의 우크라이나 침공 후에도 독일은 우크라이나 지원에 소극적이었다. 예를 들어 각국이 우크라이나에 무기 등을 지원했을 때 독일은 헬멧을 지원하는 데 그쳤던 것이다. 독일 정권은 친러 성향이라는 비난을 받았고, 독일의 슈뢰더 전 총리가 러시아 국영 석유회사 로스네프트와 국영 가스회사 가스프롬에서 이사직을 맡고 있다는 사실도 비판적으로 보도되었다.

독일과 대조적인 행보를 보인 나라가 이탈리아이다. 이탈리아는 독일과 마찬가지로 천연가스를 러시아에 크게 의존하고 있었지만, 드라기 전 총리는 탈러시아 노선을 분명하게 밝혔고 이를 위해 천연가스를 절약하자며 "평화를 원하는가, 에어컨을 원하는가?"라고 국민에게 호소했다.

중동과의 관계

다음으로 중동 및 OPEC(석유수출국기구)에 대한 영향력 확대를 살펴보자.

러시아는 OPEC에도 커다란 영향력을 끼치고 있다. 러시아는 2016년에 원유 생산 세계 점유율 20%를 차지하는 OPEC 비가맹 10개국을 모아 OPEC과 연계한 OPEC+라는 조직을 창설했다. 이전에는 압도적이었던 OPEC의 원유 생산 세계 점유율이 과반 이하로 떨어져 41.5%(2019년)가 되었는데 이것이 OPEC+가 탄생하는 계기

· **OPEC+**
러시아는 석유수출국기구 (OPEC)와 비가맹 주요 산유국으로 이루어진 OPEC+의 멤버로 OPEC+ 전체 생산량 중 23%를 차지한다.

· **사우디아라비아의 러시아 지지 표명**
OPEC+ 멤버인 러시아를 지지하고 OPEC+의 분열을 회피하려는 자세이다.
2022년 5월 5일, 사우디아라비아와 러시아가 주도하는 OPEC+ 각료회의에서 결정된 6월 생산량은 소폭 증산 방침을 유지(미국과의 관계가 미묘해짐)했다.

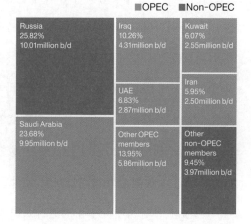

■OPEC ■Non-OPEC

Russia 25.82% 10.01million b/d	Iraq 10.26% 4.31million b/d	Kuwait 6.07% 2.55million b/d
	UAE 6.83% 2.87million b/d	Iran 5.95% 2.50million b/d
Saudi Arabia 23.68% 9.95million b/d	Other OPEC members 13.95% 5.86million b/d	Other non-OPEC members 9.45% 3.97million b/d

출처: S&P Global Platts

가 되었다. OPEC+는 세계 전체 원유 생산의 60% 이상을 차지하여 세계 원유 가격 지배권을 되찾았고, OPEC+ 중에서 생산량이 독보적으로 많은 러시아와 사우디아라비아가 리더 역할을 하고 있다.

2022년 7월에 바이든 대통령은 사우디아라비아를 방문하여 석유 증산을 요청했다. OPEC 시대였다면 비교적 쉽게 받아들여졌을지도 모르지만, 지금은 사우디아라비아뿐 아니라 러시아의 의향도 중요해져 난항을 겪었다.

중국과의 관계

러시아가 에너지 분야에서 중국과의 관계를 강화하고 있다는 점은 더욱 흥미롭다. 러시아에서 중국으로 수출되는 원유량의 움직임을 살펴보면 2012년에서 2013년 이후 급증했음을 알 수 있다. 우크라이나 침공에 따른 러시아 제재에 적극적이지 않은 중국은 러시아에서 수입하는 원유량을 더욱 늘릴 것으로 보인다.

천연가스의 경우 2019년 12월에 완성한 '시베리아의 힘'이라는 파이프라인을 통해 동시베리아에서 중국으로 수출하고 있다. 더불어 서시베리아, 동시베리아의 천연가스를 몽골을 경유하여 중국으로 수출하는 '시베리아의 힘2'도 건설할 예정이다.

2022년 2월 4일 베이징 올림픽 개회식에 참석하러 베이징을 방문한 푸틴 대통령은 시진핑 국가주석과 회담을 가졌다. 회담에서는 연간 100억m^3의 천연가스를 러시아 극동에서 중국으로 추가 공급하여 연간 480억m^3로 확대할 의향을 밝혔다. 마치 2월 24일 우크라이나를 침공하기 전에 일부러 체결한 듯한 타이밍이었다. 이는 유럽 국가들이 러시아 석유 수입을 금지하고 천연가스도 탈러시아를 추진하는 가운데 새로운 판매처를 찾아야 하는 러시아와, 글래스고 합의에 따라 석탄 소비를 줄이면서 경제 성장을 지탱할 에너지를 안정적이고 경제적으로 확보해야 하는 중국 양쪽 모두에 이득이 되는 계약이었다. 앞으로는 러시아와 중국을 직결하는 파이프라인으로 양국의 연계가 더욱 깊어질 것으로 예상된다. 참고로 2014년 2월 6일 소치올림픽 개회식에 참석하기 위해 소치를 방문한 시진핑 국가주석과 푸틴 대통령 간에 회담이 있었고, 그 직후인 2월 23일에 러시아는 크림반도를 침공했다.

에너지 가격 변동이 러시아에 미치는 영향

에너지 가격 상승의 주된 원인은 세계 경제 성장에 의한 수요 압박이나 투자 확대지만, 분쟁이나 전쟁으로도 에너지 가격은 오르고 있다. 이번 러시아의 우크라이나 침공 후 러시아에 책임을 물어 수입 금지 등 탈러시아를 추진한다 해도 에너지 가격 상승 때문에 러시아의 재정은 더욱 윤택해질 거라는 지적도 있다. 게다가 러시아가 리더를 맡고 있는 OPEC+가 있으므로 가격이 급락할 가능성은 더욱 희박하다.

좋은 의미로도 나쁜 의미로도 화석연료 일변도인 러시아 경제는 에너지 가격 변동에 좌우된다. 20달러 전후였던 유가가 10달러 선까지 하락한 1998년 12월에는 러시아를 비롯한 산유국 재정에 적신호가 켜졌다. 그러나 푸틴 정권이 탄생한 2000년에는 유가가 30달러를 넘었고, 이후 기본적으로 상승을 거듭하여 2008년에는 145달러를 돌파했다. 리먼 쇼크로 40달러까지 떨어진 적은 있으나 그 후 회복세로 돌아서 미국이 셰일 혁명을 통해 수출국으로 전환할 때까지 고유가가 이어졌다. 이처럼 푸틴 대통령이 권력을 쥔 20여 년간 러시아 경제는 상승을 거듭하는 유가와 국영회사 육성을 통한 수출량 증가로 성장했다. 벌어들이는 외화도 비약적으로 증가하여 국민 생활이 윤택해졌다. 그 결과 푸틴 대통령은 국내에도 단단한 정권 기반을 확립했다.

지금까지 러시아가 유럽, 중동 및 OPEC, 중국에 대한 영향력을 확대한 과정과 그 배경을 살펴보았다. 세계를 보는 눈을 기르기 위해 필수적인 지식이므로 러시아의 에너지 전략을 확실하게 이해하도록 하자. 참고로 일본도 러시아와 협력하여 사할린의 천연가스 개발에 참여하고 액화천연가스(LNG)를 수입하고 있다. 이러한 인접 국가들의 동향은 에너지 관점에서 귀중한 지식이다.

02 독일의 급회전: 재생에너지 추진 정책과 탈원전, 탈석탄에서 탈러시아로

러시아의 우크라이나 침공으로 독일은 에너지 전략을 대폭 수정할 수밖에 없게 되었다.

지금까지 독일은 재생에너지 추진과 탈원전, 탈석탄 분야에서 세계적으로 앞서 나가며 타국에도 큰 영향을 끼쳤지만, 그 기반이었던 러시아산 천연가스 수입은 근본적으로 무너지고 말았다. 이로써 의도적인 정책으로 러시아 의존도를 높여 왔던 독일의 에너지 전략은 커다란 전환점을 맞이하게 되었다.

독일의 재생에너지 추진 정책

도표 5는 독일의 2021년 상반기 발전원별 발전량을 구성한 것으로 재생가능에너지가 47.9%를 차지하고 있다. 그중 풍력의 비율이 가장 높고 태양광, 바이오매스, 수력이 그 뒤를 따르고 있다. 또한 글래스고 합의 이후 EU가 정의한 재생가능에너지에는 원자력과 천연가스도 포함된다. 독일은 대부분의 발전량이 재생가능에너지+원

▶ **도표 5 독일의 2021년 상반기 발전량 구성**

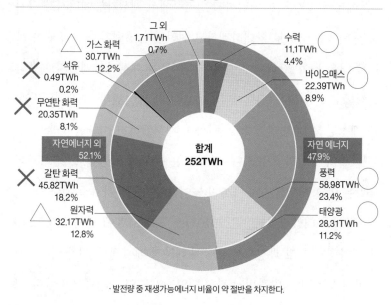

· 발전량 중 재생가능에너지 비율이 약 절반을 차지한다.

출처: Fraunhofer

자력+천연가스에서 오는 것이므로 EU 중에서도 지구온난화 대책의 리더 국가이다.

독일에서 재생에너지 개발의 추진력으로 작용한 것이 발전차액 지원제도(Feed in Tariff(FIT))이다. 이는 재생에너지 전환을 촉진하기 위한 정책으로, 정부가 사전에 전력회사의 매수 가격과 매수 기간을 강제로 정해주어 풍력발전과 태양광발전 사업을 시작하는 사업자가 채산성을 가늠할 수 있도록 하는 제도이다. 몇 번의 수정을 거쳐 온 FIT은 독일이 재생가능에너지를 이용한 발전량을 급격히 늘리는 데 일조했다. 이러한 목적을 달성했기에 FIT은 2016년에 폐지되었으나 재생에너지 추진에 큰 계기가 되어주었다.

메르켈 정권은 2030년까지 발전량에서 재생가능에너지가 차지하는 비율을 65%로 확대하겠다고 선언했다. 후임인 숄츠 정권은 목표를 더욱 높여 2030년에 발전량의 80%를 재생가능에너지로 충당하겠다고 발표했다. '전력매입법'을 제정한 1991년과 '재생에너지법'을 제정한 2000년에는 2020년까지 재생에너지 비율을 35%로 높이는 것이 독일의 목표였다. 그 목표는 무사히 달성했고, 2021년의 50%를 앞으로 어떻게 80%까지 높여나갈지 귀추가 주목된다.

독일의 태양광발전량은 2010년에 7,400MW에 달할 정도로 대폭 증가했지만, 그 과정에서 중국제 태양광 패널 등에 대한 의존도가 높아져 독일 내 태양광발전 관련 기업들의 경영 위기가 잇따랐다. 그러나 2013년에 EU가 중국제 태양광 패널에 대한 덤핑 방지 관세에 합의했는데도 독일의 정식 반대로 체결되지 않는 등 독일 정부는 국내 기업을 보호하는 조치를 하지 않았다. 천연가스의 러시아 의존도뿐 아니라 태양광발전 설비의 중국 의존도 또한 염두에 두어야 할 것이다.

독일의 탈원전 정책

2011년 동일본대지진으로 인한 후쿠시마 제1원전사고가 발생하자 독일은 즉시 2022년 말까지 탈원전 하기로 결정했다. 2011년은 마침 '노르트스트림'이 완성된 해이기도 하다. 당시 독일에는 원전이 17기 있었는데 그중 14기는 2021년 시점에 사용 중지된 상태이다. 그러나 러시아의 우크라이나 침공 이후 독일은 탈러시아로 방향을 전환하고 2022년 11월에는 남은 3기의 정지를 연기했다. 러시아와 독일을 직결하는 천연가스 파이프라인을 건설하고 그 천연가스를 기반으로 삼았던 독일은 에너지 전략을 급격히 전환해야 하는 처지가 되었고 탈원전과 탈석탄보다 탈러시아가 우선 과제로 떠올랐다.

트럼프 대통령은 2018년 7월에 독일을 "러시아의 포로"라고 비난했다. 크림반도 합병을 두고 서방 국가들이 러시아에 어떻게 대처할지 고민하고 있음에도 불구하고 독일은 러시아 의존도를 높이며 러시아산 천연가스에 대한 수입 대금으로 외화를 부지런히 나르고 있었기 때문이다. 현 시점에서 되돌아보면 트럼프 대통령의 발언은 정답에 가까웠다고 생각된다.

본론으로 돌아와서, 에너지 전략을 급히 수정하기로 한 독일은 맹렬한 속도로 정책을 시행해야 했다. 기본적으로 전기가 아닌 천연가스로 겨울철 난방을 하고 있으므로 겨울이 오기까지 반년이 채 안 되는 시간 동안 러시아 의존에서 탈피해야 하기 때문이었다. 이에 독일은 2022년 말까지 정지하기로 했던 원자력발전소를 연장 가동하기로 했지만, 원자력발전소를 보유한 주변 국가들은 제멋대로라며 분노했다. 지금까지 독일은 EU 전역에 펼쳐진 국제 전력망을 활용하여 주변국들이 원전과 수력으로 생산한 전기를 수입해 사용하면서도 국내에 그치지 않고 주변 국가에까지 탈원전을 여러 차례 요구해 왔던 것이었다.

특히 프랑스의 분노가 가장 컸다. 2022년 1월, EU는 화석연료인 천연가스와 원자력발전을 EU 택소노미(그린 택소노미 Green Taxonomy)에 포함시켰다. 이는 천연가스 의존도가 높은 독일과 원자력발전 의존도가 높은 프랑스 사이 정치적 합의의 산물이다. 그 과정에서 독일의 숄츠 정권은 '원전은 그린이 아니다'라고 비판했다.

탈석탄 정책에서 기조 전환

독일은 탈석탄을 위해 줄여나가던 석탄화력발전소 가동을 늘리고 석탄 수입 및 국내 생산도 확대했다. 독일 가르츠바일러 탄광에서는 근처 풍력발전 시설을 해체하면서까지 석탄 증산에 돌입했다. 환경운동가들의 항의가 쏟아진 것은 물론이고 해외에서도 우간다 대통령은 "적나라한 위선"이라고 비판했다.

　LNG 터미널 없이 러시아와 연결된 파이프라인으로만 천연가스를 수입하던 독일은 2022년 여름부터 가스 저장을 시작하고, 기록적인 속도로 건설 공사를 진행해 불과 200여 일 만에 북해 연안의 빌헬름스하펜(Wilhelmshaven)에 LNG 터미널을 완성했다. 카타르와 LNG 계약도 체결하여 러시아산만큼 저렴하지는 않더라도 2022년부터 2023년에 걸친 겨울 난방에 필요한 천연가스를 확보했다. 긴급 상황에서 독일이 보여준 경이적인 속도의 대응 능력은 존경하고 배워야할 점이 있다. 한편 독일 국가 재정의 건전성이 긴급 상황 대응책의폭을 넓혀주었다는 점도 기억해야 한다.

　앞으로 독일이 탈러시아 정책과 탈원전, 탈석탄 정책 간의 균형을 어떻게 잡을지, 그리고 재생에너지 추진과 LNG 수입 가속화를 어떤 식으로 해 나갈지 관심이 집중되고 있다. 또한 독일은 하이퍼 인플레이션을 겪어본 나라이므로 에너지 가격 억제정책도 이목을 끌고 있다. 자국 상황과 견주어 독일의 에너지 정책에 주목할 필요가있다.

03 미국의 셰일 혁명

미국은 2017년에 천연가스 순수출국이 되었다. 2007년부터 셰일가스 생산이 증가하여 2019년에는 미국 천연가스 생산량의 절반 이상을 차지할 만큼 확대된 것과 관련이 깊다. 지질 분석에 빅데이터를 활용하는 IT 기술 도입과 굴착 기술의 발전으로 생산량이 급증했기 때문이다. 생산 비용도 내려가 종전에 1배럴 40~70달러 선이던 채산 분기점이 현재는 30~40달러에서도 안정적으로 수익을 낼 수

▶ **도표 6 급증하는 셰일가스 생산량**

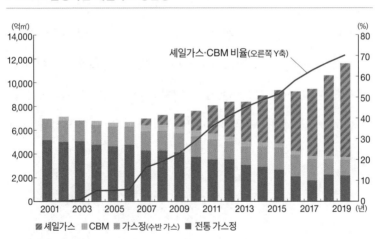

· 근래 굴착장치(리그) 당 생산량이 급증했는데 그 원인은 지질 분석에 빅데이터를 이용하는 등 IT 기술의 활용으로 생산기술이 고도화되었기 때문이다.
· 이전에 채산 가능한 기준은 1배럴 40~70달러였으나 30~40달러에도 안정적으로 채산이 가능해졌다.

(주) 전통 가스는 가스층을 향해 굴착한 가스정에서 채굴한다.
출처: EIA 〈Natural Gas Data〉에 기반하여 작성

있을 정도로 하락했다. 셰일 혁명은 미국을 수입국에서 수출국으로 변화시키고 세계 유가도 끌어내린, 그야말로 혁명적인 사건이었다.

과거 미국은 LNG를 수입했으나 셰일 혁명 이후 LNG를 수입할 필요가 없어졌고 오히려 수출 여력이 생겼다. 그러자 미국은 LNG 수입기지로 쓰던 곳을 LNG 수출기지로 전환했다. LNG 수출 프로젝트를 여럿 진행하고 있으며, 그중 텍사스 프리포트와 루이지애나 카메론에는 일본 기업도 적극적으로 참여하고 있다. 이 두 프로젝트는 비교적 최근인 2019년, 2020년에 가동을 개시했다.

미국은 근래 천연가스뿐 아니라 석유에서도 수출국이 되었는데 국내에서 셰일오일을 생산할 수 있게 되었기 때문이다. 이에 더해 석유 수입처를 캐나다로 바꾸면서 OPEC 가맹국에 대한 석유 수입 의존도를 대폭 낮추었다. 산유국에서 미국까지의 석유 수송 경로에서 국제 분쟁에 휘말릴 가능성을 격감시켰으므로 미국의 안전보장에도 커다란 플러스 요인이 된다.

중동과의 관계

2018년 10월, 튀르키예 이스탄불에 있는 사우디아라비아 총영사관에서 사우디아라비아 반체제과 언론인 자말 카슈끄지가 살해당했다. 빈살만 왕세자가 이 사건에 관여했다고 의심하는 보도에 소송도 발생했다. 트럼프 대통령은 이 사건과 관계없이 빈살만 왕세자와 밀접한 관계를 유지했지만, 2020년 당선된 바이든 대통령은 빈살만 왕세자에게 책임이 있다고 보아 2022년 7월 사우디아라비아 방문 당시 빈살만 왕세자와의 회담 자리에서 그 뜻을 밝혔다. 그런 영향 때문인지 러시아의 우크라이나 침공 후 에너지 가격 상승을 억제하기 위한 석유 증산 요청에 사우디아라비아는 소극적인 태도를 보였다.

1945년 2월 14일 미국 루스벨트 대통령과 사우디아라비아 압둘아지즈 초대 국왕 간의 회담으로 거슬러 올라가면, 미국이 사우디아라비아의 안전을 보장하는 대신 사우디아라비아가 미국에 적정한 가격으로 석유를 제공하는 약속(결제는 달러)을 맺었고 이것이 현재 국제 질서의 커다란 기초가 되었다. 그러나 최근 사우디아라비아는 러시아뿐 아니라 중국과의 관계도 강화하고 있다. 사우디아라비아와 러시아는 OPEC+라는 조직을 함께 이끌며 세계 석유 가격을 통제하고 있다.

사우디아라비아는 중국과도 깊은 관계를 맺으려 하고 있다. 중국과 아랍 국가들은 미국과 유럽이 주도하는 인권 의제에서 비판의 대상이 되고, 그 비판에 반발한다는 점에서 같은 입장이다. 시진핑 국가주석은 2022년 12월 7일에서 10일까지 사우디아라비아를 방문했다. 8일 정상회담 후 발표한 공동성명에서는 내정 상호 불간섭과 석유 및 원자력발전과 같은 에너지 분야에서의 협력 등 포괄적 전략 동반자 협정을 맺었다고 발표했다. 시진핑 국가주석은 원유 무역의 규모를 확대하고 유전 탐사와 개발에서의 협력을 강화하여 중국 국영기업을 통해 사우디아라비아의 유전 개발 참가 의욕도 내비쳤다. 또한 중국 원유 수입 중 약 50%를 차지하는 중동에서 위안화 결제를 추진하겠다는 뜻을 강조했다. 세계 최대 산유국과 세계 최대 석유소비국의 연계에 이목이 쏠리고 있다. 사우디아라비아에 석유 대금을 위안화로 결제하게 되면 탈달러 움직임이 가속화될 것이다.

한편 2021년 8월에 미군이 아프가니스탄에서 철수했다. 미국은 2001년 아프가니스탄에 부대를 파견하여 탈레반 정권을 축출했으나 그로부터 20년 후 탈레반에 아프가니스탄을 내어주게 되었다. 여기에 중국이 존재감을 표출하고 있다. 2023년 1월 아프가니스탄을 실효 지배하는 탈레반 임시정부는 중국 국영기업과 북부 유전 개발 계약을 맺은 것이다.

이처럼 셰일 혁명은 미국을 에너지 수출국으로 전환하고 중동 정책 등의 안전보장 정책과 외교에 큰 영향을 미쳤다.

4장에서 이에 대해 상세히 알아보기로 한다.

04 일본의 에너지 전략사

페리 원정과 에너지 전략의 관계

일본 근대사에서 1853년 페리 원정은 큰 사건이었다. 매튜 C. 페리 제독이 이끄는 미국 동인도함대가 일본을 찾아가 수교를 압박했고 그 결과 1854년에 미일 화친조약이 체결되었다. 이 조약에 따라 시모다와 하코다테가 개항되고 일본은 쇄국정책을 풀게 되었다.

미국이 일본과 수교하려던 배경에는 사실 에너지를 확보하려는 목적이 있었다. 페리 제독이 밀어붙인 3가지 요구사항을 보면 알 수 있다. 첫째 미일 간 친교와 무역의 촉진, 둘째 일본에서 조난된 선원의 생명과 재산 보호, 셋째 미국 상선과 포경선에 석탄과 장작, 물, 식료품을 보급하기 위한 항구의 개항이었다.

포경선에 물자를 보급할 항구를 열어달라는 이 요구사항 중 주목해야 할 것은 '포경(捕鯨)'이다. 미국은 에너지원으로 경유(鯨油)가 필요했다. 당시 미국은 산업혁명 중으로 종일 기계를 가동하는 공장이 늘고 있었기에 야간에 작업하기 위한 조명용 에너지로 고래기름이 필요했던 것이다. 고래기름은 기계의 윤활유, 초, 비누로도 사용했다.

이처럼 미국은 이른 시기부터 에너지를 확보하기 위해 해외까지 손을 뻗었다. 일본 역사를 크게 바꾸었다는 페리 원정의 배경에는 산업혁명으로 성장하는 미국이 에너지를 확보하려는 의도가 있었다. 또한 포경선에 보급할 석탄을 요구한 것은 일본의 에너지 전략에 큰 영향을 미쳤다. 하코다테에서 석탄을 보급하기 위해 홋카이도 시라누카초 구시로 탄전에 종전의 노천 채굴과는 달리, 일본 최초로 갱내 채굴을 도입하여 이후 일본 전체의 석탄 생산이 확대되는 계기가 되었다. 이처럼 페리 원정은 일본 에너지 전략에도 깊은 관련이 있다.

근대화와 부국강병의 기반이 된 석탄

일본의 석탄 소비는 1800년대 초부터 지쿠호와 가라쓰 등에서 채굴된 석탄을 사용하는 데서 시작되었다. 1854년에 미일 화친조약이 체결되고 하코다테에서 석탄을 보급하기 위해 홋카이도의 탄광이 개발되었다. 1870년대에 철도가 개통되자 석탄 생산은 전국으로 확산되었으며 상하이와 홍콩 등으로 수출도 하기 시작했다. 일본의 국내 석탄 생산량은 1888년 200만 톤에서 1902년 1,000만 톤까지 늘어났다. 때마침 1901년에 관영 야하타 제철소가 조업을 시작했고, 이후 경공업뿐 아니라 제철, 조선 등도 석탄을 에너지원 삼아 발전했다. 즉 석탄 자급이 산업 발전과 수출을 통한 외화 획득에 공헌한 것이다. 이처럼 일본의 근대화는 석탄에 기반했다.

자원이 없는 섬나라 일본은 근면한 국민성으로 노력하여 경제 발전을 이루었다는 것이 정설처럼 받아들여지고 있으나, 1868년 메

▶ 도표 7 일본의 근대화와 부국강병의 기반이 된 일본의 석탄 생산량

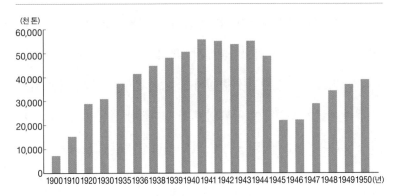

1901년 관영 야하타 제철소 조업 이래 경공업뿐 아니라 제철, 조선 등이 발전했다. 석탄은 일본 근대화의 기반이 되었다. 한편 제1차 세계대전 중에 일본 해군 군함의 연료는 석탄에서 중유로 전환되었다. 제2차 세계대전은 석유 확보가 필수였으나 일본 은 석유를 자급할 수 없었다.

출처: https://www.enecho.meti.go.jp/about/whitepaper/2018html/1-1-2.html

이지 유신 이후 일본의 근대화는 석탄이라는 기간 에너지를 자급할 수 있었기에 가능했다는 사실을 잘 인식할 필요가 있다.

1904년부터 1905년까지 벌어진 러일전쟁 당시 러시아의 발트 함대를 격파한 일본 함선은 석탄을 동력원으로 운항했다. 그러나 10여 년이 지난 1914년부터 1918년까지의 제2차 세계대전 당시 일 본 해군은 석탄에서 중유로 동력원을 바꾸기 시작했다.

1910년대 초, 아키타와 니가타에서 채취할 수 있는 일본 원유 생 산량은 연간 약 40만kl이었고 이를 가지고 국내 수요를 충당할 수 있 었다. 그러나 점차 산업용 내연기관, 어선 엔진, 공장 엔진 등 민간 사 용이 늘어나고 가정에서도 난방용 석유난로와 취사용 석유풍로 등

여러 용도로 사용되었으며 자동차도 보급되기 시작했다. 이로써 민간 석유 소비량이 연간 55만에서 60만kl로 증가하여 국내 생산 원유만으로는 충당할 수 없게 되자 석유 수입이 시작되었다. 그 결과 1925년부터는 수입분이 국내 생산분을 뛰어넘게 되었다. 그 후로도 근대화를 추진하면서 원유 수입량 그래프는 우상향 곡선을 그렸다.

자원 영역에서 신은 그야말로 불공평하다. 일본의 근대화에 석탄은 주어졌으나 석유는 주어지지 않았던 것이다.

에너지 정책 실패와 패전

제2차 세계대전에는 비행기가 투입되기 시작했는데, 당연하게도 전투기는 석탄이 아닌 석유로 움직였다. 때문에 석유 확보가 필수였으나 1910년대 이후 일본은 석유를 자급할 수 없었고 결국 석유 수입의 90%를 미국에 의존하게 되었다.

1937년 중일전쟁을 바라본 미국은 1939년 7월에 미일 통상항해조약을 파기하고 일본에 대한 석유 수출도 금지했다. 석유 조달을 서두르던 일본은 독일에 패배한 네덜란드의 식민지였던 인도네시아와 베트남 남부 등에서 석유 수급을 시도했지만 1941년 대일본 석유 수출 금지가 발표되었다. 그리고 1945년 태평양전쟁으로 돌입하자 인도네시아 팔렘방 등에 있던 주요 점령 유전과 제철소의 석유 생산량은 공습으로 인해 격감했다. 또한 미군 잠수함에 유조선이 파괴되어 석유 수송 능력도 급속히 떨어졌다. 일본 해군은 개전 후 2년이 지난

1943년 11월에 해상 호위 총사령부를 설립했으나 해로의 방위력이 약했고 일본 본토를 향한 공습에서도 석유 관련 시설이 확인 사살하듯 집중 폭격을 맞았다.

이처럼 지극히 중요한 석유 수입을 멀리 있는 미국 한 나라에만 90%를 의존하고 가까운 동남아시아에서는 석유를 확보하지 못한 것, 그런 미국과 적대관계로 돌아선 것이 일본에 큰 타격이 되었다. 따라서 태평양전쟁은 석유를 자급할 수 없었던 것이 결정적인 패착이었던 전쟁이라고 볼 수 있다.

다만 지금까지의 설명은 에너지 전략을 잘 짰으면 전쟁에서 지지 않았을 것이고, 따라서 에너지 전략은 중요하다는 이야기가 아니라는 점을 밝혀두고 싶다. 전쟁은 절대로 정당화될 수 없다.

요약하자면, 일본은 1860년대부터 1940년대에 이르기까지 석탄에서 석유로의 에너지 전환에 실패하고 비행기 위주로 재편되던 세계정세에 따라가지 못했다. 연료를 통괄하는 상공성 연료국도 1937년에 뒤늦게 설치했다. 일본은 세계 에너지 전략에서 정세를 파악하는 데 뒤처지고 기민하게 행동하지 못했기 때문에 좋지 못한 결과를 낳았다.

그리고 일본은 현재도 에너지를 자급하지 못한다. 게다가 빈번하게 미사일 위협을 가하는 북한과 러시아, 중국과 이웃하고 있다. 세계적 기준에서 보면 일본은 이웃 국가와 연결된 파이프라인이나 전력망이 없고, LNG 터미널과 원자력발전소 인프라가 충실하며 석탄 의존도가 높은 국가이다. 이러한 여건 속에서 일본이 경제 성장과 지구 온난화 대책을 동시에 추진하는 난이도 높은 에너지 전략을 어떻게 실현할 것인지 주목된다.

05 중국의 자국 산업 육성을 동반한 재생에너지 추진

석탄에서 재생가능에너지로

중국의 경제 성장과 더불어 에너지 소비량도 확대되어, 2009년에 일차에너지 소비량이 미국을 추월해 세계 1위가 되었다. 그 후로도 중국의 에너지 소비량은 계속해서 늘고 있다.

2019년 시점에서 중국이 소비하는 에너지 중 석탄이 58%인데 이는 자급하고 있다. 그러나 글래스고 합의에서 중국은 2026년에서 2030년까지 5년간 석탄 소비량을 단계적으로 삭감하겠다고 발표했다. 이러한 정책변화에는 막대한 노력이 들 것으로 예상된다. 그중 재생가능에너지 도입 준비를 착실하게 추진하고 있다.

5장에서 다시 다루겠지만, 중국 전체 발전량 중 수력 18%, 풍력 6%, 원자력 5%, 태양광 3%를 차지하고 있다. 최근 10년간 80%에 달하던 화력발전은 68%까지 감소했고 원자력은 1.8%에서 4.8%까

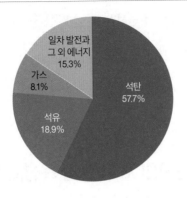

일차 발전과
그 외 에너지
15.3%

가스
8.1%

석탄
57.7%

석유
18.9%

출처: JOGMEC

지 늘었으며 수력발전도 2020년에는 17.8%까지 증가했다. 풍력과 태양광도 매년 비율을 높여 지금은 각각 6%와 3%이다. 수력발전, 풍력발전, 태양광발전 분야에서 발전량이 이미 세계 1위이며 관련된 자국 기업은 세계 유수의 기업으로 성장했다. 또한 원자력발전 기술 개발에서도 중국은 핵심적인 국가이다.

중국의 에너지 산업 육성

중국은 재생에너지를 활성화하기 위하여 발전 설비 제조사 육성에 심혈을 기울였다. 그 결과 수력발전, 풍력발전, 태양광발전 관련 설비 제조에서 세계 상위 10개 기업 중 다수를 중국이 차지하고 있다.

풍력발전에서는 장치뿐 아니라 발전 사업자 세계 점유율 상위

8개사 중 6개가 중국 기업으로 수력발전소 건설에서는 70%, 풍력발전 설비 생산에서는 50%를 중국이 차지하고 있다. 또 태양광발전도 세계 생산량 중 폴리실리콘 58%, 실리콘 웨이퍼 93%, 태양광 셀 75%, 태양광 모듈 73%를 차지하는 등 중국 기업의 활약이 눈부시다. 중국의 재생에너지 시장 지배력은 어떻게 보면 OPEC보다도 세계에 미치는 영향력이 더욱 커질 가능성이 있다. 글래스고 기후합의를 바탕으로 세계가 재생에너지 전환에 박차를 가할수록 중국의 관련 산업이 이득을 보는 구조가 형성되었다. 이처럼 중국은 자국 기업을 육성하고 그 기업의 활력을 통해 수력, 풍력, 태양광, 바이오매스 발전 설비도 거침없이 늘려나가고 있다.

중국의 전기차 산업도 순조롭게 성장하고 있다. 2022년 상반기 세계 전기차 중 64.7만 대를 중국의 BYD가 판매하여 2위 테슬라(57.5만 대)와 함께 세계 전기차 산업을 견인하고 있다. 2021년 수출량을 보면 유럽에 23만 대, 아시아에 22만 대를 판매했다. 일본 자동차의 텃밭이라고 불리는 동남아시아에서도 판매량이 증가하고 있음을 알 수 있다.

중국의 에너지 전략이라고 하면 높은 석탄 의존도만 주목하기 쉽지만, 지금까지 살펴본 바와 같이 재생가능에너지도 착실히 확대해 나가고 있다. 그 결과 수력발전, 풍력발전, 태양광발전량에서 세계 1위가 되었을 뿐만 아니라 관련된 자국 기업도 세계 유수의 기업으로 성장시켰다.

06 비약적으로 높아진 튀르키예의 지정학적 역할

튀르키예는 NATO의 오랜 회원국이지만 러시아에서 우호국 취급을 받으며 EU 등이 가하는 러시아 경제 제재에 동참하지 않은 특이한 입장이었다. 따라서 러시아의 우크라이나 침공 이후 정치 외교 허브로서의 기반이 더욱 강력해졌다고 볼 수 있다.

튀르키예는 원래부터 지정학적으로 유라시아 대륙의 유럽과 아시아를 연결하는 중요한 위치에 있다. 러시아나 카스피해 연안국, 중동에서 오는 천연가스는 튀르키예를 경유하는 파이프라인을 통해 유럽으로 전해진다. 튀르키예에 모인 가스관을 회랑(Corridor)이라고도 한다.

러시아가 우크라이나를 침공한 후로 튀르키예의 지정학적 지위는 비약적으로 높아졌다. 유럽은 우크라이나를 경유하는 가스관으로 러시아의 천연가스를 수입하기 힘들어졌고, 러시아와 독일을 직결하는 가스관도 사용을 중지했다. 이때 유럽이 택할 수 있는 천연가스 수입 방법은 두 가지다. 튀르키예를 경유하는 가스관을 통해 아제르바이잔, 투르크메니스탄, 카자흐스탄 등 카스피해 연안국에서 수입하거나 미국이나 중동 등에서 LNG로 수입하는 것이다.

이란에서 튀르키예로 국내 소비용 가스관이 연결되어 있고, 또 이라크와 아랍에미리트(UAE), 이집트, 이스라엘에서도 튀르키예로

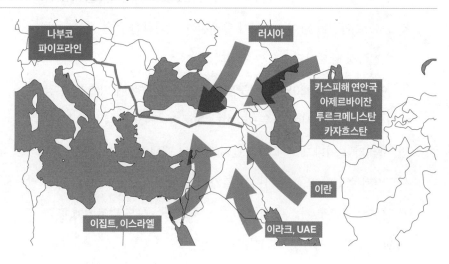

출처: JOGMEC

가스가 수입된다. 북쪽으로는 러시아와도 연결되어 있어 튀르키예 경유로 러시아 가스를 수입하는 국가도 있다.

　카스피해 연안국은 튀르키예로 파이프라인을 연결하기 전에는 러시아를 경유해야 가스를 수출할 수 있었기에 러시아에 통행료를 갈취당하기도 했다. 그러나 튀르키예를 거치는 루트가 완성되어 러시아를 통하지 않고도 유럽으로 가스를 수출할 수 있게 되자 카스피해 연안국에 튀르키예의 존재는 지극히 중요해졌다.

　탈러시아를 서두르고 있는 유럽에도 튀르키예의 중요성이 훨씬 커졌다. 오스트리아로 연결된 나부코(NABUCCO), 이탈리아로 연결된 TAP과 ITGI 등 튀르키예와 유럽 간의 파이프라인도 여럿 갖추어졌기 때문이다. 튀르키예에서 이탈리아, 오스트리아, 발칸 반도, 그리스 등으로 연결된 파이프라인이 탈러시아, 탈석탄을 위한 새로운 에너지 전략상 중요시되고 있는 것이다.

이탈리아는 2020년 12월부터 튀르키예를 경유해 가스를 수입하기 시작했다. 러시아의 우크라이나 침공을 예측한 것은 아니겠지만, 사태가 일어나기 전에 가스관이 완성된 덕에 탈러시아 계산기를 두드리기 쉬웠다. 또한 루마니아, 불가리아, 헝가리, 오스트리아, 독일로 연결된 나부코 가스관 덕에 그리스, 세르비아 등도 튀르키예를 통해 탈석탄, 탈러시아를 추진할 수 있었다.

이처럼 세계 에너지 전략에서 튀르키예의 존재는 매우 중요해졌다. 이제는 파이프라인이 집약된 튀르키예 회랑의 용량이 우크라이나 루트에 필적할 만한 규모가 되었으며, 러시아의 우크라이나 침공 이후 튀르키예 회랑은 앞으로 더욱 총량을 늘려 더 큰 존재로 자리매김할 것이다. 그러므로 러시아와 NATO를 둘러싼 튀르키예의 동향을 주시할 필요가 있다.

07 우리가 에너지와 지구 환경을 공부해야 하는 이유

지금까지 에너지에 관한 토픽 몇 가지를 간단히 소개했다. 이 프롤로그만으로도 에너지 전략의 중요성과 에너지 전략을 공부해야 할 필요성을 전달할 수 있도록 노력했다.

여기서는 일본을 예로 들어 에너지 전략을 고민해 보자. 먼저 그다지 우호적이지 않은 주변 국가들에 둘러싸여 있다는 지정학적 위치와 에너지 자급이 불가능하다는 사실을 염두에 둘 필요가 있다.

안전성만 중시하여 에너지의 경제성이 떨어지면 국민 생활 또는 각 산업의 국제 경쟁력에 커다란 영향을 미쳐 실업률이 올라갈 것이다. 또 지구온난화 대책의 관점에서 보면 일본은 선진국 중에서 석탄 의존도가 높은 나라이므로 저감 방안을 고심할 필요가 있다. 또한 청년 세대라면 정부가 재생에너지와 원전 확충의 목표점으로 삼고 있는 2030년보다도 더 먼 미래의 에너지 전략도 고민해야 한다.

이때 세계 각국의 에너지 전략을 참고로 삼으면 좋다. 천연자원이 풍부한 나라에도 교훈이 되는 정책이 있고, 천연자원이 부족해도 자급률을 높이려 노력하며 국가 자립과 안정을 꾀하는 나라도 있다.

이 책이 세계 에너지 전략에 관한 정보를 파악하고 자국의 에너지 전략을 염두에 두며 자신이 사는 지역이나 근무하는 회사, 삶의 방식을 고민할 수 있는 계기가 되기를 기원한다.

타국을 보고 배워 건전한 위기감을

사실 일본 같은 나라에서는 에너지를 삶의 밀접한 문제로 느끼기 어려울 수 있다.

내가 주브라질 일본대사관에서 일하던 때의 일이다. 당시 브라질은 정전이 굉장히 잦아서 그에 대비해 곳곳에 보조 전원을 준비해야 했다. 브라질의 우기는 스콜이 잦은데 스콜이 내린 후에는 반드시 정전이 발생했다. 미국에서 유학하던 시절에도 살던 지역에는 문제가 없었지만 미국 국내 여행을 해보면 기본적으로 전기 공급이 불안정한 곳이 많았다.

도표 10은 각 나라의 1년당 정전 횟수이다. 일본은 정전 발생이 매우 적다는 것을 알 수 있다. 일본 같은 나라에 살면 정전은 극히 드문 일이라고 생각하기 쉽지만 세계적으로 보면 그렇지 않다. 이는 우연한 일이 아니라 일본의 전기 회사가 안정적으로 전력을 공급할 능력이 있다는 의미이다. 산간벽지에도 공급되는 전력 또한 일본의 특징이다. 다만 정비 비용이 소요되어 전기 요금이 높은 편이다.

2011년에 발생한 동일본대지진 이후 일본 사람들은 원자력발전소에 대해 문제의식을 많이 가지게 되었다. 또 SDGs(지속가능발전목표) 등 지속가능한 사회나 재생가능에너지에도 이목이 모인다. 그러나 석유, 천연가스, 석탄에 관한 문제는 피부로 와닿지 않는 사람이 많은 듯하다.

에너지의 경제성도 마찬가지로 전철이나 버스, 자전거 등으로

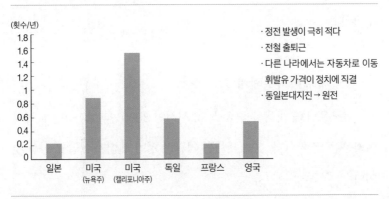

출처: 도쿄전력

통학이나 출퇴근을 한다면 휘발유 가격 상승을 생활에서 실감하기 어렵다. 그러나 자동차 출퇴근이 많은 나라에서는 휘발유와 경유 가격 상승이 정치와 직결된다. 예를 들어 프랑스에서는 마크롱 대통령의 재선 시기, 야당이 높은 휘발유 가격을 정치 공세의 타깃으로 삼았다. 미국에서도 불경기에 인플레이션이 일어나고 있어 정치권이 인플레이션 억제에 몰두하고 있다. 그 원인 중 하나가 난방비에도 직결되는 휘발유 가격 상승이다. 인도네시아나 인도에서도 휘발유 가격 상승이 서민 생활에 큰 피해를 주므로 에너지 문제는 대통령과 총리가 최우선으로 생각하는 문제이다.

에너지 자급 또한 낮은 자급률을 구체적으로 실감할 기회가 그다지 없다. 만일 느껴진다면 상당히 위태로운 상황일 것이다. 예를 들면 현재 독일은 일찍이 없었던 위기에 직면했다. 독일의 사례를 보고 배워 위기에 빠지기 전에 위기감을 가지고 대책을 고민할 수 있기를 바란다.

GX 세대 여러분에게

지구온난화 대책의 주요 목표 시점인 2030년과 2050년에 독자 여러분은 몇 살일까. 그때 세계는 지금의 청년 세대가 이끌고 있을 것이다.

에너지는 국민 생활과 기업 활동의 기반이 되는 중요한 인프라이다. 국민 생활이라는 관점에서 보면 조명, 냉난방, 자동차, 가전제품, 화장실, 인터넷, 학교, 편의점, 은행, 병원, 철도, 공항, 신호등, 통신, 콘서트, 스포츠 등 모든 것에 에너지가 필요하다. 기업 활동에서는 여러 산업의 공급망, 조달, 유통, 제조 그리고 국방과 군사까지 에너지는 필수적 인프라로 작용한다. 그러므로 국민 생활의 향상과 기업의 국제 경쟁력 유지 및 강화를 위해서는 에너지를 안정적으로 확보하고 저렴한 가격으로 공급할 수 있어야 한다.

또 한 가지, 현재 다가오고 있는 변화는 그린 트랜스포메이션(GX)이다. GX란 일본 정부가 제시한 청사진으로, 각 산업의 공급망에서 제각기 지속가능한 사회를 목표로 이산화탄소를 감축해 탄소중립을 실현하고 완전히 새로운 사회경제 구조로 변화하는 것을 뜻한다.

예를 들어 태양광발전 설비를 설치한다고 해서 곧장 탄소중립

(대기 중에 배출되는 온실가스 양과 대기 중에서 흡수되는 온실가스 양이 같은 상태)이 달성되었다고 볼 수 없다. 그 태양광발전 패널의 제조 과정에서 발생하는 이산화탄소는 어느 정도인지, 운반하고 설치할 때 발생하는 이산화탄소의 양은 얼마인지, 거기에 내구연한이 다해 폐기할 때 발생하는 이산화탄소는 얼마인지, 이런 점들을 고려해야 한다는 것이다.

지금의 청년 세대가 앞으로 사회에 진출하여 어떤 기업에서 일하든 그야말로 GX 속에서 살아가게 될 것이고, GX의 중핵을 짊어질 세대이기도 하다. 그런 의미에서 지금의 청년 세대를 'GX 세대'라고 해도 과언이 아닐 것이다.

2030년, 2050년에 어떤 자신을 마주할 것인가. 자기 인생을 꾸려나갈 때도 GX의 소용돌이 속에 있다는 현실을 인식할 수 있으면 분명 든든한 무기가 될 것이다. 청년 세대가 이 분야에 관심을 가지고 GX를 실천하는 모범 시민이 되기를 바란다. 나는 GX 세대의 삶에 큰 기대를 걸고 있다.

제1장

에너지 전략에 대한 기본적 관점

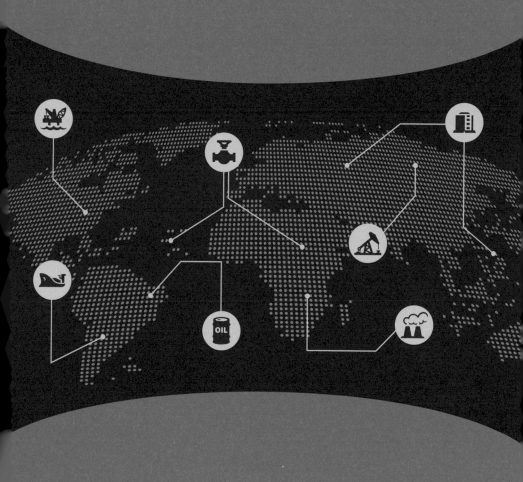

01 한 나라의 에너지 자원 전략을 고찰하다

우리는 프롤로그에서 몇 가지 토픽을 가지고 세계 에너지 자원의 역동성을 들여다보았다. 이 장에서는 국가 에너지 자원 전략에 대한 접근 방법을 알아볼 것이다. 우크라이나 전쟁 중인 지금은 그야말로 에너지 전략의 중요성을 체감할 적기라고 생각한다. 이 심각한 사태의 목격자로서 익혀야 할 접근 방법을 소개한다.

에너지 전략 분석의 3가지 포인트

세계에는 에너지 자원이 풍부한 나라도 있고 그렇지 않은 나라도 있다. 에너지 대부분을 한 나라에만 의존하며 언젠가 끊길지도 모른다고 불안해 하는 나라가 있는가 하면, 자급률을 높이거나 수입 경로를 다각화하여 대처하는 나라도 있다. 또 많은 파이프라인이 통과하는 나라가 있는가 하면 주변국으로만 지나가는 나라도 있다. 한편 새로운 기술로 국내 에너지 생산을 늘려 수입국에서 수출국으로 변모한 나라도 있다.

이처럼 세계 각국은 저마다 에너지 사정이 다르다. 설령 자원이 부족한 나라라도 어디에서 무엇을 얼마나 수입하고 무슨 산업을 발전시키는지, 어떤 체제를 갖추는지는 사람이 하기에 달려 있다.

이번 장에서는 한 나라의 에너지 자원 전략을 바라보는 기본적

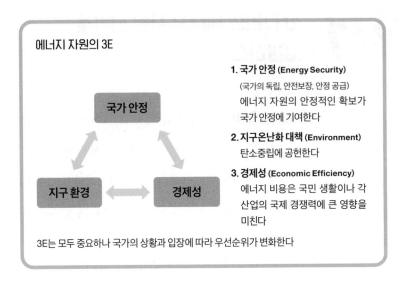

에너지 자원의 3E

1. 국가 안정 (Energy Security)
(국가의 독립, 안전보장, 안정 공급)
에너지 자원의 안정적인 확보가
국가 안정에 기여한다

2. 지구온난화 대책 (Environment)
탄소중립에 공헌한다

3. 경제성 (Economic Efficiency)
에너지 비용은 국민 생활이나 각
산업의 국제 경쟁력에 큰 영향을
미친다

3E는 모두 중요하나 국가의 상황과 입장에 따라 우선순위가 변화한다

인 관점을 설명한다. 일본 자원에너지청에서 에너지 정책을 고안할 때 중요하게 여기는 포인트는 '에너지 자원의 3E', 즉 에너지 안전보장(Energy Security), 경제적 효율성(Economic Efficiency), 지구온난화 대책(Enviroment)이다.

중장기적으로는 이 세 가지 목표를 동시에 달성하는 것이 이상적이지만 그때그때 상황에 따라 균형은 변화한다. 예를 들어 러시아가 우크라이나를 침공한 후의 유럽에는 탈러시아, 즉 에너지 안전보장이 긴급 과제라고 할 수 있다. 특히 국가의 독립과 안정이 위협받고 있는 나라는 에너지 안전보장을 가장 우선시할 것이다. 한편 에너지를 자국 내에서 풍족하게 생산할 수 있어 수출까지 하는 나라는 지구온난화 대책의 우선순위가 높을 것이다.

국가의 우선순위

1. 지구온난화 대책	1. 에너지의 경제성	1. 국가의 독립, 안전보장, 안정 공급
2. 에너지의 경제성	2. 지구 온난화 대책	2. 에너지의 경제성
or	or	or
3. 국가의 독립, 안전보장, 안정 공급	3. 국가의 독립, 안전보장, 안정 공급	3. 지구온난화 대책

각각 글래스고 합의, 우크라이나 침공, 에너지 가격 급등 상황

또 석유와 천연가스 가격이 대러시아 제재 등으로 상승한 탓에 세계 각국의 전기 요금과 휘발유 가격이 올라 국민 생활에 어려움을 주고 있다. 이런 상황에서는 경제적 효율성을 중요시하는 나라도 있을 것이다.

물론 무엇을 우선시할지도 중요하지만 핵심은 이 세 가지 E의 균형이다. 안전보장의 추구가 에너지 가격이 무한정 높아져도 된다는 뜻은 아니다. 경제적 효율성을 완전히 버릴 수는 없듯이 마찬가지로 아무리 환경을 위해서라고 해도 에너지 가격이 지나치게 높아지면 감당하기 어렵다.

이 책에서는 러시아, 독일, 미국, 중국, 유럽, 인도, 아세안(동남아시아 국가연합), 호주, 중동, 일본 등 각 나라가 처해 있는 에너지 정세를 파악하고 3E 관점에서 에너지 전략을 분석한다. 3E의 단기·장기 우선순위와 균형을 전략적으로 고찰할 기회가 될 것이다.

02 에너지 전략의 '3E'

에너지 전략의 기본적 관점인 3E를 구체적으로 살펴보자.

먼저 '에너지 안전보장'이다. 국가의 안정, 국가의 독립, 안전보장, 안정 공급, 자급률 등 상황에 따라 다양하게 해석할 수 있다. 여기서는 에너지 자원의 안정적 확보가 국가 안정에 기여한다고 정리하고 넘어가자.

다음은 '경제적 효율성'이다. 에너지를 어떻게 낮은 비용으로 수급할 수 있는가 하는 관점이다. 경제적 효율성을 달성한 나라는 국민 생활을 안정시키기 쉽고 산업의 국제적 경쟁력을 갖출 수 있다.

마지막으로 '지구온난화 대책'으로 탄소중립 지향을 뜻한다.

에너지 전략을 생각할 때 이 3E는 모두 필수적이다. 예를 들어 자국에서 석탄을 캘 수 있다는 이유로 석탄만으로 에너지를 충당하는 방식을 채택한다고 가정해 보자. 이 경우 타국에 의존하지 않고 가격도 저렴하게 공급할 수 있어서 에너지 안전보장이나 경제적 효율성 면에서는 좋은 정책이지만 지구온난화 대책 면에서는 문제가 있다.

한편 가격이 낮고 이산화탄소 배출량이 적은 에너지라는 이유로 특정 나라에 100% 의존한다고 가정해 보자. 이 경우 경제적 효율성과 지구온난화 대책 면에서는 적절하지만, 그 나라가 갑자기 공급을 중단할 리스크가 있으니 에너지 안전보장 면에서는 바람직하지 않다. 그리고 3E의 우선순위는 나라가 처한 상황이나 입장에 따라 변화한다는 점도 인식해 둘 필요가 있다.

독일의 사례

가장 알기 쉬운 사례가 러시아의 우크라이나 침공 이후 에너지 전략이 크게 흔들린 독일이다. 원래 독일은 탈석탄, 탈원전을 적극적으로 추진하는 세계적인 지구온난화 대책의 리더 국가였다. 우크라이나 전쟁 전에 독일은 러시아에서 천연가스를 싸고 안정적으로 공급받고 있었으므로 경제적 효율성 면에서도 문제가 없었다. 그러나 전쟁 발발 후 러시아에서 천연가스를 공급받기 어려워지자 국가 독립과 안전보장이 크게 흔들렸다. 즉 에너지 안전보장 면에서 러시아 의존이라는 문제를 안고 있었던 것이다.

따라서 독일은 정책을 대폭 변경할 수밖에 없는 상황이다. 탈석탄과 탈원전보다 탈러시아의 우선순위가 높아지자 에너지 안전보장을 우선한 정책으로 선회했다. 앞으로 독일은 안전보장을 확보하면서 지구온난화 대책과 경제적 효율성을 다시 추구할 텐데 그 과정에서 배울 점이 많을 것이다. 독일의 에너지 전략은 뒤에서 자세히 다룬다.

이처럼 3E는 모두 지극히 중요하지만 국가가 처한 지정학적 상황에 따라 우선순위가 변화한다.

2021년까지는 글래스고 합의에 따른 지구온난화 대책 실천이 세계적 흐름이었다. 그러나 러시아의 우크라이나 침공으로 인해 정반대로 뒤집혔다. 독일은 국가 독립의 중요성에 주목하고 에너지 안전보장의 중요성을 재확인했다. 또한 세계적으로 에너지 가격이 상승하고 있어 경제적 효율성 확보에도 고난을 겪고 있다.

이탈리아의 사례

이탈리아 드라기 총리의 대처도 참고할 만하다. 이탈리아는 우크라이나 전쟁 발발 후 2022년 5월부터 학교와 공공시설에서의 냉방 온도를 25도 미만으로 설정하는 것을 금지했다. 즉 냉방 온도를 너무 낮추어서는 안 된다는 방침이다.

이탈리아도 원래는 천연가스 수입의 43.3%를 러시아에 의존했다. 그러나 러시아의 우크라이나 침공 후에는 탈러시아 정책으로 전환할 수밖에 없었다. 독일과 달리 아프리카로 파이프라인이 연결되어 있어서 알제리 등 아프리카 국가에서 천연가스를 수입할 수는 있으나 단숨에 바꿀 수는 없었다. 따라서 대체 수난이 마련될 때까지 국민에게 절약을 요청했다.

이때 드라기 총리는 "평화를 원합니까, 아니면 에어컨을 원합니까"라고 말했다. 이탈리아 국민은 러시아에 위협받기보다는 냉방을 자제하는 편이 낫다고 판단했고 이탈리아 각지에서 절약 움직임이 일어났다.

물론 우크라이나 침공 때문에 단기적으로는 최우선 순위가 변하겠지만 소중한 지구를 지키려면 중장기적으로는 지구온난화 대책을 추진하여 3E를 동시에 달성해야 한다.

한 가지 강조하고 싶은 점은 지구 환경과 국가의 독립은 트레이드오프(어느 것을 얻으려면 반드시 다른 것을 희생해야 하는 경제 관계) 관계가 아니라는 것이다. 태양광발전이나 풍력발전을 확대하면 화석연료 수입이 줄어들고 자급률이 올라간다. 즉 재생가능에너지를 확충하여 국가 안전보장에 공헌하는 식으로 3E를 함께 달성할 수 있다.

다시 정리하자면, 러시아의 우크라이나 침공 때문에 단기적으로는 에너지 안전보장이 우선시될 수도 있지만 궁극적으로는 3E 동시 달성을 목표로 삼아야 한다.

03 에너지 안전보장(Energy Security)

세계 각국의 에너지 자급률

세계 각국의 에너지 자원 생산량은 지역에 따라 편차가 심하다. 아쉽게도 자원에 관한 한 신은 평등하지도 공평하지도 않다. 따라서 많은 나라가 에너지를 수입에 의존하고 있다. 바꿔 말하면 만약 러시

▶ 도표 1-1 G7 각국의 일차에너지 자급률과 러시아 의존도

국가	일차에너지 자급률 (2020년)	러시아 의존도 (수입량 중 러시아산의 비율) (2020년) ※일본의 수치는 재무성 무역 통계 2021년 속보치		
		석유	천연가스	석탄
일본	11% (석유: 0% 가스: 3% 석탄 0%)	4% (점유율 5위)	9% (점유율 5위)	11% (점유율 3위)
미국	106% (석유: 103% 가스: 110% 석탄 115%)	1%	0%	0%
캐나다	179% (석유: 276% 가스: 13% 석탄 232%)	0%	0%	1.9%
영국	75% (석유: 101% 가스: 53% 석탄 20%)	11% (점유율 3위)	5% (점유율 4위)	36% (점유율 1위)
프랑스	55% (석유: 1% 가스: 0% 석탄 5%)	0%	27% (점유율 2위)	29% (점유율 2위)
독일	35% (석유: 3% 가스: 5% 석탄 54%)	34% (점유율 1위)	43% (점유율 1위)	48% (점유율 1위)
이탈리아	25% (석유: 13% 가스: 6% 석탄 0%)	11% (점유율 4위)	31% (점유율 1위)	56% (점유율 1위)

출처: World Energy Balances 2020(자급률), BP 통계, EIA, Oil Information, Cedigaz 통계, Coal Information(의존도)

아나 중동 등의 수입국에 문제가 발생하면 수입국은 안전보장상의 위기에 빠진다는 뜻이다. 그런 상황을 피하기 위해서라도 에너지 자급률을 끌어올리는 것은 매우 중요하다.

G7의 자급률을 살펴보면 미국과 캐나다는 100%가 넘는 순수 출국이다. 이어서 영국 75%, 프랑스 55%로 무난한 자급률을 유지하

고 있다. 한편 독일은 35%, 이탈리아는 25%로 낮으며 일본은 그보다 한층 더 낮은 11%로 G7 최하위다.

또한 중국은 80%를 유지하고 있으며 러시아와 중동 산유국은 당연히 100%가 넘는다. 그 외 선진국 중에서는 노르웨이와 호주의 자급률이 100%가 넘는다. 이러한 국가들은 자국의 에너지 안전보장을 고민할 필요가 없다. 오히려 수출 여력으로 타국에 어떤 영향력을 행사할지 계산해볼 수 있다.

예를 들어 에너지 수입국에서 에너지 수출국으로 바뀐 미국은 러시아가 우크라이나를 침공한 후 유럽을 향한 수출 확대에 나서 유럽 내에 존재감을 키우고 있다.

에너지 안전보장과 전쟁의 관계

한편 자급률이 낮은 나라는 리스크를 안고 있다.

과거 석유 파동이라는 사건이 있었다. 9장에서 보다 자세하게 설명하겠지만, 석유 파동이란 원유 공급 감소와 석유 가격 급등으로 세계 경제가 대혼란에 빠진 사건이다. 1973년의 제1차 석유 파동은 제4차 중동전쟁을 계기로, 1979년의 제2차 석유 파동은 이란 혁명의 여파로 발생했다. 중동 산유국이 단결하여 감산에 돌입하고 가격을 인상한 것이 크게 영향을 미쳤다.

에너지 운송의 안전보장에서는 해로 확보가 중요하다. 해로(SLOC)란 국가의 존립을 위하여 혹은 유사시에 대비하여 확보해야

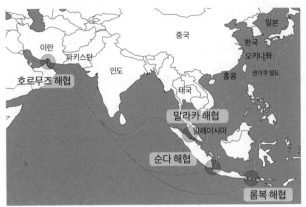

·국가의 존립, 혹은 유사시에 대비하여
확보해야 하는 해상교통로를 뜻한다.
·일본의 경우 중동 석유에 의존하고 있
어서, 해양 안전보장 관점에서 해로 확
보가 우선 과제이다.

(초크 포인트)
물자 수송 경로로 널리 사용되는 좁은 해
협. 원유나 LNG 등 대량의 에너지 자원
을 수송할 때도 이용하므로 초크 포인트
의 안전보장 혹은 초크 포인트에 의존하
지 않는 운송 경로 확보는 에너지 안전보
장에 있어서 매우 중요한 요소이다.

출처: 저자 작성

하는 해상교통로를 뜻한다. 일본의 경우 도표 1-2와 같이 호르무즈
해협에 이어 말라카 해협을 거치거나 때에 따라서는 순다 해협이나
롬복 해협을 거친다. 석유와 천연가스는 이러한 좁은 요충지, 즉 초
크 포인트를 통과해서 운송되는데 에너지 안전보장의 관점에서 이
초크 포인트를 늘 주시해야 한다.

또 다른 예로 1990년 8월, 이라크의 쿠웨이트 침공을 계기로 일
어난 걸프전쟁 때문에 두 나라를 합쳐 최대 430만 배럴의 석유 공급
이 중단되었다. 쿠웨이트가 원유 생산을 회복하기까지는 3년이 걸렸
고 1990년에 하루 200만 배럴이 넘던 이라크의 원유 생산량은 경제
통제로 인해 1991년에 50만 배럴로 감소했다. WTI(서부 텍사스 지방에
서 채굴되는 원유. 황 함유량이 적어 휘발유를 많이 뽑아낼 수 있는 고품질 원유

초크 포인트 비율(%)

	2000년대	2015년	2018년
프랑스	71.8	65.5	62.7
독일	45.0	58.4	55.8
영국	12.7	8.5	11.1
미국	48.3	42.5	29.3
중국	142.5	149.6	151.2
일본	177.3	167.6	180.2
한국	163.6	175.8	171.4

- 덴마크 해협
- 터키 해협
- 수에즈 운하
- 호르무즈 해협
- 바브엘만데브 해협
- 말라카 해협
- 희망봉
- 파나마 운하

· **초크 포인트란:** 중요한 항로가 집중되어 있는 지점
· **초크 포인트 비율:** 각 나라의 총 원유 수입량 중 초크 포인트를 통과하는 원유량의 비율. 초크 포인트를 여러 번 통과하는 경우 전부 합산한다.

출처: IEA 〈Oil information 2020 database〉, 중국 수입 통계를 기반으로 작성

이다) 가격은 전쟁 전에 21달러였으나 10월에는 40달러로 올랐다. 그 결과 원유 수입국은 석유 파동 때와 마찬가지로 경제적 어려움을 겪었다.

에너지 수입국의 고뇌

지금까지는 전쟁 때문에 공급이 끊기는 사례나 해로 안전이 위협받는 경우를 살펴보았지만, 산유국이나 가스 생산국이 의도적으로 공급을 중단하기도 한다.

예를 들면 2009년 1월 1일에 러시아가 우크라이나에 대한 가스 공급을 정지했고 혹한기에 갑자기 천연가스 공급이 끊긴 우크라이

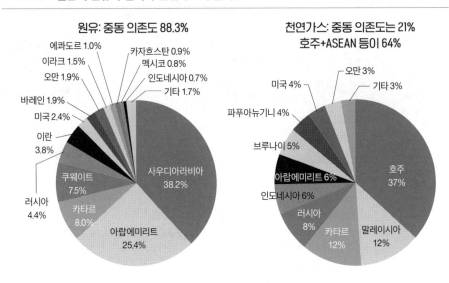

원유: 중동 의존도 88.3%

에콰도르 1.0%
이라크 1.5%
오만 1.9%
바레인 1.9%
미국 2.4%
이란 3.8%
쿠웨이트 7.5%
러시아 4.4%
카타르 8.0%
아랍에미리트 25.4%
사우디아라비아 38.2%
카자흐스탄 0.9%
멕시코 0.8%
인도네시아 0.7%
기타 1.7%

천연가스: 중동 의존도는 21%
호주+ASEAN 등이 64%

미국 4%
파푸아뉴기니 4%
브루나이 5%
아랍에미리트 6%
인도네시아 6%
러시아 8%
카타르 12%
말레이시아 12%
호주 37%
오만 3%
기타 3%

출처: 일본 경제산업성 〈자원·에너지 통계 연보〉 2018년 데이터, 재무성 〈일본 무역 통계〉 2018년 데이터

나는 대혼란에 빠졌다. 또한 2022년 4월에는 러시아의 국영회사인 가스프롬이 폴란드와 불가리아로 향하는 가스 공급을 정지했다. 두 나라가 천연가스 대금을 루블로 결제하라는 요구를 거부했다는 이 유 때문이었다.

이처럼 천연가스는 러시아의 정치·경제적 무기가 되었고 공급 이 중단된 나라는 국민 생활과 산업에 큰 타격을 입고 있다. 러시아 의존도가 높은 경우는 특히 그렇다. 원유 수입에서 중동 의존도가 88%인 일본도 중동에 분쟁이 발생하면 과거와 마찬가지로 곤경에 처할 것을 예상할 수 있다. 따라서 원유에 의존하는 경제 구조를 재빠르게 탈피할 필요가 있다.

일본의 천연가스 수입국 중 중동이 21%, 호주와 말레이시아가 약 50%를 차지하므로 안전보장상의 리스크는 비교적 작은 편이다. 다만 도표 1-4의 원그래프에서 알 수 있듯이, 12%를 차지하는 카타르는 중동이고 러시아가 8%, 아랍에미리트가 6%이다. 이처럼 여전히 중동에 21%, 러시아에 8%를 의존하고 있다는 점은 염두에 두어야 한다.

일본의 석탄 수입처는 대부분이 호주와 인도네시아이다. 러시아가 11%이기는 하지만 우려될 정도는 아니라고 볼 수 있다. 이처럼 안전보장 면에서는 석탄이 안정적이지만, 지구온난화 대책의 관점에서 볼 때 앞으로 석탄 수입은 감소하고 비율도 줄어들 것이라고 예상할수 있다.

또한 에너지 가격 상승은 에너지 수입국과 에너지 수출국 간의 빈부 격차를 늘리는 원인이 되기도 한다. 수입국은 비싸진 석유나 천연가스를 수입해야 하지만 수출국은 비싸진 석유와 천연가스를 수출하므로 재정이 풍족해진다. 그 결과 수입국의 무역 수지는 악화되고 통화 가치도 하락한다. 물론 약간의 통화 가치 변동은 큰 문제가 되지 않는다. 그러나 내가 머물렀던 1990년대의 브라질은 물가상승률이 연간 4000%에 달했다. 석유 수입국이자 국내 경제도 발전하지 못했던 당시 브라질은 에너지 가격 상승에 대처하기 위해 휘발유 대금을 보전하거나 보조금을 지급했다. 이러한 정책으로 국가 재정은

에너지 자급률과 일차에너지 공급 구성 (2016년)

국가	에너지 자급률	원자력	수력	풍력·바이오 매스 등	석유
스웨덴	71%	34%	11%	25%	24%
핀란드	55%	19%	4%	33%	25%

출처: 일본 에너지 경제 연구소

점점 악화했고 통화 가치가 폭락했다. 참고로 그 후 브라질은 심해 시추 기술 개발에 성공하여 지금은 석유 수출국이 되었다.

마지막으로, NATO 가맹을 신청한 스웨덴과 핀란드의 에너지 사정을 살펴보자. 이 두 나라는 러시아에 수차례 핍박을 받았다. 우크라이나처럼 천연가스 공급을 중단당한 적도 있고, 러시아에서 전력망으로 수입하고 있는 전기도 끊긴 적이 있다. 그러나 스웨덴은 에너지 자급률이 71%, 핀란드는 55%로 러시아 의존도가 감소 추세이다. 이는 원자력 및 재생에너지 비율의 확대와 관련이 깊다. 전체 발전량 중 원자력발전이 스웨덴은 34%, 핀란드는 19%이나. 거기에 수력, 풍력, 바이오매스 등 재생가능에너지도 늘렸다. 유럽 기준에서는 원자력과 천연가스도 재생가능에너지에 포함되므로 스웨덴은 발전량 대부분이 재생가능에너지에서 나온다고 볼 수 있다. 핀란드도 유럽 기준에서는 80%가 넘는다.

재생가능에너지 비율 증가는 화석연료 비율 감소는 물론이고

발전량에서 재생에너지가 차지하는 비율 (2020년)

스웨덴				핀란드		
• 수력	44.16			• 수력	23.00	
• 원자력	30.08			• 원자력	33.78	
• 풍력	16.93			• 풍력	11.51	
• 바이오매스	4.72			• 바이오매스	15.95	
• 폐기물	2.11			• 폐기물	1.29	
• 태양광	0.64	98.64%		• 태양광	0.37	85.90%
• 석탄	1.10			• 석탄	7.96	
• 천연가스	0.07			• 천연가스	5.37	
• 석유	0.21			• 석유	0.39	

출처: IEA

타국 의존도가 감소한다는 뜻이기도 하다. 두 국가가 NATO 가맹 신청을 할 수 있었던 이유는 러시아가 여러 방식으로 압박을 가한다 해도 에너지 안전보장상 문제가 없다고 판단했기 때문이다.

04 에너지의 경제적 효율성
(Economic Efficiency)

이제 국민 생활과 산업 발전을 지탱하는 에너지의 경제적 효율성에 대해 알아보자.

에너지는 국민 생활과 기업 활동의 기반이 되는 중요한 인프라이므로 에너지를 저렴하게 조달하는 일은 매우 중요하다. 비용이 커지면 국민 생활이 어려워지고 기업의 국제 경쟁력도 유지할 수 없으므로 합리적인 가격으로 에너지를 조달하여 경제성을 확보할 필요가 있다.

또한 에너지 가격은 각 나라의 가장 큰 정치 문제가 될 수도 있는데 실제로 에너지 가격이 올라가면 정권 지지율이 단번에 떨어지는 경향이 있다. 에너지 가격 상승에 따라 난방 비용이나 전기요금이 올라가 국민 생활이 어려워지면 불만의 목소리가 터져 나와 각 나라의 의회와 행정부에 큰 부담이 된다.

프랑스 마크롱 대통령의 재선 때도 선거의 큰 쟁점은 에너지 가격이었다. 휘발유와 경유 가격 상승으로 물가가 높아졌기 때문이다. 프랑스뿐 아니라 미국 바이든 대통령도 휘발유 가격 상승으로 비판받고 있으며 영국도 마찬가지다. 이처럼 각 나라의 지도자들은 휘발유와 경유 가격, 난방에 사용하는 천연가스 가격, 전기요금에 주의를 기울이고 있다. 그 정도로 국민의 관심이 높은 분야이기 때문이다.

좀 더 경제학적으로 설명하면 에너지 가격 상승에 수반되는 물가상승, 즉 인플레이션 때문에 서민 생활은 힘들어진다. 인플레이션을 억제하려고 금리를 올리면 인플레이션이 진정될 수는 있지만 실업률이 상승하여 경기는 더욱 수축된다. 인플레이션이든 실업률 악화든 모두 정부 지지율을 떨어뜨리는 요인이므로 에너지 가격 상승은 가능한 피하고 싶은 사태일 것이다. 현재 여러 나라가 에너지 가격 방어에 고전하고 있으며 경제적 효율성의 정책 우선순위가 높아진 상태다. 물론 이는 단기적인 현상이며 중장기적으로는 3E를 동시에 달성해야 한다는 사실에는 변화가 없다.

05 지구온난화 대책(Environment)

2021년 11월에 글래스고에서 개최된 COP26은 세계가 처음으로 석탄화력발전을 단계적으로 감축하겠다고 결정한 역사적인 회의

COP26

· 2021년 10월 31일부터 11월 13일까지 영국 글래스고에서 '제26회 유엔기후변화협약 당사국 총회(COP26)'가 개최되었다.

· **결의사항**
  1. 2030년 목표를 2022년 말까지 다시 제출
  2. 온실가스 배출권의 국제 거래 규칙 제정
  3. 연간 1000억 달러 규모의 개발도상국 지원 약속 이행

네덜란드는 이에 더해 해외의 새로운 화석연료 프로젝트에 공적 자금을 투입하지 않겠다고 약속했다.

였다. 이 중대한 국제적 합의는 '글래스고 합의'라고 불린다. 참고로 COP는 Conference of Parties(당사국 총회)의 약어로, 유엔기후변화협약 체결국이 참가하는 회의를 뜻한다. COP26이란 26번째 당사국 회의라는 의미이다. 지금까지 열린 COP 중에서는 1997년 교토에서 개최되어 교토의정서를 채택한 COP3, 2015년 파리에서 개최되어 파리협정을 체결한 COP21이 중요한 회의로 꼽힌다.

주요 나라의 일차에너지 소비량

이산화탄소 배출량은 일차에너지 소비량에 대체로 비례한다. 도표 1-5는 일차에너지 소비량이 많은 순으로 주요국을 나열했다. 한 나라씩 찬찬히 살펴보자.

우선 이산화탄소 배출량이 가장 많은 중국과 세 번째로 많은 독일은 석탄 비율이 굉장히 높다. 두 번째인 미국은 석유와 천연가스를 많이 사용하고 있으며 네 번째인 러시아는 천연가스 비중이 매우 크다.

다섯 번째인 일본은 석유 비율이 가장 높고 천연가스와 석탄이 그 뒤를 잇는다. 여섯 번째인 캐나다는 석유와 천연가스 사용량도 많지만, 수력 비율이 높다는 특징도 있다. 그리고 일곱 번째인 독일은 석유, 천연가스, 석탄도 많이 사용하지만, 재생가능에너지 비율이 매우 높다. 여덟 번째인 브라질은 석유 사용이 많지만 수력 사용도 많다. 수력 외의 재생가능에너지 비율도 상당히 높은 편이다. 아홉 번

▶ **도표 1-5 주요 나라의 일차에너지 소비량**

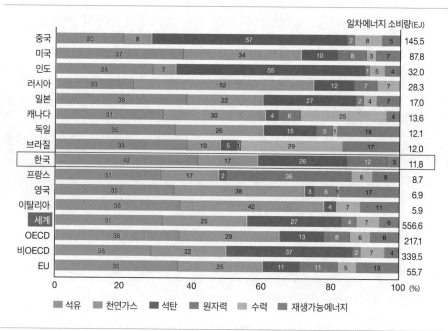

(주)반올림으로 인해 합계치가 맞지 않을 수 있다. 1EJ(=10¹⁸J)은 원유 약 2,680만 kl의 열량에 해당 (EJ: 엑사줄)
출처: BP 통계 2021

째인 한국은 석유, 천연가스, 석탄 등 화석연료가 큰 비중을 차지하
고 있다.

　프랑스는 원자력 비율이 높은 것이 특징이다. 영국은 석유와 천
연가스 소비가 많고 재생가능에너지 소비도 많다. 이탈리아는 석유
와 천연가스 비중이 큰 편이다.

　중요 포인트를 정리하자면 중국과 인도는 석탄 비율이 높고, 프
랑스는 원자력 비율이 높으며 독일, 브라질, 영국은 재생가능에너지

사용이 많다.

세계 전체 소비량에서는 석유, 천연가스, 석탄이 많지만 선진국격인 OECD와 개발도상국이 주인 비OECD를 비교하면 OECD에서는 석유와 천연가스 사용이 많고 비OECD에서는 석탄 사용이 많다는 특징이 있다.

각 나라의 이산화탄소 배출량

도표 1-6은 나라별 이산화탄소 배출량을 많은 순으로 정리한 것으로 중국, 미국, 인도, 러시아, 일본, 독일, 한국, 이란, 캐나다, 인도네시아 순이다. 중국이 압도적으로 많고 중국의 절반이 미국, 미국의 절반이 인도, 인도의 절반이 일본이다. 중국과 미국의 배출량이 많으므로 두 나라가 국제 규약에 참가하는지가 매우 중요하다. 실제로 글래스고 회의 당시 처음에는 중국이 반대하고 게다가 미국도 트럼프 대통령이 참여하지 않겠다고 선언하여 합의까지 난항을 겪기도 했다.

도표 1-7은 세계 이산화탄소 배출량 추이로 1950년대부터 급격하게 증가했음을 알 수 있다. OECD 가맹국과 구소련 등에서도 늘어나고 있으나 역시나 아시아의 배출량이 급증하는 것이 눈에 띈다. 특히 중국과 인도의 배출량이 많아 대책이 필요하다.

이처럼 세계 각국의 이산화탄소 배출량이나 발생원은 다르지만, 글래스고 합의로 각기 지구온난화 대책을 실시할 필요가 생겼다. 화

▶ **도표 1-6 나라별 이산화탄소 배출량** (2018년)

순위	국가	배출량(100만 톤)	순위	국가	배출량(100만 톤)
1	**중국**	**9,570.8**	6	독일	696.1
2	미국	4,921.1	7	한국	605.8
3	인도	2,307.8	8	이란	579.6
4	러시아	1,587	9	캐나다	565.2
5	일본	1,080.7	10	인도네시아	542.9

출처: 일본 외무성

▶ **도표 1-7 세계의 이산화탄소 배출량 추이**

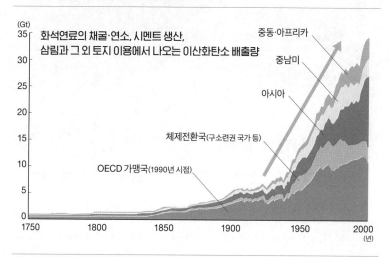

출처: 일본 환경성 〈IPCC 제5차 평가 보고서〉 WGIII Figure TS.2

석연료, 특히 석탄화력발전을 감축하는 정책을 어떻게 경제 효율성
과 에너지 안전보장의 균형을 잡으면서 추진할지가 에너지 전략에서
주목할 점이다.

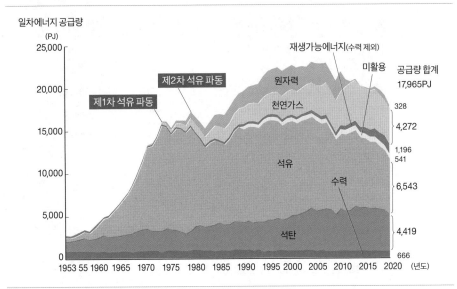

일차에너지 공급량
(PJ)

재생가능에너지(수력 제외)

미활용

공급량 합계
17,965PJ

제2차 석유 파동

원자력

제1차 석유 파동

천연가스

328

4,272

1,196
541

석유

6,543

수력

4,419

석탄

666

출처: https://www.ene100.jp/zumen/1-2-3

일본의 지구온난화 대책

일본 정부의 지구온난화 대책 중 2021년에 발표한 제6차 에너
지기본계획에 따르면 2050년에는 탄소중립, 2030년에는 2013년 대
비 온실가스 배출을 46% 감축, 더 나아가 50%까지 줄이는 것을 목
표로 한다. 이를 실현하려면 일본은 석유와 석탄 소비량을 줄여야
한다.

도표 1-8은 일본의 일차에너지 공급 구성의 변천을 나타내고
있다. 두 번의 석유 파동 등을 겪으며 석유의 비율은 줄었으나 아직
더 감축해야 한다. 석탄도 최고점은 지나갔으나 일정 비율을 유지하

고 있다. 한편 천연가스 사용은 늘고 있으며, 원자력은 동일본대지진 이후로 거의 0에 가깝다. 수력의 비율은 높지 않지만 어느 정도 유지하고 있으며 재생가능에너지는 늘었지만 완만한 상승에 그치고 있다. 앞으로 재생가능에너지는 점점 늘 것이고 석유는 줄고 석탄은 없어질지도 모른다. 그런 변화 속에서 2030년을 넘어 2050년의 에너지 구성이 어떻게 되어 있을지 상상해 보자.

이때 일본의 상황만 고려하지 말고 다른 여러 나라의 사례를 참고하여 생각해 보아야 한다. 또한 일본은 지정학적으로 러시아, 중국과 가깝고 북한과도 이웃이다. 이러한 점도 염두에 두며 3E라는 에너지 전략의 관점에서 에너지 정책 및 지구 환경 정책을 평가할 필요가 있다.

06 지구온난화 대책에 대한 국제적 합의의 역사

지구 전체 문제인 이산화탄소 배출량 감축을 위한 국제적 협의는 이전부터 수차례 있었다. 1992년, 1997년, 2015년, 2021년 등 합의 형성에 시간은 소요되었으나 지속적으로 실시되었다.

1992년 6월, 유엔환경개발회의(지구정상회의)가 리우데자네이루에서 열렸다. 당시 나는 주브라질 일본대사관에 근무하고 있었기에 유엔환경개발회의 사무국에서 일할 기회가 생겼다. 나는 환경성 장관, 다케시타 전 총리 및 가이후 전 총리를 수행하면서 현지에서 미야자와 기이치 총리를 맞이할 많은 준비 작업을 했으나, 미야자와 총리가 국회 심의로 출석하지 못해 타국에서 크게 실망을 표했던 기억이 있다.

리우 회의에서 '기후변화협약', '생물다양성협약'이 맺어졌고 '지속가능한 사회'라는 표현이 이 회의를 계기로 쓰이기 시작했다. 지구온난화 대책의 커다란 분기점이 된 회의에 사무국의 일원으로 참가한 경험이 지금까지 지구 환경에 대한 문제의식을 갖게 된 계기가 되었다.

1997년 12월에 채택된 교토의정서에서는 온실가스를 2008년부터 2012년 사이에 1990년 대비 약 5% 감축하기로 했다. 이때는 선진국에만 배출량 감축 의무가 부과되었다. 이때 경제산업성 자금협력과장으로 있었던 나는 개발도상국의 환경 정책 지원을 위한 ODA 활용을 총리 관저에 제안했었고 그 골자가 채택되었다.

그 후 세월이 지나 2015년에 파리협정이라는 기후 대응의 큰 틀이 마련되었다. 선진국에만 감축 의무가 부과되었던 교토의정서와는 다르게 선진국과 개발도상국에 '공통의 차별화된 책임'이 있다고 보아 개발도상국에도 온실가스 감축을 요구했다.

장기 목표로는 '세계 평균 기온 상승을 산업혁명 이전 대비 2℃

교토의정서→파리협정→글래스고 합의

· **교토의정서** (COP3, 1997년)

온실가스를 2008년부터 2012년 사이에 1990년 대비 5% 감축한다.
배출량 감축 의무는 선진국에만 부과한다.

· **파리협정** (COP21, 2015년)

세계 평균 기온 상승을 산업혁명 이전 대비 2℃보다 훨씬 아래로 유지하고 1.5℃ 밑으로
억제하기 위해 노력한다.
개발도상국을 포함한 모든 참가국에 배출량 감축을 위한 노력을 요구한다.

· **글래스고 기후합의** (COP26, 2021년)

'파리협정'의 세부 규칙이 완성되었다.
기온 상승을 1.5℃ 이내로 억제하기 위한 노력을 추구한다.
석탄화력발전을 단계적 감축한다.

보다 훨씬 아래로 유지하고 1.5℃ 밑으로 억제하기 위해 노력한다'는 내용이 채택되어 개발도상국을 포함한 모든 참가국에 배출량 감축을 요구하는 구조가 만들어졌다. 그러나 오바마 대통령이 참가하고 동의한 이 협정에 후임인 트럼프 대통령이 불참을 선언하고, 중국과 인도가 협정 내용을 어떤 식으로 실천할지 모호하다는 등의 문제가 있었다.

2021년에는 글래스고 합의가 이루어졌다. 기온 상승을 1.5℃ 내로 억제하기 위한 노력을 할 것을 재차 결의한 후, 구체적으로는 석탄화력발전을 단계적으로 감축하기로 정해졌다. 앞에서 설명했듯이 인도와 중국은 석탄화력발전의 비율이 상당히 높다. 그리하여 두 나라가 합의할 수 있도록 석탄화력발전의 단계적 감축이라는 표현으로

타협했다. 물론 여기에는 선진국도 포함된다. 석탄화력발전을 폐지한 다고는 선언하지 못했지만 단계적 감축이라고 명기했으므로 일보 전진했다고 할 수 있다.

07 지구온난화 대책 관련 용어

탄소중립과 탄소배출권 거래

지구온난화 대책에서는 '탄소중립'이라는 단어가 빈번하게 사용된다. 이산화탄소를 비롯한 온실가스 배출량과 조림 및 삼림 관리 등을 통한 흡수량이 균형을 이루게 한다는 의미로, 온실가스 배출량을 실질적 0으로 만드는 것이다. 이는 파리협정에서 채택된 개념으로 현재는 120개 이상의 나라와 지역이 2050년에 탄소중립을 달성하겠다는 목표를 내걸고 있다.

'탄소배출권 거래'라는 용어도 중요하다. 비슷한 말로 탄소 오프셋, 캡앤트레이드, 탄소 크레딧 등이 있다. 이는 온실가스 배출량을 정해진 만큼 감축하지 못한 나라나 기업이 배출량을 감축할 여유가 있는 나라나 기업에서 배출권을 사면 배출량 감축으로 인정하는 제도이다.

▶ 도표 1-9 탄소중립

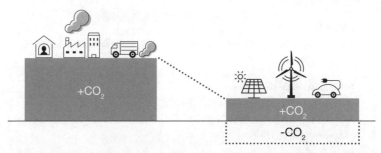

· 이산화탄소를 비롯한 온실가스 배출량과 조림 및 삼림 관리 등을 통한 흡수량이 균형을 이루게 하여 결과
　적으로 실질 배출량을 0으로 만드는 것이다.
· 2015년 파리협정에서 기후변화를 해결하기 위한 방안으로 채택되었다.
· 120개 이상의 국가와 지역이 '2050년 탄소중립'을 내걸고 있다.

출처: 일본 환경성 등

ESG 투자와 SDGs

지구온난화 대책 추진과 관련된 두 가지 개념을 더 살펴보자.

먼저 'ESG 투자'이다. 이전에는 기업의 가치를 재무 정보만으로 계산했다. 즉 수익을 제대로 내고 있는지, 비용은 어떤지, 채무는 얼마나 있는지 등만을 평가했다. 그러나 앞으로는 환경(Environment), 사회(Social), 지배구조(Governance)의 관점에서 얼마나 환경친화적으로 경영하고 있는지, 얼마나 공공성을 갖추고 있는지와 투명한 기업인지 등의 비재무 정보에 대해서도 충실히 평가할 필요가 있다. 요즘 주주총회에서도 이들 분야에 얼마나 투자하고 있는지, 특히 환경 대책을 엄격하게 확인하는 주주가 늘고 있으므로 ESG 투자는 반드시 기억해 두어야 한다.

ESG 투자와 SDGs

· **ESG 투자**
전통적인 재무 정보 외에 환경(Environment), 사회(Social), 지배구조(Governance) 요소도
고려하는 투자이다.

· **SDGs(Sustainable Development Goals)**
2015년 9월 유엔에서 채택된 '지속가능발전목표'이다.
17개 주목표와 169개 세부 목표로 구성되며 지구상의 '단 한 사람도 소외되지 않게(leave
no one behind)'를 선언한다.

그다음 'SDGs'다. 이미 접해본 독자도 있겠지만, SDGs는
Sustainable Development Goals의 약자로 2015년 9월에 유엔에
서 채택된 '지속가능발전목표'를 뜻한다. 17가지 주목표와 169가지
세부 목표로 구성되며 지구상의 '단 한 사람도 소외되지 않게(leave
no one behind)'라는 선언이기도 하다.

SDGs의 일곱 번째 목표는 '접근할 수 있는 깨끗한 에너지'이
다. 자세한 설명은 생략하겠지만, 적정한 가격에 신뢰할 수 있는 에너
지의 확보, 재생에너지 비율 증가, 에너지 효율 상승 등을 포괄한다.
SDGs는 에너지와 온실가스 감축에만 머무르지 않고 빈곤, 젠더, 건
강, 교육 등 넓고 본질적인 의미에서 지속가능한 사회를 목표로 삼는
행동 규범이다.

두 개의 격차

먼저 세대 간 격차이다. 인간이 배출하는 이산화탄소는 식물 등에 의해 일부 흡수되지만, 나머지는 대기 중에 축적되어 지구온난화의 원인이 된다. 그리고 애석하게도 이산화탄소 증가로 인해 큰 피해를 입는 사람은 10대와 20대 등 청년 세대이다. 지구온난화 대책 추진을 호소한 환경운동가 그레타 툰베리(Greta Thunberg)의 논거로 이 세대 간 격차가 등장한다.

나머지 하나는 빈부 격차이다. 세계에서 부유한 10%의 사람들이 온실가스의 49%를 배출하고 있다고 한다. 그럼에도 불구하고 배출량이 적은 개발도상국이 선진국보다도 호우나 해수면 상승 등 기후변화의 영향을 많이 받는 사례가 다수 발생하고 있다.

지구온난화 대책이 필요하다는 주장의 배경에는 세대 간 격차와 경제 격차 문제도 있다는 점을 기억해 두자.

08 전기자동차

경제 발전에 에너지는 필수이다. 따라서 더 많은 에너지의 확보가 중요하지만, 사용량 절감도 중요하다. 일본은 에너지 절약 노력을 거듭하여 산업을 확대하면서도 에너지 소비량은 이전보다 줄어들었다. 운송 부문이나 가정에서도 절약을 해서 필요한 에너지의 양을 줄일 수 있다면 에너지 안전보장이나 경제적 효율성 향상, 지구온난화 대책의 일환이 될 수 있다.

에너지 절약의 맥락에서 전기자동차에 초점을 맞추어보자. 예전보다 연비가 좋아졌지만, 자동차는 여전히 많은 에너지를 소비한다. 일본의 자동차 보유 대수는 1975년에 비해 4배로 늘었다. 물론 자동차를 소유하지 않고 카셰어링을 이용하는 사람들이 있지만 여전히 자동차 대수는 많다. 그러므로 자동차의 동력이 휘발유에서 전기로 바뀔지 수소로 바뀔지는 에너지 절약을 추진할 때 반드시 알아야 할 포인트이다.

한편 일본과 독일은 내연기관차 시장에서 세계적으로 압도적 점유율을 보이는 제조국이다. 일본의 자동차 제조업 출하액은 62조 엔으로 GDP의 10%를 차지한다. 전 제조업 출하액 중 자동차 제조업의 비율이 18.8%이며 종사자 수는 542만 명으로 자동차 산업은 그야말로 일본을 지탱하는 기간 산업이다. 그러나 이는 어디까지나 내연기관차에 한한 이야기이다. 만약 전기자동차가 주류가 된다면 일본은 현재의 지위를 유지할 수 있을까? 전기자동차는 내연기관차에 비해 부품 수가 상당히 적으므로 하청업체에도 큰 여파가 예상된다. 청년 세대에게는 미래의 굉장히 중대한 문제이므로 추세를 주시해야 한다.

독일에서도 자동차 산업은 기간 산업이다. GDP의 5%, 수출의 11%를 차지하며 국내에서 82만 명의 고용을 창출하고 있다. 특히 독일의 3대 제조사인 BMW, 메르세데스, 폭스바겐이 전기자동차 시장에 어떻게 대응할지 주목된다.

세계 전기자동차 시장은 2035년에 2020년 대비 11배인 2,418만 대로 성장할 것이라는 예상이 나온다. 그리고 EU와 미국 캘리포니아에서는 하이브리드 자동차를 포함한 내연기관차를 2035년에 사실상 금지한다는 방침을 발표했다. 하이브리드 자동차는 휘발유와 전기를 함께 사용하는 자동차이므로 하이브리드 차량을 강점으로 삼는 일본에게는 큰 타격이 아닐 수 없다.

세계는 내연기관차에서 하이브리드 자동차를 거치지 않고 전기자동차로 곧장 방향을 전환하는 추세이다. 전기자동차 시장에서는 미국의 테슬라가 급격한 성장을 보여주었고 중국 제조사들도 활약하고 있어 일본이나 독일 제조사들이 어떻게 대처할지 주목된다.

2050년에 약속된 탄소중립을 달성하기 위해 전기자동차 보급은 중요한 수단이 된다. 물론 전기자동차는 주행 중에 이산화탄소를 배출하지 않지만 발전할 때는 이산화탄소가 배출된다. 이를 감안하더라도 내연기관차의 이산화탄소 배출량 3분의 1 수준이라고 한다. 결론적으로 지금의 청년 세대는 산업구조의 전환을 강요받고 있는 셈이다.

1장에서는 에너지 전략의 기본적인 관점, 즉 에너지 안전보장

(Energy Security), 경제적 효율성(Economic Efficiency), 지구온난화 대책(Environment)이라는 3E에 관해 설명했다. 3E는 단기적으로는 우선순위가 변화하지만, 중장기적으로는 동시에 달성하는 것이 이상적이다.

다음 장부터는 이 3E라는 렌즈를 통해 각 나라의 에너지 전략을 들여다본다. 각 나라의 상황을 보다 잘 이해할 수 있을 것이다.

제2장

러시아

에너지를 무기로 세계를 농락하는 자원 대국

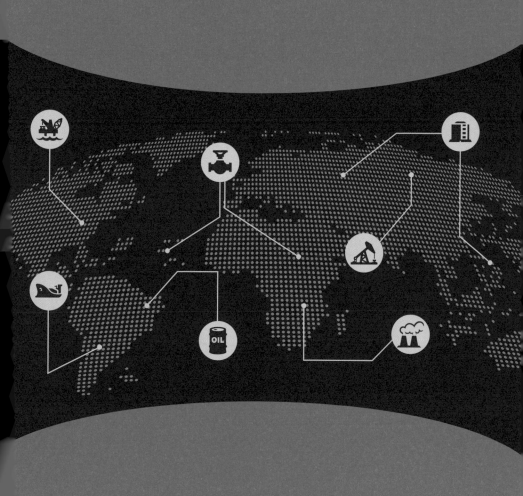

▶ 도표 2-1 러시아, 많은 나라와 이웃한 강대국

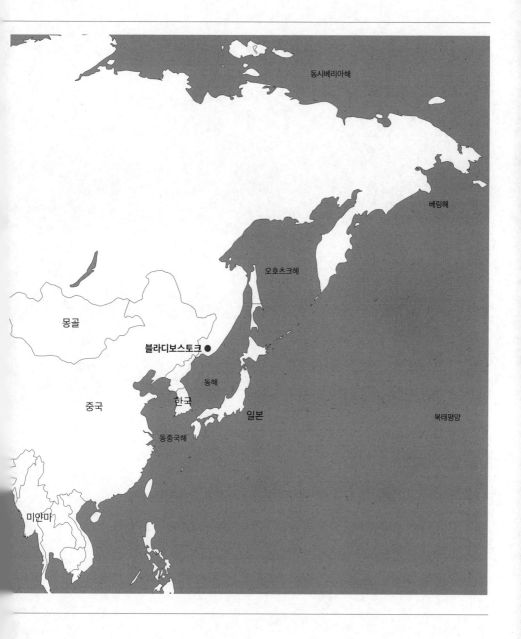

동시베리아해

베링해

오호츠크해

몽골

블라디보스토크 ●

동해

중국

한국

일본

북태평양

동중국해

미얀마

01 러시아의 기본적 정보

지정학적으로 본 러시아

러시아는 유라시아 대륙 북부의 광활한 땅에 자리하여 세계 최대 면적의 영토를 보유한 독립국이다. 북으로는 북극해, 바렌츠해, 백해, 카라해, 랍테프해, 동시베리아해, 서로는 발트해, 흑해, 아조프해, 동으로는 베링해, 오호츠크해, 동해, 태평양과 접해 있고 많은 나라와 국경을 맞대고 있다. 지형은 남쪽이 높고 북쪽이 낮다. 가장 높은 곳은 코카서스 산맥의 옐브루스산이다.

러시아는 소련 시절 동유럽에 강한 영향력을 행사했으나 최근에는 에너지 공급을 계기로 서유럽과 깊이 연결되었다. 또 카스피해 연안국, 튀르키예, 중국과도 단순히 영토가 가까운 데 그치지 않고 파이프라인을 통해 깊은 관계를 맺고 있다.

러시아를 동서로 보면 우랄산맥 서쪽(유럽 러시아)을 중심으로 발전했다. 해당 지역은 볼가강 유역을 비롯한 곡창지대와 풍부한 석탄을 기반으로 성장한 공업지대가 자리 잡고 있다. 그러나 에너지에서는 우랄산맥 동쪽(아시아 러시아)도 큰 존재감을 뽐낸다. 시베리아에 석유와 천연가스가 매우 풍부하여 파이프라인을 통해 유럽으로 수출할 뿐 아니라 근래에는 중국으로도 수출을 늘리며 관계를 강화하고 있기 때문이다. 러시아는 극동에서 중국과 국경을 길게 맞대고 있으나 그 외에 카자흐스탄, 몽골과의 접경지대에서도 짧게나마 중국과 국경을 접하고 있다.

북쪽으로는 북극을 사이에 두고 북미, 유럽과 접해 있으며 연해주나 사할린에서는 북한과 일본과도 가깝다. 러시아 남쪽에는 러시아와 카자흐스탄, 투르크메니스탄, 이란, 아제르바이잔의 자원 부국 5개가 카스피해를 둘러싸고 있다. 카자흐스탄도 러시아와 마찬가지로 석유가 매우 풍부한 나라이며 투르크메니스탄은 특히 천연가스 산지로 유명하다. 중동의 대국 이란도 러시아와 카스피해를 사이에 두고 인접해 있다.

소비에트 연방

러시아는 이처럼 영토가 굉장히 넓고 국토 전역에 자원이 풍부하여 동서남북 모든 방향에서 각기 많은 나라와 이웃하고 있어 세계의 대국으로서 영향력이 매우 크다. 그러나 1922년부터 1991년까지 존재했던 소비에트 연방은 지금의 러시아보다 더욱 방대한 영토를 가지고 있었다.

소비에트 연방의 개요를 간단히 짚어보면, 유라시아 대륙 북부에 존재했던 사회주의 국가로 15개의 소비에트 사회주의 공화국(SSR)으로 구성되었다. 러시아, 벨라루스, 우크라이나, 몰도바, 조지아, 아르메니아, 아제르바이잔, 카자흐스탄, 우즈베키스탄, 투르크메니스탄, 키르기스스탄, 타지키스탄, 에스토니아, 라트비아, 리투아니아이며 이들 중 일부는 소련 해체 후 CIS(독립국가연합)를 창설했다.

우랄산맥 서쪽을 중심으로 발전한 러시아

러시아의 인구는 2021년 기준 1억 4,340만 명으로 인구 피라미드는 고령자 인구가 적고 표주박 모양 혹은 원통에 띠를 두 개 두른 듯한 형태이다. 인구의 약 80%가 모스크바나 상트페테르부르크 등 우랄산맥 서쪽에 살고 있는데 이는 기후의 영향 때문이다. 우랄산맥 서쪽은 겨울 기온이 영하 10도 안팎이지만 우랄산맥 동쪽은 영하 40도 밑으로 떨어지는 시기도 있을 정도로 몹시 추워 주요 산업도 우랄산맥 서쪽에 집중되어 있다. 2021년의 GDP는 한국에 이은 세계 11위로, 러시아의 물품별 수출 총액에서 화석연료의 비율이 58%를 차지하는 등 기본적으로 에너지에만 크게 의존하는 경제 구조이다.

2018년에 러시아가 개최한 월드컵도 구장 12개 중 11개가 우랄산맥 서쪽의 우랄 연방관구에 있었다. 나머지 하나는 러시아 본토에서 떨어져 폴란드와 리투아니아 사이에 있는 러시아의 역외 영토인 칼리닌그라드에 경기장을 짓고 사용했으나, 결승과 준결승은 모스크바와 상트페테르부르크로 우랄산맥 서쪽이었다. 이처럼 러시아의 주된 활동은 우랄산맥 서쪽을 중심으로 이루어진다.

02 세계 에너지 시장에서 거대한 존재감을 발하는 러시아

러시아는 석유와 천연가스 생산 모두 세계에서 손꼽히는 나라로 세계 석유 생산량은 2020년에 4,141Mt(메가톤)이다. 706Mt으로 17%를 차지하며 세계 1위를 달리는 미국에 이어 러시아는 512Mt으로 2위이며, 511Mt을 생산하는 3위 사우디아라비아와 비슷한 수준이다. 이 세 국가가 4위 캐나다(255Mt)와 그 외 국가를 크게 제치고 있다.

2020년의 세계 천연가스 생산량은 4,014bcm(billion cubic meters: 10억 세제곱미터)인데 미국이 949bcm, 러시아가 722bcm을 생산하여 3위인 이란과 그 외 국가를 한참 앞서는 2위이다.

러시아의 석유와 천연가스 생산은 증가하고 있다. 러시아의 오랜 유전과 가스전은 우랄·볼가 지역에 있으며 서시베리아의 튜멘 유전(러시아 중부, 튜멘 주 남부 톰스크 주를 중심으로 하는 유전)이 세계적으로 유명하여 해당 지역에서는 존재감을 뽐내고 있다. 북해 인근의 티만-페초라 분지에 많은 유전과 가스전이 있으며, 동시베리아 지역의 이르쿠츠크와 바이칼호 주변, 그리고 사할린에도 가스전과 유전이 있다.

다음으로 세계 전체 석유 생산량 중 나라별 비율을 살펴보자. 2020년 세계 석유 총수출량은 2,042Mt이다. 1위는 사우디아라비아

▶ 도표 2-2 세계에서 손꼽히는 에너지 산출국 러시아

세계 석유 생산 상위 10개국
(2020년)

순위	나라	비율(%)
1	미국	17
2	러시아	12.40
3	사우디아라비아	12.30
4	캐나다	6.2
5	이라크	4.9
6	중국	4.7
7	아랍에미리트	4.2
8	브라질	3.7
9	쿠웨이트	3.2
10	이란	3.1
	기타	28.3

세계 천연가스 생산 상위 10개국
(2020년)

순위	나라	비율(%)
1	미국	23.6
2	러시아	18
3	이란	5.9
4	중국	4.8
5	캐나다	4.6
6	카타르	4.2
7	호주	3.7
8	노르웨이	2.9
9	사우디아라비아	2.5
10	알제리	2.3
	기타	27.5

세계 석유 수출 상위 10개국
(2020년)

순위	나라	비율(%)
1	사우디아라비아	17.6
2	러시아	13.1
3	이라크	9.5
4	캐나다	7.5
5	UAE	7.2
6	쿠웨이트	5.0
7	나이지리아	4.8
8	카자흐스탄	3.4
9	앙골라	3.1
10	멕시코	2.9
	기타	25.9

세계 천연가스 수출 상위 10개국
(2020년)

순위	나라	비율(%)
1	러시아	22.6
2	카타르	12.5
3	노르웨이	10.9
4	호주	10.1
5	미국	7.57
6	투르크메니스탄	5.51
7	캐나다	4.62
8	알제리	4.03
9	나이지리아	2.65
10	말레이시아	2.16
	기타	17.3

출처: Key World Energy Statistics

(17.6%, 352Mt), 2위 러시아(13.1%, 269Mt), 3위 이라크(9.5%, 195Mt), 4위 캐나다(7.5%, 154Mt), 5위 아랍에미리트(7.2%, 148Mt)로, 러시아는 사우디아라비아에 이어 2위다.

이어서 천연가스 세계 전체 수출량의 나라별 비율을 보면 1위가 230bcm을 수출하여 전 세계 22.6%를 차지하는 러시아이다. 2위 카타르(12.5%, 127bcm), 3위 노르웨이(10.9%, 111bcm), 4위 호주(10.1%, 103bcm)의 대략 2배의 비율이다.

이처럼 러시아는 지구상에서 손꼽히는 석유와 천연가스 거대 수출국이다.

석유 수출의 상당량은 중국으로

러시아의 이러한 대규모 수출이 어디로 향하는지 알아보자. 먼저 2020년 석유 수출 관련 수치를 보면 1위인 중국이 31%로 러시아 석유 수출의 약 30%를 차지한다. 유럽 국가들이 그 뒤를 이어 네덜란드 11%, 독일 10.6%, 폴란드 7%이다. 일본 수출 비율은 2%이다. 반대로 일본은 수입량 중 러시아 비율이 4%이므로 석유 무역에서 양국은 서로에게 큰 존재가 아님을 알 수 있다.

러시아의 석유 수출 상대를 지역별로 살펴보면 대략 아시아·오세아니아가 절반이고 유럽이 나머지 절반인데, 나라 중에서는 역시 중국이 가장 크다.

유럽이 대부분을 차지하는 천연가스 수출

러시아의 천연가스 수출 상대국은 파이프라인이 잘 구축된 유럽이 대부분을 차지한다. 독일 16%, 이탈리아 12%, 벨라루스 8%, 프랑스 8%, 튀르키예 6%, 네덜란드 5%, 오스트리아 5%, 폴란드 4%, 영국 4%, 헝가리 3% 등 러시아의 수출량에서 유럽의 비율이 90%이

▶ **도표 2-3 러시아의 석유 수출 상대국·천연가스 수출 상대국**

러시아의 석유 수출 상대국 [2020년]			러시아의 천연가스 수출 상대국 [2020년]		
지역	국가	비율	지역	국가	비율
유럽(OECD 가맹국)	네덜란드	11%	유럽(OECD 가맹국)	독일	16%
	독일	11%		이탈리아	12%
	폴란드	7%		프랑스	8%
	핀란드	4%		튀르키예	6%
	슬로바키아	2%		네덜란드	5%
	이탈리아	2%		오스트리아	5%
	리투아니아	2%		폴란드	4%
	헝가리	2%		영국	4%
	기타	8%		헝가리	3%
북미	미국	0.7%		기타	10%
아시아·오세아니아	중국	31%	아시아·오세아니아	중국	5%
	한국	6%		일본	4%
	일본	2%		기타	3%
	기타	3%	유럽(OECD 비가맹국), 유라시아 경제 연합	벨라루스	8%
유럽(OECD 비가맹국), 유라시아 경제 연합	벨라루스	6%		카자흐스탄	5%
	기타	3%		기타	5%
기타		0.3%			

출처: EIA

다. 그중에서도 16%로 가장 비율이 높은 독일은 주로 '노르트스트림'이라는 러시아와 독일 간 직통 파이프라인을 통해 수입하고 있다.

아시아권에서는 중국이 5%, 일본이 4%이다. 그러나 현재 있는 '시베리아의 힘'과 사할린발 파이프라인 외에도 '시베리아의 힘2'라는 파이프라인이 건설될 예정이다. 따라서 앞으로 천연가스 수출에서 중국의 비율이 지금보다 더 증가할 것으로 예상된다.

EU의 천연가스 수입처

한편 EU의 천연가스 수입 상대국은 러시아, 노르웨이, 알제리, 미국, 카타르 순인데 러시아가 46.8%를 차지해 러시아 의존도가 굉장히 높다. 여기서 또 흥미로운 점은 수출국으로 변모한 미국이 6.3%를 차지하고 있다는 것이다. 중동의 카타르는 4.3%에 그치고 있으나 우크라이나 전쟁으로 인해 앞으로는 러시아 비율이 낮아지고 미국과 카타르산 천연가스 수입 비율이 증가할 것으로 예상된다.

러시아의 석탄

러시아는 석탄과 천연가스뿐 아니라 석탄 자원도 풍부하다. 2019년 말 전 세계 총 석탄 매장량은 1조 696억 톤이며 러시아는 1위인 미국(2,495억 톤)에 이어 2위(1,622억 톤)의 매장량을 자랑한다. 생산 지역은 서시베리아 지역, 케메로보주 등 쿠즈바스 일대, 동시베리아 지역, 하카스 공화국, 사하 공화국, 투바 공화국 그리고 극동, 하바롭스크 지방, 아무르주 등이며 수출용 탄광 개발과 동시에 운송 인프라 증설을 계획 및 실행하고 있다.

러시아의 석탄 수출량은 2014년 이후 루블 가치 상승과 2016년 이후 국제 석탄 가격 상승, 이후 계속되는 석탄 가격 고공 행진으로 순풍에 돛을 단 듯한 추이를 보인다. 2020년 석탄 수출량에서는 인도네시아가 세계 1위(396Mt)이고 호주(390Mt)가 2위, 러시아가 3위(188Mt)를 차지했다. 그러나 호주는 현재 최대 수출 상대국인 중국과 관계가 악화했으므로 이 순위에도 변화가 생길 듯하다.

향후 추세가 어떻게 되든, 러시아가 석탄 수출국으로서도 강한 존재감이 있다는 사실은 변하지 않을 것이다.

러시아의 자원별 일차에너지 공급량

도표 2-4는 러시아의 자원별 일차에너지 공급량이 1990년부터 2019년까지 어떻게 변화했는지를 나타내고 있다. 우선 천연가스 비율이 가장 높다. 석유는 1990년대와 비교하면 줄고 있으나 일정 수준을 유지하고 있다. 또 석탄도 1990년에는 절반 정도의 비율이었으나 최근에는 감소하고 있으며 천연가스에 뒤이은 2위이다. 그리고 원자력이 꾸준히 늘어 현재는 석유를 제쳤다. 수력은 비율이 높지 않지만 잠재력은 크다. 그 외 바이오 연료, 풍력, 태양광 비율은 그다지 높지 않다.

지금까지 에너지 시장 속 러시아의 위치를 알아보았다. 러시아가

▶ 도표 2-4 러시아의 자원별 일차에너지 공급량

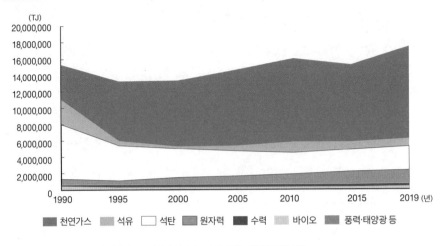

· 러시아의 일차에너지 공급량에서 천연가스가 차지하는 비중이 가장 크다

출처: IEA World Energy Balance를 바탕으로 작성
https://www.iea.org/countries/russia

얼마나 큰 에너지 자원 대국인지 느껴졌기를 바란다.

03 국영기업을 이용해 전 세계에 영향력을 확대한 푸틴 정권

푸틴 정권은 에너지 전략을 이용해 세계로 영향력을 확대하고 있는데 그 최전선에는 가스프롬과 로스네프트 같은 국영기업이 있

다. 러시아는 국영기업의 육성을 통해 석유와 천연가스의 생산량, 수
출량, 매장량을 증대하고 에너지 전략의 기반을 다졌다.

　푸틴 정권은 2000년에 서방 기술을 이전받는 것부터 시작했다.
예를 들어 영국의 브리티시페트롤리엄(BP)이 러시아에서 사업을 확
대하고, 사할린에 셸과 엑슨모빌이 뛰어드는 등 외국 자본과 연계했
다. 국내에서는 강력한 국영기업을 육성하기 시작했는데 그것이 지
금의 국영 가스 기업 가스프롬과 국영 석유 기업 로스네프트이다. 이
들 국영회사가 푸틴 정권의 무기가 되어준 것이다.

가스프롬

　가스프롬은 현재 러시아 최대 기업이며 세계 1위의 가스회사이
다. 1989년에 구소련이 가스공업부 조직을 개편한 데서 출발하였고
1993년에는 러시아 연방 내각의 결정으로 주식회사가 되었다. 러시
아 정부가 주식의 약 38%를 소유하고 있으며, 러시아 가스 산업의

상류부터 하류까지 모든 과정을 독점으로 관리하고 있다.

가스프롬의 경영 개혁을 추진하고 싶었던 푸틴 대통령은 2001년 5월에 자신의 측근이자 에너지부 차관이었던 알렉세이 밀러를 사장 자리에 앉혔다. 당시 밀러는 불과 30대의 젊은 나이였고 게다가 러시아 가스 산업계에서는 거의 이름이 알려지지 않은 인물이었으나, 푸틴 대통령은 자신의 측근을 가스프롬의 새로운 사장으로 취임시켜 가스프롬 경영에 대한 영향력을 강화했다. 가스프롬은 2005년에 석유회사 시브네프트를 매수하면서 러시아 최대의 가스 기업이 되었고 2006년에는 러시아산 천연가스를 독점으로 수출할 권리를 획득했다.

결국 가스프롬은 거대한 러시아 천연가스 산업의 약 90%를 생산하며 국내 간선 파이프라인을 보유하게 되었고 생산에서 유통, 수출까지 일관하여 지배하는 국영 독점 기업체가 되었다. 가스프롬의 천연가스 생산량은 러시아 전체의 88%, 전 세계의 23%를 차지하며 소유한 파이프라인의 전체 길이가 15만 2000km, 직원 수는 30만 명에 이르는 거대 기업이 된 것이다.

가스프롬은 소련이 붕괴하고 러시아가 된 후로는 국내뿐 아니라 유럽, 아시아 등 구소련 바깥까지 수출을 확대하여 국제적인 기업으로 성장했다. 또한 설비를 업그레이드하고 채굴 기술 수준을 비약적으로 향상하여 생산량도 늘리고 이미 생산 중인 지역에서도 기술 혁신을 통해 매장량을 추가로 확보하는 등 선순환의 고리에 진입했다.

이전에는 개발 비용 감소와 가격 상승이 맞물려 채산성이 맞지 않았던 난도 높은 가스전도 개발할 수 있게 되었다.

천연가스의 가채연수를 보더라도 일반적으로는 채굴할수록 매장량과 연수가 떨어지기 마련이지만, 러시아의 천연가스 매장량은 푸틴 정권 탄생 후인 2000년대에 오히려 증가하였다. 가채연수는 세계 평균을 훌쩍 넘기는 약 60년이므로 앞으로도 오랜 기간 채굴할 수 있을 전망이다.

천연가스 운송 수단도 기존에 있던 유럽과 연결된 천연가스 파이프라인을 확충하면서 동시에 우크라이나를 우회하는 루트를 더욱 다양화하고 보강했다. 그 결과 중국으로도 파이프라인을 연결했으며 유럽 및 다른 아시아 시장과도 연결되어 보다 넓은 성장 시장에 접근할 수 있게 되었다. 이처럼 산출량 증가와 가격 상승으로 러시아는 비약적으로 외화를 벌어들였다. 그 덕분에 푸틴 대통령은 견고한 정권 기반을 확립하고 러시아의 경제 성장을 가속화했으며 이를 바탕으로 세계로의 영향력을 확대해 왔다.

로스네프트

로스네프트는 러시아 최대를 넘어 세계 최대의 국영석유회사이다. 사할린과 시베리아 등의 러시아 북부, 동부, 체첸을 포함한 러시아 남부에서 석유와 천연가스를 생산하고 있다. 2007년에 러시아 민간 석유기업인 유코스의 자산을 매입하고 2012년에 석유업계의 큰 손 BP의 일부를 매수하는 등 합병과 매수를 통해 보유 매장량과 일일 생산량 면에서 세계 최대 석유회사가 되었다. 한때는 가스프롬과 합병할 계획도 있었지만 실현되지는 않았다.

2004년부터는 푸틴 대통령의 측근인 이고르 세친이 로스네프트 사장을 맡고 있다. 석유와 천연가스를 통해 세계로 영향력을 확대해 온 러시아가 정부 차원에서 국영기업에 강하게 관여하고 있음이 여기서도 드러난다.

로스네프트와 가스프롬과 관련하여 주목할 인물이 있는데 바로 게르하르트 슈뢰더 전 독일 총리이다. 슈뢰더 전 총리는 현재도 여당인 SPD(사회민주당) 소속 정치인으로, 1998년부터 2005년까지 독일의 제7대 연방 총리로 재임했다. 그는 총리직을 퇴임한 직후인 2006년에 가스프롬의 자회사 노르트스트림 AG의 이사로 취임했다. 그 후 2017년에는 로스네프트 이사회 의장으로 취임했고 이에 더해 2022년에는 가스프롬 이사직에 지명되었다. 전직 독일 총리가 러시아의 국영 가스, 석유 기업의 이사로 취임한다는 소식은 화제가 되었다.

이 때문에 러시아가 우크라이나를 침공한 후 독일과 러시아의 행보는 주목을 받았다. 독일이 우크라이나를 우회하여 러시아산 천연가스 수입을 대량으로 늘리려 했던 움직임이나 에너지를 러시아에 과도하게 의존하는 것에 초점이 맞추어졌다. 그러면서 슈뢰더 전 총리가 러시아 국영기업 이사로 재직한 것이 그 배후가 아니냐는 비판이 쏟아졌고, 결국 슈뢰더 전 총리는 2022년 5월에 로스네프트 이사회 의장직을 사임했고 가스프롬 이사직 취임도 거절했다.

분쟁이 일어날 때마다 윤택해지는 러시아 경제

푸틴 정권이 탄생한 2000년에는 유가가 1배럴당 20~30달러였다. 그러나 그 후로 유가가 상승하여 남오세티야 전쟁이 일어난 2008년에는 96달러, 크림반도 침공이 있었던 2014년에는 114달러, 우크라이나 전쟁이 일어난 2022년에는 120달러에 이르는 등 국제 분쟁이 일어날 때마다 유가가 상승하여 러시아의 수입이 증가하고 있다. 분쟁이 일어나면 에너지 가격이 올라 자원생산국이 풍요로워지는 것이 에너지 세계의 비정함이다.

러·우 분쟁만 보더라도, 러시아의 우크라이나 침공에 책임을 물어 서방 국가는 대러시아 경제 제재에 돌입했다. 미국이 우크라이나에 330억 달러를 지원하고 그 외 여러 나라도 우크라이나를 지원했다. 그러나 경제 제재에 따른 석유와 천연가스 가격이 상승하면서 벌어들인 러시아의 외화 수입은 서방 국가들의 우크라이나 지원액을 훨씬 뛰어넘었다. 경제 제재가 에너지 가격을 상승시킨다는 측면에도 주의를 기울여야 한다.

이러한 실정을 이해하고 러시아의 에너지 전략을 다시 보면, 푸틴 정권은 자국의 자원을 전략적으로 확대하는 데 성공하면서 분쟁으로 인한 에너지 가격 상승을 우군으로 삼아 강력한 정권 기반과 국제적 기반을 확보했다고 볼 수 있다.

러시아 국민의 생활 수준 향상

에너지에만 의존하는 러시아 경제에서 유가와 1인당 GDP의 추이는 상관분석을 할 필요도 없이 매우 비슷한 곡선을 그린다. 1배럴당 20달러였던 때의 1인당 GDP를 현재 GDP와 비교하면 5배가 되었다. 또한 푸틴 대통령은 취임 직후에 그전까지 12%, 20%, 30%로 누진 과세했던 소득세를 일률적인 13%로 바꾸어 많은 국민에게 환영을 받았다. 그 결과 스위스의 스키장 같은 세계의 고급 휴양지에 러시아인들이 밀려드는 등 러시아 국민들의 생활이 대단히 윤택해졌다. 이러한 경제 발전은 푸틴 정권에 대한 국민적 인기의 밑바탕이 되었다.

이전에는 푸틴 대통령과 메드베데프가 대통령직과 총리직을 주고받는 형태로 권력을 유지했으나 2020년의 헌법 개정으로 푸틴 대통령이 2036년까지 재집권할 수 있게 되었다. 이처럼 푸틴 정권은 에너지 전략이 맞아떨어져 세계적 영향력을 확대하고 국내 정권 기반을 공고히 하는 데 성공했다.

04 러시아와 우크라이나의 가스 파이프라인 분쟁

　1991년 소련이 붕괴한 후 천연가스를 둘러싼 러시아와 우크라이나 간 갈등이 이어졌다. 소련이 붕괴하기 전에는 러시아와 우크라이나는 하나의 나라였으며 천연가스 사업을 공동으로 운영하고 있었다. 그러나 소련의 붕괴로 천연가스 생산과 수출은 러시아, 파이프라인 관리는 우크라이나로 사업이 분리되었다. 여기서부터 문제가 발생했다.

　러시아의 국영회사인 가스프롬이 파이프라인 관리 권한을 요구했으나 우크라이나는 거절했다. 이에 분노한 러시아는 우크라이나를 경유하지 않는 우회로를 새롭게 계획하기 시작했는데, 하나는 벨라루스와 폴란드를 경유하는 경로이고 다른 하나는 흑해를 경유하는 경로였다.

　그리고 2004년에 우크라이나에서 쿠치마 대통령과 야누코비치 총리 겸 대통령 후보가 이끄는 친러시아 정권에 반발하는 오렌지 혁명이 일어나 친서방 노선인 유셴코 정권이 탄생했다. 러시아는 우크라이나에 형제 가격으로 천연가스를 공급하는 협력 관계를 맺고 있었으나, 친서방 정권에게는 그러지 않겠다며 2005년에 $1000m^3$당 44달러였던 가격을 2009년에 5배인 232달러로 올렸다.

2006년에 러시아는 가스프롬이 파이프라인의 관리 권한을 재차 요구했으나 우크라이나 정권이 거절한 데 대한 보복으로 우크라이나로 가는 천연가스 공급을 일시 정지했다. 이 사건으로 우크라이나를 경유하는 천연가스 공급이 갑자기 줄어들자 러시아 천연가스 수입이 헝가리는 40%, 프랑스와 이탈리아는 25% 감소했다. 이처럼 러시아와 우크라이나의 파이프라인 관리 권한을 둘러싼 갈등이 양국의 관계 악화에 커다란 계기가 되었다.

한겨울 우크라이나 가스 공급 정지

2009년 1월 1일, 러시아가 우크라이나로 가는 가스 공급을 정지시키는 사태가 벌어졌다. 경위를 처음부터 살펴보면, 2008년 10월 2일 푸틴 대통령과 우크라이나의 티모셴코 총리는 우크라이나에 공급하는 가스 가격을 3년간 단계적으로 인상하기로 합의했다.

그러나 2008년 12월 31일 3년간 단계적으로 인상한다는 것 외에도 실제 단가가 정해지지 않았다는 이유를 들어 2009년 1월 1일부터 러시아는 우크라이나로 공급하는 가스를 정지했던 것이다. 1월

3일에 러시아는 우크라이나가 가스를 빼돌리고 있다며 비판했고, 1월 6일에는 우크라이나를 경유하는 대유럽 가스 공급의 80%를 축소했다.

1월 7일에 러시아는 우크라이나에 대한 가스 공급을 완전히 정지하였고 따라서 유럽 수출용 가스 운송도 같이 정지되었다. 1월 11일 우크라이나와 러시아는 EU의 국제감시단 수용에 합의했고 1월 13일에 천연가스 운송이 재개되었으나 우크라이나 측에서 이를 막았다.

1월 18일 푸틴 대통령과 티모셴코 총리의 협의 끝에 우크라이나로 공급하는 가스에 관한 기본 합의가 이루어졌다. 그 골자는 10년 동안의 장기 계약이었다. 1월 19일에는 러시아의 가스프롬과 우크라이나의 나프토가스가 가스 공급 계약에 서명했다. 그리고 1월 20일에 가스 운송이 재개되며 유럽 측에도 의사를 타진했다.

이처럼 운송과 두절을 반복하는 갈등 끝에 운송된 가스를 우크라이나가 차단하는 등의 사태에 이르렀던 것이 후일 양국 관계에 커다란 암운을 드리우게 되었다. 현재 우크라이나는 천연가스를 러시아에서 직접 수입하는 대신 유럽에서 수입하고 있다. 덕분에 우크라이나는 러시아의 침공을 받은 후로도 에너지를 확보할 수 있게 된 것이다.

05 러시아의 파이프라인 구축 역사

러시아의 천연가스 파이프라인 역사

러시아의 천연가스와 천연가스 파이프라인 개발의 역사를 살펴보자. 소련이 구축한 최초의 천연가스 파이프라인망은 지금의 상식과는 사뭇 달랐다. 과거에는 우크라이나와 폴란드에 걸쳐 있는 갈리치아 지방에서 천연가스를 채굴할 수 있었기에 갈리치아부터 키이우, 키이우부터 모스크바로 파이프라인이 이어져 있었다. 즉 러시아가 수입을 하는 쪽이었다. 지금은 가스가 파이프라인을 통해 러시아에서 우크라이나로 수출되는 것이 상식이지만 1950년대는 반대였다는 뜻이다. 1960년대에 아제르바이잔 등 코카서스 지방에서 가스전 개발이 이루어졌고 그곳에서부터 러시아로 가스가 운반되었다.

소련의 스탈린은 석유산업을 군사적으로 중요한 산업으로 지정하고 직접 통제하고자 치안·첩보기관(후의 KGB)의 관할 아래 두었다. 1953년 스탈린이 사망한 후 소련의 지도자가 된 흐루쇼프는 석유 중심에서 천연가스 중심으로 정책을 전환하여 1956년 공산당 대회에서 야심만만한 가스 개발 계획을 발표했다. 이 공산당 대회는 흐루쇼프의 스탈린 비판으로도 유명하다. 그리고 1960년대에 서시베리아의 석유와 가스 개발이 시작되었다. 지질학자가 거대한 유전과 가스전의 존재를 발견한 것이다. 극한의 추위라는 난관을 뚫고 가스

▶ **도표 2-5 러시아의 파이프라인망 구축**

드루즈바 파이프라인(1964년 건설) 세계 최장 석유 파이프라인

· 동서 냉전 시기에 경제협력기구 코메콘 가맹국 간에 석유를 공급, '우정 가스 파이프라인'이라고도 불린다.
· 카스피해, 시베리아 서부, 우랄의 석유가 사마라에 모인 후 벨라루스의 마지르를 경유, 북쪽으로는 폴란드와 구동독, 남쪽으로는
  우크라이나, 슬로바키아, 체코, 헝가리로 향하는 파이프라인을 구축했다.

출처: United States Department of Energy 자료를 토대로 작성

전 개발에 성공하여 1966년에 파이프라인을 건설했고 우랄산맥 너
머 서쪽의 공업지대로 천연가스가 공급되기 시작했다. 소련의 가스
생산량은 1955년 90억m^3에서 1970년 1,980억m^3로 비약적으로 증가
했다. 이 천연가스 개발 성공으로 소련은 외화 획득과 정치, 군사 모
든 면에서 커다란 힘을 손에 넣었다. 수출량도 점차 늘어 서시베리아
의 가스전에서 생산된 천연가스를 유럽으로 내보냈다.

지금은 유럽 수출용 가스를 몇 개의 파이프라인을 이용해 독일
로 운송하고 있다. 러시아에서 독일로 직결되는 루트와 우크라이나
를 경유하는 루트가 있다. 옛 소련 시대의 루트도 존재하며 아제르바

이잔 등에서부터 튀르키예를 통과하는 것도 있다. 현재는 동시베리아의 유전과 가스전에서 난 자원을 중국의 서쪽과 동쪽으로 수출하는 2개의 파이프라인도 건설되었다.

2018년 이후부터 LNG 수출도 점점 늘고는 있지만 LNG는 전체의 10%에도 미치지 못하며 파이프라인을 통한 수출이 90% 이상을 차지하고 있다.

드루즈바 파이프라인

1964년에 지금도 세계 최장 송유관인 드루즈바 파이프라인이 건설되었다. 이 파이프라인은 먼저 서시베리아, 우랄, 카자흐스탄의 석유를 러시아의 사마라로 모은 다음 그 후 마지르를 경유하여 북쪽으로는 폴란드와 구동독, 남쪽으로는 우크라이나, 슬로바키아, 체코, 헝가리로 이어진다. 참고로 '드루즈바'라는 말은 우호, 우정을 뜻한다. 이 파이프라인을 사용해 동서 냉전기에 동유럽을 중심으로 결성된 코메콘(COMECON, 경제상호원조회의) 가맹국 등 동쪽 국가들에 석유를 공급했다.

드루즈바 파이프라인의 원래 계획은 러시아에서 오스트리아까지 연결하는 것이었지만, 동서 냉전기였음에도 불구하고 러시아에서 서독일로 천연가스를 공급하고자 하여 연장된 것이었다. 1968년에는 석유 파이프라인과 더불어 천연가스 파이프라인도 부설했고 러시아에서 체코와 슬로바키아를 경유하여 영세중립국인 오스트리아에 천연가스를 공급했다. 이것이 동구권에서 서구권으로 천연가스를 공급하는 계기가 되었다.

06 우크라이나를 경유하지 않는 파이프라인

튀르키예를 경유하는 여러 파이프라인

2005년에 개통한 블루스트림은 서시베리아의 가스전에서 튀르키예로 가스를 운송하는 파이프라인이다. 그 외에도 중앙아시아, 코카서스, 중동의 천연가스도 튀르키예를 경유하여 유럽으로 운송된다.

2020년에 개통한 터키스트림은 흑해를 건너 러시아의 아나파와 튀르키예의 키이코이를 잇는 두 개의 해저 파이프라인으로 하나는 터키 국내용, 하나는 유럽 수출용이다. 2021년에 개통한 발칸스트림은 이 터키스트림을 불가리아, 세르비아, 헝가리까지 연장한 파이프라인이다.

한편 2019년에 아제르바이잔과 튀르키예 사이에 아나톨리아 횡단 파이프라인이 개통되었는데, 이 파이프라인 덕분에 러시아 서시베리아의 천연가스가 우크라이나를 거치지 않고 유럽으로 운송이

2005년 블루스트림 2020년 터키스트림 개통

● 튀르키예: 유럽으로 수출하는 천연가스·에너지의 회랑 역할을 노린다.
● 2005년 블루스트림
  ·서시베리아의 가스전에서 튀르키예로 수출한다.
● 2020년 터키스트림
  ·흑해를 가로질러 러시아의 아나파와 튀르키예의 키이코이를 잇는 해저 파이프라인이다.
  ·하나는 튀르키예 국내 소비용, 하나는 유럽 수출용이다.
● 2021년 발칸스트림
  ·튀르키예스트림을 불가리아, 세르비아, 헝가리까지 연장한다.
● 2019년 아제르바이잔과 튀르키예 간 아나톨리아 횡단 파이프라인(TANAP)을 개통한다.

출처: JOGMEC 등

가능해졌다.

러시아와 독일을 직결하는 파이프라인

2011년에 러시아와 독일을 직결하는 노르트스트림이 개통되었
다. 유럽 발트해 밑을 통과하여 러시아에서 독일까지 이어지는 해저
천연가스 파이프라인으로, 지금은 노르트스트림1로 불린다. 노르

▶ 도표 2-7 노르트스트림1과 2

2011년 노르트스트림 개통

- 유럽 발트해 밑을 통과하여 러시아에서 독일까지 이어지는 천연가스 파이프라인이다.
- 러시아 북서부의 비보르크에서 독일 북동부 그라이프스발트 근교 루브민까지 이어진다.
- 2005년 독일과 러시아가 협정해 2011년 개통되었다.
  · 독일 대기업 바스프와 러시아 가스프롬의 연계 강화
  · 유즈노 루스코예 천연가스전 개발에 독일 참가
- 노르트스트림은 러시아 가스프롬이 관리한다.
- 노르트스트림에서 타 지역으로 운송된다.
  · NEL 파이프라인 → 독일 북서부 브레멘 근교→영국으로
  · OPAL 파이프라인 → 체코 국경 올번하우→동유럽으로

출처: United States Department of Energy 자료를 토대로 작성

트스트림1은 러시아 북서부의 비보르크에서 독일 북동부 그라이프
스발트 근교 루브민으로 직결된다. 2005년에 독일과 러시아가 협정
을 맺었고 독일의 최대 종합화학회사 바스프(BASF)와 러시아 가스
프롬의 협업으로 건설되었다. 노르트스트림1의 관리권은 이전 우크
라이나의 파이프라인 관리권을 가져오려다 실패한 가스프롬이 쥐고
있다.

　노르트스트림1로 운반한 가스를 다른 나라에 다시 보내기 위
하여 독일 북서부 브레멘과 영국을 잇는 넬(NEL) 파이프라인, 체코

국경 부근의 올번하우에서 동유럽 국가들로 가스를 수송하는 오팔(OPAL) 파이프라인이 건설되었다. 이처럼 독일로 직접 가스를 운반하고 독일에서 영국, 독일에서 동유럽으로 전달하는 식으로 우크라이나를 우회하는 파이프라인이 확충되었다.

그러나 2017년 이후 노르트스트림1은 공급량이 한계 용량을 넘어섰다. 그 정도로 독일의 천연가스 공급을 책임졌고 독일에서 영국, 혹은 독일에서 체코, 동유럽으로의 천연가스 공급이 순조로웠다는 뜻이기도 하다. 이는 곧 파이프라인 증설 논의로 이어졌다.

2017년 4월, 가스프롬과 프랑스의 엔지 등 유럽의 에너지 대기업 5개사가 노르트스트림2의 건설 계약서에 서명했다. 독일 메르켈 정권은 탈석탄, 탈원전 추진을 위해 반드시 천연가스를 안정적으로 공급받아야 했으므로 이 프로젝트에 심혈을 기울였고, 그 결과 2021년에 노르트스트림2가 완성되었다. 그러나 2022년에 러시아가 우크라이나를 침공하면서 현재 개통만 된 채 사용되지 않고 있다.

여기까지 우크라이나를 우회하는 러시아 파이프라인을 소개했다. 러시아는 이 파이프라인들 덕분에 우크라이나를 경유하는 천연가스 운송량 비율을 1990년의 85%에서 2018년 41%까지 낮출 수 있었다.

07 우크라이나 침공을 계기로 재검토되는 러시아 의존도

이제 EU 주요국과 일본의 러시아 의존도를 살펴보자. 단, 여기에서 다룰 의존도 관련 수치는 관점에 따라 다르게 해석할 수 있으므로 대략적인 숫자만 참고하길 바란다.

독일의 러시아 의존도

독일의 천연가스 수입은 러시아 55.2%, 노르웨이 30.6%, 네덜란드 12.7%로 러시아 의존도가 현저히 높다. 이는 독일의 에너지 자급률이 35%에 불과한 것이 큰 이유이다. 자원별로 살펴보면 석탄 자급률이 54%일 뿐, 석유와 천연가스는 거의 자급하지 못하고 있어 일본 등과 비슷한 상황이다. 석유의 러시아 의존도는 34%, 천연가스는 43%, 석탄은 48%로 독일의 러시아 의존도는 매우 높다고 볼 수 있다.

우크라이나 침공이 벌어진 지금, 앞으로 독일이 어떻게 러시아 의존도를 줄여나갈지 주목된다.

영국, 프랑스, 이탈리아의 러시아 의존도

다른 EU 주요국인 영국, 프랑스, 이탈리아의 러시아 의존도도 짚어보자.

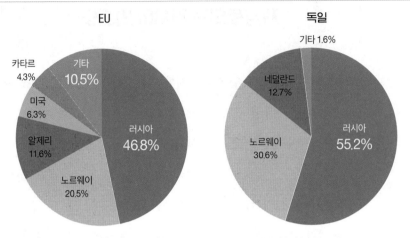

▶ **도표 2-8 EU와 독일의 천연가스 수입 상대국 (2020년)**

EU

독일

카타르
4.3%

기타
10.5%

미국
6.3%

알제리
11.6%

러시아
46.8%

노르웨이
20.5%

기타 1.6%

네덜란드
12.7%

노르웨이
30.6%

러시아
55.2%

· EU 천연가스 수입의 46.8%가 러시아이다. 특히 독일은 55.2%로 러시아 비율이 높다.

출처: BP 통계

영국은 에너지 자급률이 75%이며 러시아 의존도는 석유 11%, 천연가스 5%로 그다지 의존하고 있지 않다. 석탄은 36%지만 기후 정책상 줄어들 전망이므로 염려할 정도의 수치는 아니다.

프랑스는 자급률이 55%이며 러시아 의존도는 석유 0, 천연가스 27%, 석탄 29%이다.

다음은 이탈리아다. 자급률은 25%이며 러시아 의존도는 석유 11%, 천연가스 31%, 석탄 56%로 러시아에 상당히 의존하고 있다. 단, 이탈리아는 아프리카와 파이프라인이 이어져 있다. 다행히 대체 수단이 존재하는 것이다. 반면 독일은 아프리카와 연결된 파이프라인이 없고 LNG 수입기지도 없어서 러시아 의존도를 낮추기가 더욱

▶ 도표 2-9 G7 각국의 일차에너지 자급률과 러시아 의존도

국가	일차에너지 자급률 (2020년)	러시아 의존도 (수입량 중 러시아산의 비율) (2020년) ※일본의 수치는 재무성 무역 통계 2021년 속보치		
		석유	천연가스	석탄
일본	11% (석유: 0% 가스: 3% 석탄 0%)	4% (점유율 5위)	9% (점유율 5위)	11% (점유율 3위)
미국	106% (석유: 103% 가스: 110% 석탄 115%)	1%	0%	0%
캐나다	179% (석유: 276% 가스: 13% 석탄 232%)	0%	0%	1.9%
영국	75% (석유: 101% 가스: 53% 석탄 20%)	11% (점유율 3위)	5% (점유율 4위)	36% (점유율 1위)
프랑스	55% (석유: 1% 가스: 0% 석탄 5%)	0%	27% (점유율 2위)	29% (점유율 2위)
독일	35% (석유: 3% 가스: 5% 석탄 54%)	34% (점유율 1위)	43% (점유율 1위)	48% (점유율 1위)
이탈리아	25% (석유: 13% 가스: 6% 석탄 0%)	11% (점유율 4위)	31% (점유율 1위)	56% (점유율 1위)

출처: World Energy Balances 2020(자급률), BP 통계, EIA, Oil Information, Cedigaz 통계, Coal Information(의존도)

어려운 상황이다.

주요 7개국(G7)의 러시아 의존도

도표 2-9를 살펴보면 일본은 11%의 낮은 자급률이 문제지만 러시아 의존도는 석유, 천연가스, 석탄이 각각 4%, 9%, 11%로 그다지

높지 않다. 단 천연가스는 가까워서 운송에 시간이 적게 드는 사할린이나 북해의 천연가스 개발 프로젝트에 일본 기업이 참여하고 있으므로 우크라이나 침공 이후 러시아 정부와 어떻게 조율해 나갈지 주목된다.

미국과 캐나다는 에너지 수출국이므로 자급률 100%가 넘어 러시아 의존은 거의 없다. 그러나 앞서 이야기했듯이, 독일의 러시아 의존도는 매우 높다. 이런 차이 때문에 우크라이나 침공 이후 G7이 러시아의 석유와 천연가스 수입을 금지하려 할 때 손발이 완벽히 맞지는 않았다. 러시아가 우크라이나를 침공하자 미국과 영국은 곧장 러시아에 경제 제재를 가하기 위해 러시아 경제의 중심인 석유와 천연가스 수입 금지를 제안했다. 미국과 영국은 자급률이 높고 석유와 천연가스를 러시아에 의존하고 있지 않으므로 어렵지 않은 제안이었을 것이다. 이 제안에 프랑스도 러시아 의존도는 높지 않으므로 쉽게 찬성했다. 반면 독일은 G7이나 유럽 내에서 입장이 완전히 달랐고 따라서 우크라이나 침공 대응에 관한 G7 및 유럽 내 합의 형성은 난항을 겪었다.

각국의 러시아 자원 수입량은 통계 주체(Eurostat, IEA, BP)에 따라 수치가 조금씩 다르다. 이는 재수출 계산 방법의 차이 등으로 인한 것이므로 감안하고 전체적인 추세 파악에 집중하자.

08 결합을 돈독히 하는 러시아와 중국

존재감을 더해 가는 시베리아의 힘

에너지 분야에서 러시아와 중국이 급격히 가까워지고 있다는 점도 이목을 끈다.

도표 2-10의 파이프라인 2개를 보면 시베리아와 베이징을 잇는 천연가스 파이프라인이 이미 하나 개통되어 있고, 나머지 하나는 2024년에 몽골을 경유하여 중국으로 들어와 상하이까지 연장될 예정이다. 각각 '시베리아의 힘1'(연간 최대 610억㎥), '시베리아의 힘2'(연간 최대 500억㎥)라는 파이프라인이다. '시베리아의 힘'이라는 이름대로 세계에서 손꼽히는 가스전인 러시아의 시베리아와 세계 최대 소비지인 중국 베이징과 상하이를 직결하여 중국 경제는 '시베리아의 힘'을 강력한 발전 기반으로 삼을 수 있게 되었다.

참고로 '시베리아의 힘1'은 차얀다 가스전(러시아 렌스키 지구)·코빅타 가스전(러시아 이르쿠츠크주 북부, 지갈로보 지구와 카자친스코-렌스크 지구)에서 동부의 블라고베셴스크로 연결되는 파이프라인으로, 그대로 중국 지린성을 거쳐 베이징까지 남하한다.

'시베리아의 힘2'는 동시베리아와 서시베리아의 가스전에서 몽골 정중앙을 통과해 베이징으로 이어지며, 2024년에는 상하이까지 연장할 계획이다. 우크라이나 침공으로 노르트스트림1과 2의 가동

▶ 도표 2-10 시베리아의 힘1, 2

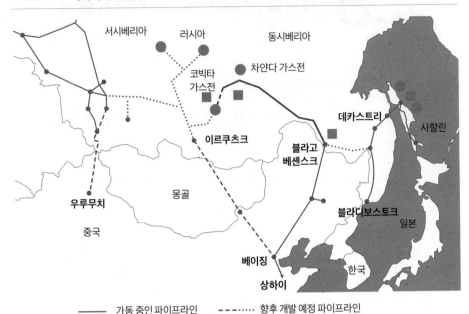

가동 중인 파이프라인 ------ 향후 개발 예정 파이프라인

● 가스전 ■ 천연가스 생산 거점

·2024년에 상하이까지 연장 예정이다.
·몽골을 경유하는 새로운 파이프라인은 '시베리아의 힘2'이다.

출처: Gazprom 자료를 토대로 작성

이 멈추고 시베리아에서 중국으로의 천연가스 수출량이 늘어날 예정인 이때 시기적절하게 건설되었다. 또한 사할린에서 러시아 본토의 데카스트리를 통과해 중국으로 연결되는 파이프라인도 건설 중에 있다.

러시아의 대중국 석유 수출 또한 증가하는 추세이며 근래에는 증가율이 더욱 상승하고 있다. 2002년부터 2017년까지를 떼어놓고

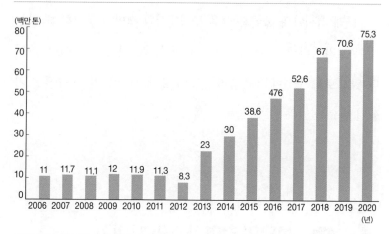

(백만 톤)

· 러시아의 대중국 원유 수출은 증가 추세이다.

출처: 일본 경제산업성

보면 2002년에는 미미한 수준이었던 것이 그 후로 계속 증가하여 2017년에는 31%를 차지하기에 이르렀다. 2014년부터 2017년에 걸쳐 몇 배씩 증가했으므로 증가율도 가속 중임을 알 수 있다.

중국 입장에서 본 러시아

중국 입장에서 러시아는 어떤 존재일까? 중국의 원유 수입 상대국 중 사우디아라비아와 러시아가 상위 2개국이다. 2021년까지는 근소한 차이로 사우디아라비아가 1위였고 러시아가 2위였다. 그러나 우크라이나 전쟁 이후 2022년 5월에는 러시아 원유 수입이 전년 대비 55%, 6월에 9.5%, 7월에 7.6%, 8월에 27.7% 증가하여 러시아가 사우디아라비아를 제쳤다.

　근래 러시아와 중국은 석유 무역에서의 결합을 공고히 해 왔는데, 우크라이나 침공 후로는 더욱 관계가 깊어진 것을 확인할 수 있다. 앞으로도 수입이 더욱 증가할 것이 예상되므로 여기에 주의를 기울일 필요가 있다.

09 석유와 천연가스의 차이가 러시아와 유럽에 미치는 영향

　유럽 국가들은 러시아 에너지 의존에서 탈피하려고 애쓰고 있지만 석유와 천연가스는 러시아와 유럽이 서로에게 미치는 영향이 3가지 점에서 매우 다르다.

　첫째, 잉여생산능력(Spare Capacity)의 차이이다.

　원유는 유사시에 언제든 추가 생산이 가능한 스윙 프로듀서로서의 지위를 보유한 사우디아라비아 및 중동 산유국을 중심으로, 세계적으로 하루 생산량 300만 배럴 정도의 잉여생산능력이 있다. 따라서 러시아의 공급이 중단되더라도 대응이 가능하다. 반면 천연가스는 원유 같은 스윙 프로듀서가 존재하지 않는다. 러시아 외의 공급국가 중 잉여생산능력이 있는 나라가 없다. 유럽의 가스 비축 재고도 충분하지 않으므로 러시아만이 유럽에 파이프라인으로 공급할 여력이 있다.

둘째, 운송 인프라의 차이이다. 원유의 운송 인프라는 세계적으로 성숙한 상태이다. 또 상온상압에서 액체 상태인 원유는 보통 해상으로 대량 운반한다. 대유럽 수출은 파이프라인으로도 가능하지만 주된 운송 수단은 해상 운송이며, 만약 러시아와 연결된 파이프라인이 두절되더라도 해상 운송으로 전환하여 대응할 수 있다. 반면 천연가스는 파이프라인 운송(기체)과 해상 운송(영하 162도에서 액화) 두 가지 운송 방법이 있으며 대체 불가능한 특정 인프라가 필요하다. 따라서 설령 잉여생산능력이 있다고 해도 지금의 러시아로서는 파이프라인이 있는 곳으로만 수출할 수 있다. 또한 LNG 프로젝트에는 대규모 투자가 필요하므로 장기 고객을 확보한 후에 착공 및 자금 조달에 돌입할 수 있고 수출입 기지가 될 항구를 비롯한 건설 공사에 장기간이 소요된다.

셋째, 러시아 국내 생산지가 떨어져 있다는 점이다. 러시아 내 원유 파이프라인은 동서로 연결되어 있다. 따라서 오랫동안 유럽으로 수출하던 서시베리아산 원유를 유럽이 수입 금지한 후로도 아시아태평양 지역으로 수출할 수 있고, 실제로 시작하고 있다. 원유 종류의 차이는 있으나 기술적으로는 유럽이 구매하지 않은 원유를 동쪽으로 옮겨 아시아태평양 시장에 판매할 수 있다. 그러나 천연가스는 동서 간 연결된 파이프라인이 없다. 유럽 수출용 천연가스는 서시베리아 가스전, 중국 수출용 천연가스는 동시베리아 가스전이라는 식으로 다른 생산기지에서 수출하고 있다. 줄어드는 유럽 시장을 대신하여 중국으로 가스를 추가 공급하려면 서시베리아와 중국을 잇는 파이프라인을 건설해야 한다. 잃어버린 유럽 천연가스 시장을 중국으로 대체하기는 쉽지 않다.

이처럼 석유와 천연가스 시장은 차이가 크다. 천연가스 수입 금지는 유럽에도 러시아에도 실질적인 경제 타격이 있으며 대처에도 시간이 소요된다.

10 깊어지는 OPEC과 러시아의 연계

OPEC+의 탄생

러시아가 에너지를 통해 국제적 영향력을 확대한 과정에서 중요한 요소가 OPEC+라는 조직이다. OPEC+는 2016년에 OPEC 13개국과 OPEC 비가맹 산유국 10개국(러시아, 멕시코, 아제르바이잔, 카자흐스탄 등)으로 결성되었다. 이 조직은 석유 공급량을 조절하여 유가에 영향력을 행사한다.

OPEC+ 회원국 중에서도 러시아는 전 세계 원유의 23.82%를 생산하며 사우디아라비아와 함께 리더 역할을 하고 있다. 즉 OPEC+의 탄생으로 러시아는 OPEC과 함께 세계 원유 시장을 이끌고 있다.

일례로 미국 바이든 대통령은 사우디아라비아에 증산을 요청하였으나 사우디아라비아는 이에 응하지 않고 계속해서 러시아에 협조하고 있다. OPEC+ 회원국인 러시아를 지지하고 OPEC+의 분열을 피하겠다는 자세를 표한 것이다. 이 때문에 2022년 5월 5일에 열린 OPEC+ 각료회의에서는 6월 생산량이 소폭 증량 선에서 마무리되었다. 이는 미국이 요청한 대로 증량은 하지만 소폭에 그쳤다는 것이다. 이러한 결정에는 미국과 사우디아라비아의 관계가 사우디아라비아의 저명 언론인 자말 카슈끄지 살해 사건을 계기로 아주 미묘한 상태라는 점도 영향을 끼쳤을 것으로 추정된다.

지금의 높은 에너지 가격은 장기화할 가능성이 있다

또 한 가지, G7의 러시아 원유 수입 금지 조치가 1970년대에 두 차례 발생한 석유 파동을 뛰어넘는 영향을 미칠 가능성이 있다는 점도 유념해야 한다.

제1차 석유 파동은 1973년 10월부터 1974년까지였다. 이는 제4차 중동전쟁을 계기로 아랍석유수출국기구(OAPEC)가 단기간의 수출 금지조치를 내린 데서 비롯했다. 그 후 제2차 석유 파동은 1979년부터 1980년에 걸쳐 일어났다. 이란 혁명이 일어나고 혁명 정부가 석유회사를 국유화한 결과 알력으로 인해 생산이 감소하여 원유가 부족해진 것이 발단이 되는데 이 사태도 오래 지속되지는 않았다.

그러나 이번 에너지 가격 상승은 양적으로도 기간적으로도 크며 장기화할 가능성이 있다. 이에 더해 과거의 석유 파동은 수출국 측에서 수출을 제한한 데서 비롯했지만 이번에는 수입국 측이 단결하여 수입을 금지하려는 상황이므로 이러한 차이도 고려할 필요가 있다.

11 러시아의 재생가능에너지와 원전

중국과 인도보다도 한층 늦은 2060년 목표

2장의 마무리로는 러시아의 지구온난화 대책을 알아본다.

러시아는 혹한으로 고생하는 나라이므로 온난화의 폐해를 실감하지 못하는 러시아인도 종종 보인다. 그러나 2021년 11월에 열린 글래스고 기후회의에는 러시아도 참여했다. 다만 푸틴 대통령은 참석하지 않았다.

러시아는 글래스고 회의에서 온실가스 감축과 함께 사회경제 발전을 이루는 2050 전략을 발표했다. 2050년까지 삼림 등에 의해 흡수되는 양을 제외한 온실가스 순 배출량을 2019년 대비 60% 감축한다는 내용이었다. 그리고 2060년 탄소중립 달성을 목표로 밝혔다. 다른 나라들이 늦어도 2050년까지를 목표로 삼는 가운데 러시아가 그보다 늦은 2060년을 목표로 삼았다는 점이 눈길을 끈다.

구체적인 방안으로는 에너지 효율이 높은 기술 도입에 대한 융자, 그린 프로젝트에 대한 융자, 탄소중립에 대한 융자 등을 제시했다.

재생가능에너지의 현주소

러시아 국내에는 풍력발전, 태양광발전 등 재생가능에너지의 잠재력이 높은 지역이 많다고 한다. 풍력의 경우 50m 높이에서 풍속이 8m/s를 넘는 적합한 지대가 북극해 연안부터 극동의 사할린과 캄차카까지 펼쳐져 있다. 태양광은 러시아 남부에 일사량이 풍부한 지역이 많다. 또 기후가 온난한 남서부의 흑해 연안 외에 러시아 극동 및 시베리아 남부에도 태양광발전에 유리한 넓은 일대가 있다. 그리고 극동 아무르강 유역과 시베리아의 바이칼호 주변에는 풍부한 수력 자원이 있어 수력발전에 활용할 수 있다. 덕분에 2018년 1월 시점에 러시아 전체 발전 설비 용량의 약 20%를 수력이 차지하고 있으며 극동에서는 40%, 시베리아에서는 50% 가까이 된다. 2020년 세계 각국의 수력발전량 및 비율과 비교해 봐도 러시아는 세계 5위로 높은 순위를 기록하고 있다.

다음은 러시아의 원자력발전이다. 러시아는 핵보유국으로, 제 2차 세계대전이 끝나고 얼마 지나지 않아 원자력발전 개발에 착수하여 1954년에 모스크바 남서쪽 오브닌스크에서 실제 사용 목적으로는 세계 최초의 원자력발전소 가동을 개시했다. 그리고 2007년에 러시아 연방 원자력청이 국영 원자력기업 로스아톰으로 바뀌면서 원자력발전소 개발을 더욱 적극적으로 추진했다. 2017년 말 시점에서 원자력발전소 가동 상황을 보면, 9개의 원자력발전소에서 31기를 가동하고 있다. 원자로 설비 용량은 2,794만 KW로 세계 5위이다.

러시아의 향후 원자력 정책을 살펴보자. 2017년 러시아 정부는 2035년까지의 전력 시설 계획을 승인했다. 해당 계획에 따르면 120만 KW급의 원자로 17기를 2035년까지 건설 및 가동하는 것이 목표이다. 또한 극동에 전력을 공급하기 위한 해상 부유식 원자력발전소 건설도 계획 중이다.

러시아는 원자력 설비 수출에도 적극적으로 뛰어들고 있다. 해외 발전소 건설 프로젝트를 보면 쿠단쿨람(인도), 아큐유(튀르키예), 아스트라베츠(벨라루스), 팍스(헝가리) 등 많은 계획이 진행 중이다.

여기까지 러시아의 재생가능에너지와 원자력발전에 대해 살펴보았다. 러시아가 에너지 전략상 화석연료 외의 에너지도 적극적으로 개발하고 있음을 알 수 있다.

2장에서는 러시아의 에너지 전략을 짚어보았다. 러시아는 광대한 국토에 존재하는 풍부한 에너지 자원을 활용하여 수출을 대폭 늘려 경제 성장과 국민 생활 안정을 이루어내고 해외에 대한 막대한 영향력을 보유하는 데 성공했다. 러시아에 에너지는 군사력을 제외한 또 하나의 무기라는 사실이 증명된 셈이다.

제3장

독일

탈러시아로 요동치는 재생에너지 선진국의 에너지 전략

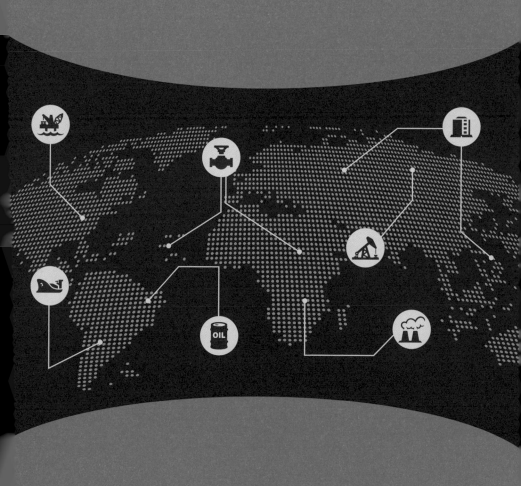

01 독일의 기본적 정보

우선 독일에 관한 기본적인 정보부터 확인해 보자. 정식 명칭은 독일연방공화국이며 수도는 베를린이다. 인구는 8,000만 명이고 면적은 35.7만km^2이다.

역사를 거슬러 올라가 1945년 5월 8일 제2차 세계대전 유럽 전선이 독일의 무조건 항복으로 끝이 났다. 같은 해 7월에는 베를린 교외의 포츠담에서 열린 회담 및 그 결과물인 포츠담 협정에 따라 4개 승전국(영국, 미국, 프랑스, 소련)이 수도 베를린을 포함한 독일을 분할 점령하게 되었다. 그 후 영국, 미국, 프랑스 3개국과 소련이 대립했고 1948년 6월 24일에 소련이 나머지 세 국가가 관리하는 서베를린과 서독일을 잇는 육로를 봉쇄하기에 이르렀다. 미국은 여기에 대항하여 같은 해 6월 26일부터 '베를린 공수작전'으로 서베를린 시민에게 생활물자를 공수하는 데 성공했다. 그 결과 소련이 다음 해인 1949년 5월 12일에 봉쇄를 해제하며 '베를린 봉쇄'는 실패로 끝이 났다.

이 결정적인 대립 끝에 1949년 9월에는 자유주의 진영에 속한 독일연방공화국(이하 서독)이, 1949년 10월에는 사회주의 진영에 속한 독일민주공화국(이하 동독)이 각각 수립되었다.

그 후 동베를린에서 서베를린으로 인구 유출이 끊이지 않자 소련과 동독은 1961년 8월 13일 오전 0시에 갑자기 서베를린을 포위하고 서베를린 주위 경계선에서 동독 영내로 조금 들어간 지점에 철조망을 세우고 거대한 '베를린 장벽'을 건설했다.

1989년 11월 9일에 베를린 장벽이 붕괴했고 다음 해인 1990년 동서독이 재통일되었다. 그로부터 아직은 30년 남짓밖에 지나지 않았다. 재통일 수습을 위해 비용을 치르면서도 독일은 유럽 대륙의 정치·경제 주요국으로 자리매김했으며 문화, 과학기술 분야에서 뛰어난 업적을 지니고 있다. 명목 GDP로는 세계 4위이며 세계에서 손꼽히는 선진 공업 국가이다. 제조업뿐 아니라 무역에서도 큰 영향력을 나타내고 있다. 게다가 천연가스를 러시아에 의존하고 전력은 유럽 광역 전력망을 슬기롭게 이용하여 탈석탄, 탈원전을 추진하는 등 뛰어난 에너지 전략도 두드러진다.

독일의 에너지 전략을 이해하려면 독일의 겨울이 적설량은 적지만 기온은 많이 떨어진다는 특징을 알아야 한다. 유럽의 주요 축구 리그 중에서 독일의 분데스리가만 추위로 인한 겨울 휴식기를 가지고 있다.

02 독일의 에너지 정세

동서 냉전하의 러시아와 독일 간 천연가스 외교 역사

1968년 러시아에서 오스트리아까지 파이프라인이 건설되었고 1969년 독일에 사회민주당(SPD) 브란트 정권이 들어섰다.

브란트 정권은 공산권 국가들과 관계를 개선하는 '동방 정책'을 펼쳐 1970년에 소련과 서독은 최초의 천연가스 수출 계약을 맺었다. 서독 정부는 자금 면에서도 대담하게 투자했는데, 파이프와 기자재 가격의 85% 정도를 융자하고 그 절반을 정부가 신용 보증했다. 이후 1973년 소련에서 동서독으로 천연가스 공급이 시작되었고 1985년

동서 냉전 시기 러시아에서 독일로의 천연가스 공급

· 1968년 석유 파이프라인에 병행하도록 천연가스 파이프라인을 부설했다.
· 러시아에서 영세중립국인 오스트리아로 천연가스를 공급(당시 체코슬로바키아를 경유)했는데 이는 동구권에서 서구권으로 천연가스를 공급하는 계기가 되었다.
· 1969년 독일 사회민주당(SPD) 브란트 정권이 탄생했다.
· 공산권 국가와의 관계 개선을 꾀하는 '동방 정책'을 추진했다.
· 1970년 소련과 서독 간 최초의 천연가스 수출 계약을 맺었다.
· 서독일 정부는 파이프와 기자재 가격의 85%를 융통해 주고 그 절반을 신용보증했다.
· 1973년 소련에서 동서독으로 천연가스 공급을 개시했다.
· 1985년 서베를린 시내에 천연가스를 공급했다(서베를린시 천연가스 공급량의 90%).
· 서베를린시에 파이프라인을 연결할 때 베를린 장벽을 일시적으로 철거했다.

▼

동서 냉전 시기임에도 천연가스 외교는 적극적으로 이루어졌다.

에는 서베를린시 천연가스 공급량의 90%를 책임지기에 이르렀다. 특히 인상적인 점은 서베를린시에 파이프라인을 연결할 때 당시 절대적인 존재였던 베를린 장벽을 일시적으로 철거하면서까지 건설을 추진했다는 사실이다.

이처럼 동서 냉전하에서도 소련과 서독일 간의 천연가스 외교는 적극적으로 이루어졌다.

독일의 타국 에너지 의존도

독일의 자원별 일차에너지 공급량 구성은 석유 35%, 천연가스 26%, 석탄 15%, 원자력 5%, 수력 1%, 재생가능에너지 18%이다. 석유와 천연가스 비율이 높고 그 뒤를 재생에너지와 석탄이 따르고 있다.

도표 3-1은 독일의 일차에너지 소비량과 수입 의존도를 나타내고 있다. 소비량은 석유와 천연가스가 압도적으로 많고 다음으로 재생가능에너지가 많다. 석유, 천연가스, 석탄, 원자력은 대부분 수입을 한다. 한편 재생가능에너지는 국산이며 그 결과 에너지 자급률은 약 30%이다.

독일의 석유 수입 상대국은 러시아 30%, 노르웨이 11%, 영국 11%, 미국 6%이다. 그 외 리비아, 나이지리아, 카자흐스탄에서도 수입을 한다. 독일은 중동에서 수입하는 비율이 낮은 것이 특징이지만 그 대신 러시아 의존도는 높다.

▶ 도표 3-1 일차에너지 소비량과 수입 의존도 (2020년)

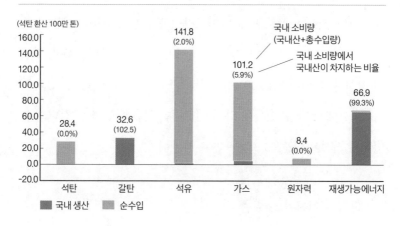

출처: https://www.de-info.net/kiso/atomdata16.html

▶ 도표 3-2 독일의 석유 수입 상대국과 천연가스 수입 상대국

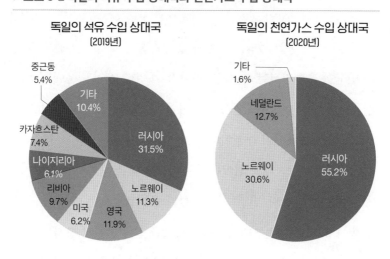

· 석유와 천연가스 수입에서 러시아 의존도가 높다.

출처: 독일연방 경제에너지부, Zahlen und Fakten Energiedaten

다음으로 천연가스 수입 상대국을 보면 러시아 55%, 노르웨이 30%, 네덜란드 12%로 모두 파이프라인을 통해 수입하고 있는데, 러시아 의존도가 매우 높다. 석탄 등의 수입 상대국 비율은 대략 절반이 러시아이고 미국이 20%이다.

이상에서 알 수 있듯이 화석 에너지인 석유, 천연가스, 석탄의 수입에서 러시아 의존도가 매우 높은 상황이다.

독일의 천연가스 수출

독일은 놀랍게도 파이프라인으로 수입한 천연가스를 절반 정도는 사용하지 않고 수출한다. 천연가스를 수입하여 다시 다른 나라에 판매하는 무역상사인 셈이다.

최근 10년 동안 독일의 천연가스 수출량은 우상향 곡선을 그리고 있다. 독일로 연결된 파이프라인이 몇 개 새로 생긴 덕분에 독일의 국내 소비량을 넘어서는 양을 수입하여 다른 나라로 되파는 비즈니스 모델이 가능해졌기 때문이다.

참고로 독일 국내의 천연가스 소비처는 많은 순으로 공업, 가정, 상업, 발전(發電)이다. 발전 용도는 한때 줄어들었으나 다시 늘고 있다. 이는 2011년 동일본대지진의 여파로 독일이 탈원전 방침을 세우고 원자력발전소를 8기 정지시킨 것과 관련이 깊다. 원자력 사용을 줄인 만큼 천연가스 소비량이 늘어난 것이다. 이에 더해 탈석탄 정책에 따른 석탄 소비 감축도 천연가스 소비량 증가에 박차를 가하고

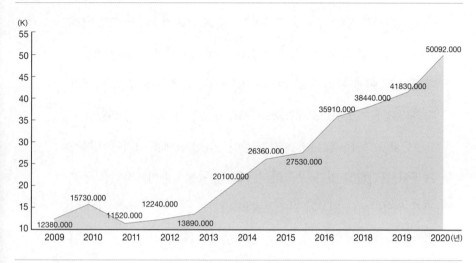

출처: www.ceicdata.com, OPEC

있다.

가정용 천연가스 소비는 대부분 겨울 난방에 쓰인다. 냉방 수요
는 그다지 크지 않으므로 여름과 겨울의 수요에 큰 차이가 있어 계
절 변동이 상당하다.

독일의 천연가스 파이프라인

러시아에서 독일로 직결되는 두 개의 파이프라인인 노르트스트
림1과 2는 독일의 천연가스 조달에 중심적인 역할을 할 것으로 기대
받고 있었다(도표 2-7 참조).

노르트스트림은 유럽의 발트해 밑을 통과하여 러시아에서 독일

로 이어지는 해저 천연가스 직통 파이프라인이다. 러시아 북서부의 비보르크에서 독일 북동부 그라이프스발트 근교의 루브민으로 연결된다. 노르트스트림 건설을 위해 2005년에 독일과 러시아 간 협정이 맺어졌고, 이에 따라 독일 바스프와 러시아 가스프롬 간의 연계가 강화되고 유즈노루스코예 가스전 개발에 독일이 참가하게 되었다.

도표 2-7(115p 참조)에 표기된 파이프라인 전체를 러시아의 가스프롬이 관리하고 있다. 우크라이나를 경유하는 파이프라인을 두고 과거 우크라이나 정부가 가스프롬의 관리권 요구를 거부한 적이 있었는데, 거기서부터 여러 문제가 발생했다. 이와 달리 노르트스트림은 모든 공정을 가스프롬이 지휘하게 되었다.

노르트스트림에서 일단 독일로 수입된 천연가스는 다른 지역으로 운송된다. NEL 파이프라인은 독일 루브민에서 영국으로 향하고, OPAL 파이프라인은 독일을 경유한 후 체코 등의 동유럽 혹은 영국으로 향한다.

여기서 중요한 포인트가 LNG 수입 터미널 건설이다. LNG 수입 터미널을 여럿 보유한 나라도 있지만 2022년 2월 기준 독일에는 LNG 수입 터미널이 없었다. 따라서 천연가스를 전부 파이프라인을 통해 수입했다. 이것이 독일의 약점이다.

2022년 우크라이나 전쟁의 여파로 독일은 LNG 터미널 건설을 재개했고, 독일 북부의 두 군데가 건설 예정지로 발표되었다. 따라서 부유식 LNG 터미널 3척도 도입할 계획이다. 부유식 LNG 터미널이

LNG 수입 터미널

- ● 2022년 2월   국내에 LNG 터미널은 없다.
              전량 파이프라인 수입이다.
- ● 2022년 3월   LNG 터미널 건설 예정(북부 두 군데에 건설)이다.
              부유식 LNG 터미널 3척 설치도 추진 중이다.
              2022~2023년 겨울까지 75억㎥ 가스를 수입했다.
              2024년 여름까지 약 270억㎥ 공급 예정이다.
- ● 2026년   LNG 터미널 가동 예정이다.

- ● 독일이 처한 문제
  - · 천연가스의 러시아 의존도(55%, 2020년)가 높다.
  - · 러시아가 천연가스 수출을 정지하는 경우와 EU가 러시아산 천연가스 수입을 금지하는 경우 뚜렷한 대안이 없다.
  - · 러시아에서 천연가스를 수입할 수 없게 되면 심각한 에너지 부족에 빠질 가능성이 높다.

- ● 공급부족 대응책
  - · 가스 비축을 증대시킨다.
    천연가스 비축량 240억㎥(EU 전체의 25% 정도에 해당)에서 더욱 늘릴 전망이다.
  - · LNG 수입기지를 구축한다.

란 건설에 많은 시일이 소요되는 육상 수입기지 대신 연안에 대형 선박을 띄우고 선박에서 LNG선과 만나 선상에서 LNG를 일단 하역하는 설비이다. 연안에서 작업하는 이유는 거대한 LNG선의 특성상 수면 밑길이도 상당하기 때문에 수심이 깊은 곳에서 하역할 때의 이점이 있기 때문이다. 연안에서 액체를 받아 기화하여 육상으로 보내는 간이적 구조이다.

이처럼 재빠른 터미널 설치 덕분에 2022년부터 2023년 겨울까지 75억m^3의 가스를 수입할 수 있게 되었고 2024년 여름까지 약

270억m^3를 공급할 수 있을 것으로 예상된다. 여름 내로 완공하지 못하면 겨울을 버틸 천연가스가 부족해질지도 모르겠지만, 이것이 유럽의 현실이다. 육상 LNG 터미널 가동은 2026년으로 예정되어 있으므로 독일은 부유식 LNG 터미널 설치를 서둘러야 할 것이다.

독일의 단기 전망

앞선 내용을 복습해 보면 2020년 기준으로 독일은 천연가스의 55%를 러시아에 의존하고 있다. 어떠한 이유로든 러시아에서 천연가스를 수입할 수 없게 되면 심각한 에너지 부족에 빠지는 것이 독일의 약점이다. 독일에서는 난방용 에너지원으로 주로 가스를 사용하므로 겨울에는 특히 여파가 커진다.

우크라이나 침공 후 러시아산 천연가스 수입을 자제하기로 한 독일의 약점이 드러났다. 이를 극복하기 위해 최근 독일은 아래 두 가지 방향으로 움직이기 시작했다.

▶ 미래를 위해 비축량을 늘린다.

1~2년간 사용할 가스를 저장해 두면 어떤 사태가 발생하더라도 당황할 필요가 없다. 독일의 현재 천연가스 비축량은 240억m^3인데, 이는 EU 전체 연간 소비량의 25% 수준에 불과하다. 따라서 이를 더욱 늘리려 하고 있다.

▶ 터미널 등 LNG 수입기지를 구축하여 수입 경로를 늘린다.

현재 파이프라인밖에 없는 독일로서는 중동에서 천연가스를 수입하는 방안은 불가능하다. 그러나 LNG 형태로 수입한다면 미국이나 중동에서 수입할 수 있게 된다. 그 경우 예를 들어 카타르의 LNG선이 독일로 온다면 수에즈 운하를 통과하게 되므로 수에즈맥스(화물을 실은 상태로 수에즈 운하를 통과할 수 있는 선박의 최대 크기)의 중요성이 매우 커질 것이다.

여기까지 독일의 현재 에너지 정세를 간략하게 살펴보았다.

독일은 지금까지 러시아에 대한 높은 의존을 발판 삼아 탈원전, 탈석탄, 재생가능에너지 확대를 추진해 왔다. 그러나 러시아의 우크라이나 침공으로 인해 앞으로는 정책 방향을 고민해야 하는 대전환기에 이르렀다. 우크라이나 침공의 여파로 독일의 약점이 겉으로 드러났지만 이를 뒷받침할 대비가 부족했다. 이러한 독일 정책의 대전환을 관찰하면서 에너지 전략의 중요한 점을 익혀 두자.

03 독일의 탈탄소를 향한 발걸음

독일의 발전량 상세

재생가능에너지 추진 등으로 전 세계에 널리 알려진 독일의 탈탄소 정책 행보를 살펴보자.

도표 3-4는 2021년 상반기 독일의 발전량을 구성한 것이다. ○표시가 있는 오른쪽 항목들은 재생가능에너지이며 ×표시는 화석연료이다. △는 글래스고 합의로 EU가 재생가능에너지에 포함한 천

▶ 도표 3-4 독일의 2021년 상반기 발전량 구성

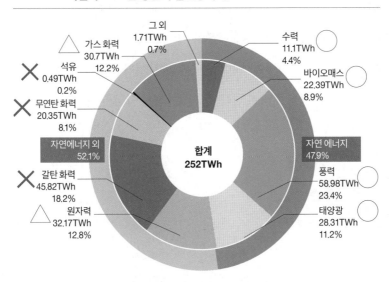

· 발전량 중 재생가능에너지 비율이 약 절반을 차지한다.

출처: Fraunhofer

연가스 발전과 원자력발전이다. ○표시부터 보면 풍력 23%, 태양광 11%, 바이오매스 9%, 수력 4%이다. 풍력발전이 압도적으로 많고 태양광도 많은 것이 독일 재생가능에너지의 특징이다. 이어서 ×인 무연탄 화력과 갈탄 화력 두 개를 합쳐 26%이고 석유의 비율은 미미하다. 세모가 그려진 천연가스와 원자력은 12% 정도로 비슷하다.

따라서 독일의 발전량은 ○가 붙은 재생가능에너지가 대략 절반을 차지하고, EU가 재생가능에너지로 인정한 천연가스와 원자력도 합치면 4분의 3에 달한다. 독일은 이산화탄소 배출량 감축을 상당한 수준으로 달성했다는 의미이다.

독일의 탈탄소 정책

이어서 독일의 탈탄소 정책을 살펴보자. 미리 말해 두자면 아래에서 서술하는 내용은 어디까지나 러시아의 우크라이나 침공 이전에 결정된 정책이다.

2005년부터 2021년까지 장기간에 걸쳐 안정적으로 집권했던 메르켈 정권은 탈탄소 정책을 법제화했다. 해당 법률에 따르면, 2022년 말까지 탈원전을 완료하고 2038년까지는 탈석탄을 끝내기로 되어 있으며 2030년까지 총 전력 소비의 65%를 자연에너지 발전으로 조달한다는 내용이다(현재는 50% 남짓). 그리고 나머지는 천연가스 등으로 충당한다고 상정했다.

이후 2021년 9월 말에 제1당인 사회민주당(SPD)과 녹색당, 자유

● **메르켈 정권 (2005~2021년)**
· 탈탄소 정책을 법제화 (연방기후보호법, 2019년 시행)했다.
· 2022년 말까지 탈원전 완료하고 늦어도 2038년에는 탈석탄 완료한다.
· 2030년에는 자연에너지 발전으로 총 전력 소비의 65%를 충당한다.

● **숄츠 정권 탄생 (2021년 9월 말~)**
· 2021년 9월 말에 독일 연방의회 총선에서 사회민주당(SPD)이 제1당인 사회민주당·녹색당·자유민주당(FDP)의 3당 연정으로 탄생했다.

● **숄츠 정권의 방침**
· 탈석탄 완료 시기를 '이상적으로는' 2030년까지 앞당긴다.
· 2030년에 자연에너지로 총 전력 수요의 80%를 충당한다.
· 전기자동차(EV)를 적어도 1,500만 대 보급 목표로 한다.
· 숄츠 정권은 메르켈 정권보다도 탈탄소 정책에 적극적이다.

민주당(FDP)의 3당 연정으로 숄츠 내각이 탄생했다. 숄츠 정권의 방침은 탈석탄 완료 시기를 메르켈 정권의 2038년 계획에서 2030년으로 앞당기고, 2030년에 자연에너지로 총 전력 수요의 80%를 조달한다는 계획이다. 그리고 전기자동차를 적어도 1,500만 대 보급하는것이 목표이다. 이것만 보더라도 숄츠 정권은 메르켈 정권보다도 탈탄소 정책에 적극적이라는 것을 알 수 있다.

탈석탄과 탈원전 그리고 재생가능에너지 발전량 확대를 충실히 실행해 온 독일의 행보는 그래프에서 뚜렷이 드러난다. 원래 발전량의 대부분을 차지하던 석탄화력은 급격히 떨어졌고, 아래쪽에 점선으로 표시된 원자력도 우하향하고 있다. 반면 가스화력은 늘고 있다.

▶ 도표 3-5 천연가스 가격 상승에 따른 석탄화력발전량의 변화

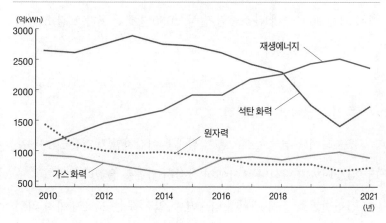

· 우크라이나 침공으로 석탄화력발전량이 더욱 증가할 가능성이 있다.

출처: 닛케이신문

　참고로 2021년에 석탄화력발전이 증가했는데 이는 유럽에 들이닥친 혹한의 여파로 추위로 인해 급속히 증가한 발전량을 감당하기 위해 석탄화력이 이용되었기 때문이다. 또 앞으로는 석탄화력 사용이 늘어날 가능성도 있다. 우크라이나 침공으로 탈러시아가 중요한 정책 과제로 대두한 가운데 숄츠 정권이 우크라이나에 최초로 지원한 물품은 헬멧뿐이었다. 이러한 대처로 독일의 국제적 입지가 상당히 나빠졌기에 자국에서도 생산할 수 있는 석탄의 비율을 늘릴 것으로 예상된다. 그러나 독일은 탈탄소 목표를 법률로도 명시했으므로 이는 어디까지나 단기적인 경향에 그칠 가능성이 높다.

　독일은 연방기후보호법 제3조에서 1990년 대비 이산화탄소 배

출량을 2030년까지 65%, 2040년까지 88% 감축하기로 법제화했다. 이에 더해 2045년에 탄소중립 달성, 2050년에 온실가스 감소 시작을 법률로 명문화했다.

독일의 탈석탄과 탈원전

우크라이나 전쟁으로 호흡 조절에 들어갔지만, 독일은 2017년부터 2022년까지 탈석탄 분야에서 착실히 성과를 올렸다.

갈탄발전소 중지 계획에 따르면, 독일 정부는 2022년까지 라인 지방에서 7개, 2027년까지 라인 지방과 라우지츠 지방을 합해서 3개, 2029년까지 라인 지방과 라우지츠 지방을 합해서 8개, 2035년까지 중부 독일에서 4개, 2038년까지 라인 지방과 라우지츠 지방을 합해서 7개를 정지하여 이를 마지막으로 갈탄발전소 완전 정지를 달성하겠다고 밝혔다.

이렇듯 독일 서부의 라인 지방에는 정지될 발전소가 많이 있다. 이는 과거 독일이 루르 지방에서 채취한 석탄을 핵심적인 에너지 공급원으로 사용하여 근대화에 성공했기 때문이며, 근섭한 두 지역을 합쳐 라인-루르 지방이라고 부르기도 한다.

독일은 석유나 천연가스가 나지 않는 나라이다. 그러나 러시아와 연결된 파이프라인이나 에너지를 수출할 인근 국가가 있다는 점은 독일의 고유한 특징이다. 그래도 석탄 비중을 낮추고 재생가능에너지를 중심으로 나라를 발전시켜 나가야 하는 과제는 어떤 나라든

독일의 탈원전 정책

● 동일본대지진으로 인한 후쿠시마 원자력발전소 사고를 계기로 2022년까지 탈원전하겠다고 2011년에 결정했다.
  · 단계적인 원전 가동 정지 절차를 〈원자력법(AtG: Atomgesetz)〉 개정으로 법제화(1959년 공포)했다.
  · 원전 정지 상황

2011년 8기	2019년 1기
2015년 1기	2021년 3기
2017년 1기	2022년 3기 (예정)

● 2021년 3월 11일 '원자력의 단계적 폐지를 위한 12조 계획' 발표(독일연방환경부)했다.
  · 독일 내에서 4개, 유럽 단위에서 4개, 세계 단위에서 3개로 총 12개의 원자력을 단계적 폐지 계획이다.
  · 독일 내에서 탈원전을 완수하기 위해 재생가능에너지 확대를 가속하고, 원자력과 석탄에서 풍력과 태양광으로 신속하게 전환할 방침이다.

마찬가지이므로 배울 점은 있다.

이어서 독일의 탈원전 정책이다. 독일은 2011년 동일본대지진으로 인한 후쿠시마 원자력발전소 사고를 계기로 같은 해에 2022년까지 탈원전 하겠다고 결정했다. 단계적으로 원전을 정지하기 위한 절차를 법률로 정하여 총 17기의 원전을 차근차근 정지시키고 있다. 2011년에 8기, 2015년에 1기, 2017년에 1기, 2019년에 1기, 2021년에 3기를 정지했다. 따라서 17기 중 14기는 이미 정지했다. 남은 3기는 2022년에 정지할 예정이었으나 러시아의 우크라이나 침공으로 보류되었다.

또한 독일은 동일본대지진으로부터 정확히 10년이 지난 2021년

3월 11일, '원자력의 단계적 폐지를 위한 12조 계획'을 발표했다. 독일 국내에서 4개, 독일을 제외한 유럽 단위에서 4개, 그 외 세계에서 3개로 총 12개의 단계적 원자력 폐지 계획이다. 여기에는 독일 국내 원전 폐쇄에 그치지 않고 해외 원자력의 위험을 낮추려는 전략도 포함되어 있다.

04 독일의 재생가능에너지

발전차액지원제도(FIT) 추진

도표 3-6의 원그래프는 재생가능에너지를 이용한 발전량 구성을 나타낸 것이다. 풍력이 절반을 차지하고 태양광이 4분의 1, 나머지가 바이오매스와 수력이다. 풍력의 비율이 나머지 셋보다 월등히 높다.

독일 북부 해상의 풍량이 풍부한 것은 사실이다. 그러나 아무리 바람이 세다 해도 지형적 요인만으로 이 정도로 발전량이 늘어나지는 않았다. 그 뒤에는 풍력발전 추진을 도운 정책이 있었다.

독일은 1991년에 〈전력매입법〉, 2000년에 〈재생에너지법(EEG)〉을 제정했다. 발전에서 재생가능에너지가 차지하는 비율을 2020년

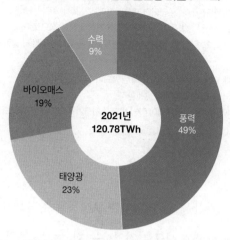

재생가능에너지를 이용한 발전량 비율 (2021년)

수력
9%

바이오매스
19%

2021년
120.78TWh

풍력
49%

태양광
23%

출처: 프라운호퍼 연구 협회 태양에너지 연구소 (Fraunhofer ISE)

까지 적어도 35%로 확대한다는 내용이었다. 그리고 그 일환으로 '발전차액지원제도(FIT)'가 도입되어 재생가능에너지 증가에 크게 공헌했다.

 FIT가 어떤 제도인지 간단히 알아보자. 당시 독일의 과제는 재생가능에너지 개발에 기업이 좀처럼 뛰어들지 않는다는 것이었다. 전력회사와 일일이 매입 가격을 교섭해야 한다는 걸림돌 때문이었는데, 이 문제를 해결하기 위해 재생가능에너지로 생산한 전력을 전력회사가 정해진 가격으로 정해진 기간에 강제로 매입하는 법률이 만들어진 것이다. 그 덕분에 재생가능에너지 개발에 투자하는 사람은

- 1991년에 〈전력매입법〉, 2000년에 〈재생에너지법(EEG)〉을 제정했다.
  재생가능에너지가 발전에서 차지하는 비율을 2020년까지 적어도 35%로 확대했다.
- '발전차액지원제도(FIT)'가 도입되어 재생가능에너지 확대에 공헌했다.
  재생에너지로 생산한 전력을 전력회사가 일정 기간 일정 가격으로 매입하는 제도로
  2016년 6월 8일, 2017년부터 발전차액지원제도를 원칙적으로 폐지 결정했다.
- 배경
  ① 전력매입에 드는 비용이 전기요금에 반영되어 전기요금이 상승한다.
  ② 날씨에 따라 잉여 전력이 대량 발생한다.
    - 2017년 이후로는 고정가격이 아닌 비교적 시장가격에 가까운 가격으로 매입했다.

사전에 가격과 기간을 알 수 있어 프로젝트를 추진하기 쉬워졌다. 재생가능에너지 시장에 신규로 진입하는 회사에는 무척 알기 쉽고 매력적인 제도였다.

그러나 2016년, 다음 해인 2017년부터 FIT를 원칙적으로 폐지하기로 했다. 전력매입 비용이 전기요금에 반영되어 소비자와 산업계의 원성이 터진 것, 그리고 기후에 따라 잉여 전력이 대량으로 발생할 정도로 재생가능에너지가 확대된 것이 그 이유였다.

좀 더 자세히 설명하자면, 프로젝트에 착수하기 쉬웠던 이유에는 가격이 미리 정해져 있었을 뿐 아니라 통상보다 조금 높게 설정되었던 탓도 있었다. 그렇다면 그 높게 정해진 돈은 누가 지불할까? 답은 전력회사이다. 그러므로 전력회사는 비싸게 낸 돈을 전기요금에 반영하여 부담을 소비자에게 전가했다. 즉 허울 좋은 세금 같은 형태로 소비자가 비용을 부담하는 구조였다. 매우 잘 짜인 제도지만 소비

자로서는 이득을 본다고 보기 힘들었다.

하지만 제도를 시작할 때는 크게 환영받았다. 왜냐하면 매입 비용이 다소 반영되더라도 재생가능에너지 비율이 낮을 때는 전기요금이 별로 올라가지 않았기 때문이다. 그러나 재생가능에너지 비율이 높아지자 전기요금에서 해당 비용을 부담하는 비율도 점차 높아졌다.

또한 바람이 장기간 계속해서 불 때나 지나치게 맑은 낮 시간대 등 날씨에 따라서 잉여 전력이 대량 발생하는데, 전력망에서 남은 전력을 처리하기 어렵기 때문에 남은 전력이 한 번에 몰려들면 정지될 위험도 있다. 따라서 2017년 이후로는 고정 가격이 아니라 비교적 시장 가격에 가까운 가격으로 매입하기로 한 것이다.

독일의 재생가능에너지 성장

독일의 풍력발전은 1990년부터 2012년까지 약 570배 규모로 증가했으며 관련 종사자 수도 10만 명 규모로 확대되었다. 2014년에는 4.8GW의 상당한 전력을 생산하는 풍력발전 장치 1,700기가 새롭게 건설되었다. 현재 독일의 풍력발전 장치 총 용량은 38GW로, 전력 소비의 10%를 차지하기에 이르렀다. 세계적으로 보더라도 중국과 미국에 이은 세계 3위이며 유럽 최대의 풍력발전국이다.

다음은 독일의 태양광발전이다. 2019년 세계 태양광발전 신설량 순위는 중국, 미국, 인도, 일본 순이며 독일은 7위이다. 신설량을 누적

해서 보면 순위가 중국, 미국, 일본, 독일로 바뀐다. 독일은 FIT 폐지 이전까지 태양광발전 설비를 많이 설치하여 누계 4위가 되었지만 매년 신규로 많이 도입하고 있는지를 보면 순위가 7위로 떨어진다.

독일의 국제 전력망

독일의 전력망은 천연가스 파이프라인처럼 유럽 전역과 널리 연결되어 있다. 바다가 곧 국경인 일본이나 한국 등에서 전력망이라고 하면 국내만 떠오르는데, 내륙 지대인 유럽에서는 국경을 넘는 국제 전력망이 당연하게 여겨진다. 국제 전력망이 설치되어 있으므로 전력 수출입이 가능하다. 이 개념이 익숙하지 않은 사람으로서는 상상하기 힘든 일이다.

독일은 네덜란드, 룩셈부르크, 프랑스, 스위스, 오스트리아로 전력을 수출하고 덴마크, 스웨덴, 폴란드, 체코에서 수입한다. 한편 천연가스 파이프라인과는 달리 러시아와는 전력망이 거의 연결되어 있지 않다.

도표 3-7을 보면 서쪽의 프랑스로 전력을 많이 수출하고 있는데, 이는 독일의 전력 비용이 프랑스보다 저렴하기 때문이다. 독일과 프랑스의 평균 현물(Spot) 가격을 비교해 보면 프랑스의 전기 가격이 더 높다. 전력망이 연결되어 있으므로 독일에서 싼 전기를 수입하는 편이 훨씬 경제적이다. 유럽에서는 전력도 거래 가능한 재화인 셈이다. 다만 독일에도 고민은 있다. 독일의 국내 사정을 보면 기존에는

▶ 도표 3-7 독일의 국제 전력망

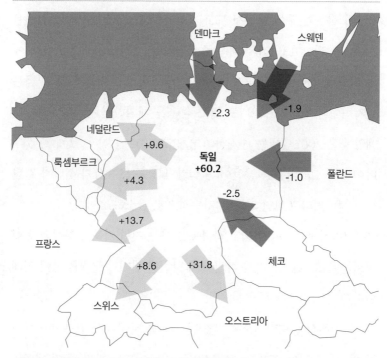

· 유럽에는 파이프라인뿐 아니라 국제 전력망이 설치되어 전력 수출입이 가능하다.
· 독일은 전력망을 활용하여 네덜란드, 룩셈부르크, 프랑스, 스위스, 오스트리아로 전력을 수출했다.

출처: 자연에너지재단

전력 수요가 많은 남부 지대에 원자력과 석탄화력이 집적되어 있었
다. 탈원전, 탈석탄, 재생에너지 전환 추진으로 주력이 된 풍력은 앞
서 말했듯이 북부 해상이 주요 개발지이므로 북에서 남으로 전력을
보낼 초장거리 송전망 건설이 과제로 떠올랐다. 송전망은 석유나 가
스 파이프라인보다 거대한 설비이며 경관도 해치기 때문에 인근 주

민의 교섭에 난항을 겪고 있다.

이 점을 염두에 두면서 도표 3-8을 보자. 우선 원자력발전량은 2002년부터 2018년까지 계속 줄어들었다. 그리고 풍력은 2002년에는 발전량이 미미했으나 2018년에는 상당한 규모가 되었다. 지금은 원자력이나 천연가스보다도 많고 석탄을 제외하면 발전량 1위이다. 태양광은 2002년에는 존재하지 않았고 2011년 이후 크게 늘었다. 바이오매스도 비슷한 양상이다. 석탄의 경우 도표상의 석탄과 갈탄 모두 석탄이라고 보면 되는데, 지속적으로 감소하고 있다.

전력시장이 자유화되고 국경을 오가는 전력 거래가 확산된 유럽에서는 수요 상황에 따라 각국에서 발전된 전기가 국경을 넘어 거래된다.

독일에서 풍력발전으로 생산된 전기는 자국에서 전부 소비하지 못하고 수출되어 그만큼 국내 소비량이 줄어드는 반면, 국내 제조업 등에 안정적으로 전력을 공급하는 석탄화력발전의 전기는 국내에서 소비되므로 그만큼 이산화탄소 배출량이 매우 커진다. 이러한 전력 거래의 특성 때문에 환경 선진국이라는 이미지와 달리, 독일의 이산화탄소 배출량은 유럽 최대이며 에너지 자급률도 35%에 불과한 것이 현실이다.

이처럼 독일은 국가 전체가 탈탄소 정책에 매진해 왔다. 탈탄소, 탈석탄, 탈원전, 재생가능에너지 확대에 대한 국가 의지를 명확히 하고 정책을 집행한 결과이다. 다만 앞서 이야기했듯이 우크라이나 침

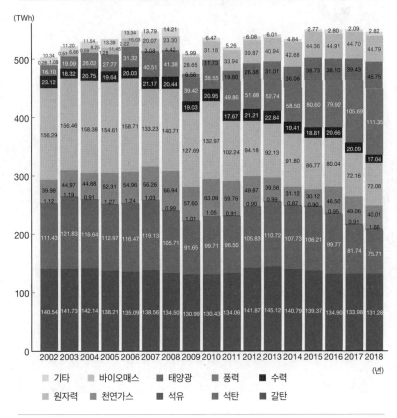

출처: Fraunhofer

공으로 정책이 크게 변화할 가능성도 있다.

05 독일의 탈러시아 정책

러시아 의존과 슈뢰더 전 총리

2장에서 로스네프트와 가스네프트를 소개하며 언급했듯이, 독일이 에너지 공급에서 러시아를 의존하게 된 배경으로 게르하르트 슈뢰더 독일 전 총리가 자주 거론된다.

독일의 7대 총리였던 슈뢰더 전 총리는 퇴임 직후인 2006년에 가스프롬의 자회사인 노르트스트림 AG의 이사로 취임했다. 그후 2017년에는 로스네프트 이사회의 의장 자리에 올랐으며 또한 2022년에는 가스프롬 이사직에 지명되었다.

우크라이나 침공 이후 이 보도가 나오자 독일의 우크라이나를 우회하는 러시아 천연가스 수입 경로를 대폭 증대한 행적이나 에너지의 과도한 러시아 의존에 초점이 맞추어졌고 그 배후에 슈뢰더 전 총리가 있다는 비판이 쏟아졌다. 결국 슈뢰더 전 총리는 2022년 5월 로스네프트 이사회 회장을 사임했고 가스프롬 이사직 지명도 거절했다.

트럼프 대통령의 독일 비판 "독일은 러시아의 포로"

이때 미국 트럼프 대통령이 재임 중에 독일을 비판한 과거 발언도 다시 조명되었다. NATO 사무총장과 트럼프 대통령의 2018년

7월 회담에서 트럼프 대통령은 러시아로부터 천연가스를 대량 구입하려는 독일의 계획을 맹렬히 비판했다. 그는 독일 에너지의 높은 러시아 의존도를 두고 "독일은 러시아의 포로"나 다름없다고 지적했다. 당시 독일은 러시아의 천연가스를 수입하는 노르트스트림2 건설 계획을 추진 중이었고 이에 트럼프 대통령은 "우리는 러시아로부터 유럽을 공동 방어하는데 독일은 러시아에 거액의 자금을 지불하고 있다"라고 비판했다.

NATO 사무총장은 NATO 안에서 다양한 의견 차이가 있더라도 서로를 지키려면 약속한 바를 이행해야 한다고 강조하며 주장했다. 그러나 트럼프 대통령은 대항하려는 상대국으로부터 에너지를 구매하는 나라가 있는데 어떻게 협력할 수 있겠느냐고 반론했다. 다시 말해 미국은 러시아에 대항하는데 독일은 러시아의 우군이 될 수는 없다는 비판이었다.

독일 정부기관의 통계에 따르면, 독일의 천연가스 수입 상대국은 2015년부터 러시아가 가장 큰 31%를 차지하고 있으며 최근 통계에서는 55%로 올랐다. 러시아의 위협을 최전선에서 받는 폴란드와 우크라이나도 노르트스트림2 건설에 반대했으므로 아무래도 독일의 독단적 행동이었다고 추정된다.

젤렌스키 대통령의 독일 비판

2022년 4월, 독일을 비판한 젤렌스키 대통령의 발언도 주목을 받았다.

위의 상자는 4월 14일 BBC와의 인터뷰에서 젤렌스키 대통령의 답변 관련 기사다. 그는 에너지 수출을 통한 러시아의 연 수입이 최대 2,500억 파운드, 약 410조 원에 달한다고 지적하면서 이를 비판의 대상으로 삼았다.

이에 독일의 숄츠 총리는 러시아의 우크라이나 침공에 대한 대처로 천연가스의 러시아 의존도를 낮추기 위한 에너지 정책을 크게 전환한다는 방침을 발표했다. 탈러시아를 위해 석유는 러시아와의 기존 계약을 연장하지 않고 러시아 의존도를 2022년 말까지 거의 0으로 낮추기로 결정한 것이다. 석탄은 2022년 가을까지 러시아 의존도를 0으로 낮추고 천연가스는 LNG 수입을 늘려 러시아에서 파이프라인으로 수입하는 천연가스를 크게 대체하겠다고 밝혔다. 또 네덜란드와 노르웨이에서 파이프라인으로 수입하는 천연가스를 더욱 늘리기로 결정했다. 이렇게 석유, 석탄, 천연가스의 러시아 의존도를 0으로 하거나 대폭 낮춘다는 방침을 내놓으면서 특히 55%를 의존하고 있는 천연가스를 단기간에 대체하기는 어렵지만 실행하겠다고 결단했다.

독일이 탈러시아를 실현하려면 먼저 탈탄소 정책의 속도를 얼마나 늦출지에 대해 고민해야 한다. 에너지 공급이 부족한 가운데 탈석탄 정책이나 탈원전 정책을 예정대로 시행할 수 있을까? 그리고 재생에너지를 확대하기 위해 다시금 FIT 같은 제도를 시행하여 자급률을 더욱 높여야 할까? 지구 환경을 해치지 않으면서 가격도 저렴한 에너지를 어떻게 손에 넣을 수 있을까? 풍력발전, 혹은 태양광발전 확대로 러시아 천연가스 수입분을 얼마나 보충할 수 있을까? 독일은 이런 문제들과 마주해야 한다.

06 국가에 무엇이 중요한가

여기서 생각해 볼 점은 국가에 무엇이 가장 중요한가이다. 물론 제1장에서 설명한 '3E'를 동시에 달성하는 것이 이상이다. 그러나 전부 달성하지 못할 때는 무엇을 우선시할 것인지 생각해야 한다. 예를 들어 지구온난화 대책을 제일 우선해야 할 경우도 있다. 유럽 저지대는 해수면 상승으로 국토가 바다에 잠길 가능성이 있는데, 그런 국가라면 지구온난화 대책이 더욱 중요할 것이다.

에너지 경제성을 우선시할 상황도 있다. 만약 휘발유를 확보하지 못해서 가격이 점점 올라가는 상황이라면 국민 생활이 어려워져 정치 문제로 비화할 것이다.

국가의 독립, 안전보장, 안정 공급이 우선시 되는 경우는 언제일까? 러시아의 우크라이나 침공의 여파를 참고하면 에너지를 자국에서 생산할 수 있는지가 얼마나 중요한지 느껴진다. 이번 사태로 예를 들면 폴란드와 불가리아처럼 러시아로부터 가스 공급을 중단하겠다고 협박받은 사례도 있었다.

글래스고 합의에서는 지구 환경에 대한 관심이 높았다. 그러나 그 후 우크라이나 침공이 발생하자 세계가 단숨에 뒤바뀌었다. 우크라이나 침공 직전이었던 2021년 11월과 12월에는 유럽에 혹한이 닥쳐 천연가스 수요가 높아지고 긴급 수입 때문에 LNG 가격이 올랐다. 거기에 우크라이나 침공까지 더해져 석유와 천연가스 등 에너지 가격이 치솟고 있다. 따라서 경제와 국민 생활의 안정, 국가 독립, 지구 환경보호, 이 세 가지 사이에서 어떻게 균형을 잡을지 혹은 동시에 달성할 수 있을지, 동시에 달성하지 못한다면 우선순위를 어떻게 정해야 할지, 이런 문제들을 이전과는 전혀 다른 전제하에 고민해야

▶ 도표 3-9 국가에는 무엇이 중요한가

1. 지구온난화 대책	1. 에너지의 경제성	1. 국가의 독립, 안전보장, 안정 공급
2. 에너지의 경제성	2. 지구온난화 대책	2. 에너지의 경제성
3. 국가의 독립, 안전보장, 안정 공급	3. 국가의 독립, 안전보장, 안정 공급	3. 지구온난화 대책

한다.

이번 장에서 살펴본 독일은 한 국가의 에너지 전략을 분석할 절호의 사례 연구였다. 그러나 세계 각국은 제각기 다른 에너지 전략 균형을 가지고 있다. 다음 장부터 등장할 나라들에도 같은 식으로 접근해 보자.

제4장

미국

세일 혁명을 통한 자급 달성과
대통령마다 달라지는 에너지 외교

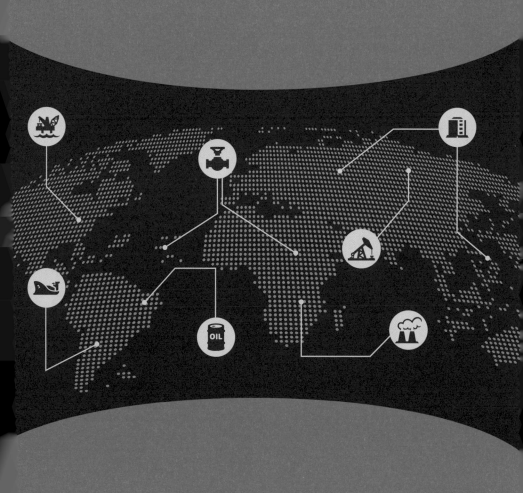

01 세계 속 미국의 위치

미국의 에너지 관련 세계 랭킹

미국의 석유와 천연가스는 생산량과 소비량이 모두 세계 1위이며 석탄은 생산량 5위, 소비량 3위이다. 즉, 미국은 화석연료를 많이 생산하고 소비도 많이 하는 나라이다. 발전량에서는 수력발전량 4위, 풍력 2위, 태양광 2위, 그리고 원자력이 1위이다.

세계 각국의 일차에너지 자급률 추이를 보면, 미국은 2009년까지 20위 전후였지만 해를 거듭하면서 순위가 올라가 2014년에는 11위, 2020년에는 8위에 올랐고 자급률 106%를 달성했다. G7 중에서는 캐나다가 1위로 183%라는 매우 높은 자급률을 자랑하는데 바로 다음인 2위가 미국이다. 그 뒤로는 영국 77%, 프랑스 55%, 독일 35% 순이다. 일본은 불과 11.27%로 다른 선진국과 비교하여 극히

▶ 도표 4-1 미국의 에너지 관련 세계 랭킹

화석연료 생산량·소비량			발전량	
석유	1위	1위	수력	4위
천연가스	1위	1위	풍력	2위
석탄	5위	3위	태양광	2위
			원자력	1위

출처: BP 통계

	국가	TWh(% of world total)
1	중국	406 (28.4%)
2	미국	298 (20.9%)
3	독일	126 (8.8%)
4	인도	70 (4.9%)
5	영국	64 (4.5%)
6	브라질	56 (3.9%)
7	스페인	56 (3.9%)
8	프랑스	35 (2.4%)
9	캐나다	33 (2.3%)
10	튀르키예	22 (1.5%)

출처: Global Wind Report 2022

낮은 수치이다.

나라별 이산화탄소 배출량에서 미국은 세계 2위이다. 1위 중국 배출량의 절반 정도라고는 하지만 3위 인도 배출량의 약 2배가 넘는다.

수력발전 생산량에서 1위 중국, 2위 브라질, 3위 캐나다, 4위 미국이다. 미국의 수력발전 생산량은 311TWh(테라와트시)이며 세계 전체의 7.2%를 차지한다. 풍력발전에서는 1위인 중국에 이은 2위이며 세계 전체의 20% 정도를 생산한다. 도표 4-2를 보면 2021년 한 해동안 나라별로 풍력발전을 신규로 얼마나 설치했는지를 알 수 있다. 중국도 풍력발전을 늘리고 있으나 미국의 증가량도 상당하다.

태양광발전 생산량은 풍력과 마찬가지로 1위 중국, 2위 미국이

OPEC, 페르시아만 연안국, 캐나다로부터의 수입량

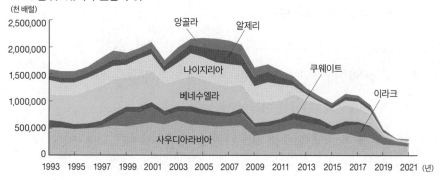

OPEC 상위 7개국 수입량 추이

· OPEC 가맹국에 대한 수입 의존도가 감소하는 한편 캐나다산 석유 수입이 증가했다.

출처: EIA

다. 참고로 3위는 일본이다. 미국은 세계 전체의 13.8%를 생산하고 있다.

통계상으로는 미국의 에너지 기반이 단단해 보이지만 현 상태는 극히 최근에 형성되었다. 석유 수출이 수입을 넘어선 해는 2018년이고, 천연가스도 2000년대 후반 셰일 혁명으로 급격히 수출을 늘렸다. 또한 도표 4-3에서 알 수 있듯이 석유 수입 상대국도 크게 변화하여 페르시아만 연안국에서 수입하는 양은 줄고 이웃나라 캐나다에서 파이프라인을 통해 수입하는 양은 늘었다. 이것만 보더라도 미국은 탈중동과 탈 OPEC을 훌륭하게 성공했음을 알 수 있다. 덕분에 미국은 앞으로 중동 분쟁지역 등 리스크가 높은 장소를 통과할 필요가 없어진 것이다.

미국의 화석연료 사정

도표 4-4 ①은 세계 각국의 석유 생산량을 표로 정리한 것이다. 미국이 큰 차이로 1위이고 2위 러시아, 3위 사우디아라비아이다. 세계 석유 생산량의 17.1%를 미국이 생산한다.

도표 4-4 ②에는 세계 각국의 석유 소비량을 정리했다. 미국 1위, 중국 2위, 인도 3위이고 사우디아라비아 4위, 일본 5위이다. 세계에서 소비되는 석유의 16.36%를 미국이 소비한다.

다음은 도표 4-5 ①의 세계 천연가스 생산량이다. 여기서도 미국이 확연한 세계 1위이다. 2위는 러시아, 3위 이란, 4위 중국, 5위 카타르, 6위 캐나다, 7위 호주이다. 세계에서 생산되는 천연가스의 23.73%를 미국에서 생산한다.

도표 4-5 ②는 천연가스 소비량 순위인데, 여기서도 미국이 2위인 러시아의 2배 이상을 소비하는 압도적 1위이다. 1위 미국, 2위 러

▶ 도표 4-4 세계 각국의 석유 생산량과 소비량 (2020년)

① 세계 각국의 석유 생산량

순위	국가	석유 생산량 (억 톤)
1	미국	7,127
2	러시아	5,244
3	사우디아라비아	5,196
4	이라크	2,02
5	중국	1,948
6	아랍에미리트	1,656
7	브라질	1,592
8	이란	1,427
9	쿠웨이트	1,301
10	노르웨이	0,92

· 세계에서 생산되는 석유의 17.1%가 미국에서 생산된다

② 세계 각국의 석유 소비량

순위	국가	석유 소비량 (억 톤)
1	미국	7,772
2	중국	6,807
3	인도	2,154
4	사우디아라비아	1,554
5	일본	1,55
6	러시아	1,526
7	한국	1,17
8	브라질	1,101
9	캐나다	1,.017
10	독일	1,005

· 세계에서 소비되는 석유의 16.36%가 미국에서 소비된다

출처: BP Statistical Review of World Energy

▶ 도표 4-5 세계 각국의 천연가스 생산량과 소비량 (2020년)

① 세계 각국의 천연가스 생산량

순위	국가	천연가스 생산량(억 톤)
1	미국	9,146
2	러시아	5,244
3	이란	2,508
4	중국	1,940
5	카타르	1,713
6	캐나다	1,652
7	호주	1,425
8	사우디아라비아	1,121
9	노르웨이	1,115
10	알제리	815

· 세계에서 생산되는 천연가스의 23.73%가 미국에서 생산된다

② 세계 각국의 천연가스 소비량

순위	국가	천연가스 소비량(억 톤)
1	미국	8,320
2	러시아	4,114
3	중국	3,306
4	이란	2,331
5	캐나다	1,126
6	사우디아라비아	1,121
7	일본	1,044
8	독일	865
9	멕시코	863
10	영국	725

· 세계에서 소비되는 천연가스의 21.76%가 미국에서 소비된다

출처: BP 통계

① 세계 각국의 석탄 생산량

순위	국가	석탄 생산량 (억 톤)
1	중국	27.6256
2	인도네시아	4.7391
3	인도	4.3294
4	호주	4.2406
5	미국	3.6567
6	러시아	2.8578
7	남아프리카공화국	2.0383
8	카자흐스탄	0.6965
9	폴란드	0.5736
10	콜롬비아	0.4984

· 세계에서 생산되는 석탄의 6.7%가 미국에서 생산된다

② 세계 각국의 석탄 소비량

순위	국가	석탄 소비량 (억 톤)
1	중국	28.09
2	인도	5.9888
3	미국	3.1412
4	일본	1.5603
5	남아프리카공화국	1.4033
6	러시아	1.1881
7	인도네시아	1.113
8	한국	1.0345
9	베트남	0.717
10	독일	0.6282

· 세계에서 소비되는 석탄의 6.07%가 미국에서 소비된다.

출처: BP 통계

시아, 3위 중국, 4위 이란, 5위 캐나다 순이다. 6위가 사우디아라비아이며 7위는 일본, 8위는 독일이다. 세계에서 소비되는 천연가스의 21.76%를 미국이 소비한다.

　한편 도표 4-6의 석탄 생산량에서는 미국이 중국, 인도네시아, 인도, 호주에 이은 5위이고 러시아는 6위이다. 석탄 소비량에서는 미국이 중국, 인도에 이어 3위를 차지한다. 참고로 4위는 일본이다. 미국의 석탄 소비량이 세계 전체에서 차지하는 비율은 6%이다.

　수출입 경로를 보면 미국의 석유 수입 상대국인 캐나다와 상당수의 파이프라인이 연결되어 있다. 또한 도표 4-7에서 알 수 있듯이

자원 대국인 캐나다와 파이프라인 연결이 이미 완료되었다.

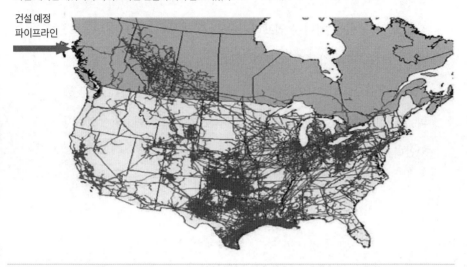

출처: 《The Globe and Mail》, Feb.19, 2011

미국 내에서도 캘리포니아, 텍사스, 루이지애나, 오클라호마 등지에
서부터 중서부와 동부로 파이프라인이 이어져 있으며 미국과 멕시코
를 잇는 파이프라인도 한층 더 충실해지고 있다. 대표적인 파이프라
인으로는 텍사스주 와하 허브에서 멕시코 중서부로 천연가스를 운
송하는 VAG 파이프라인이 있는데, 2020년 3월에 완성되어 10월부
터 가동을 시작했다. 앞으로도 미국과 멕시코는 이러한 파이프라인
을 통해 화석연료 분야에서도 결합을 공고히 할 것이다.

　다만 깊은 우려를 낳은 사건이 있었는데, 바로 2021년 5월에 파
이프라인에 가해진 사이버테러 공격이다. 미국 최대 송유관을 운영

하는 콜로니얼 파이프라인이라는 회사가 랜섬웨어 공격을 받아 가동을 중단했던 것이다. 공격의 동기는 테러나 정치적 이유가 아닌 금전 요구였다. 이는 에너지 인프라가 공격의 대상이 될 수 있다는 뜻이며 이제는 세계 각국의 석유와 천연가스 생산, 운송, 항만, 송전선, 수도 같은 인프라의 사이버 보안이 중요해졌다. 과거와 달리 폭격 등의 물리적인 보안뿐 아니라 사이버 보안도 철저히 해야 하는 시대가 되었다.

02 미국 석유 메이저와 지구온난화 대책 압력

엑슨모빌

미국의 석유와 천연가스 생산을 책임지는 거대 회사가 슈퍼메이저 엑슨모빌이다. 미국 텍사스주에 본사가 있으며 1999년에 엑슨과 모빌의 합병으로 탄생했다.

그 기원을 보면 록펠러가 만든 스탠더드오일이라는 회사가 있다. 그러나 스탠더드오일이 지나치게 커졌기 때문에 미국은 반독점법을 제정하였고 스탠더드오일은 34개의 회사로 분할되었다. 스탠더드오일의 해체로 후에 엑슨과 모빌 각각의 모체가 되는 회사가 탄생한 것이다.

엑슨모빌은 세계 각지에서 석유와 천연가스의 탐사, 생산, 운송, 석유 정제·판매 및 석유화학 사업을 하고 있다. 2021년 매출액은 약 2,856억 달러이며 순이익은 약 230억 달러이다. 6만 4,000여 명의 직원이 있으며 보유 중인 석유·천연가스 확인가채매장량은 약 150억 배럴이다.

엑슨모빌은 최근 주주로부터 지구온난화 대책을 확충하라는 압력을 받고 있어 세계를 대표하는 석유·천연가스 회사로서 전환기를 맞이했다. 2021년 5월에 열린 주주총회에서 환경 문제 대응 강화를 추구하는 투자 펀드가 추천한 두 명이 이사로 선출되고 회사 측의 후보가 떨어지는 사건이 있었다. 언론은 이러한 주주총회의 결과를 '역사적 패배'라고 보도했다. 그리고 주주총회에서는 "기후변화 대응이 부족하다, 더 상세한 정보를 공개하라"는 요구가 있었다.

2022년 2월 엑슨모빌은 지구온난화 대책을 발표했다. 구체적으로는 2027년까지 이산화탄소를 포집·저장하고 수소와 바이오 연료 개발에 150억 달러를 투자하여 2030년까지 온실 효과를 대폭 감축한다는 내용이다. 언론은 이를 역사적 패배로 받아들였을지도 모르지만, 앞으로 엑슨모빌을 비롯한 석유·천연가스 기업이 장기적으로 발전을 지속하려면 변화도 필요할 것이다.

셰브론

미국의 석유와 천연가스 생산을 떠받치는 또 하나의 거대 회사가 있다. 바로 캘리포니아에 본사를 둔 셰브론이다. 과거 텍사코라는 큰 회사를 인수하여 한때 셰브론텍사코라는 이름을 달고 있었으나 지금은 '셰브론'으로 정리했다. 그래도 '텍사코', '걸프' 등 흡수합병한 회사의 이름을 산하 브랜드 이름으로 사용했거나 지금도 사용하고 있다.

셰브론은 에너지 관련 산업 외에도 화학약품 제조·판매, 발전사업 등 다방면으로 사업을 전개하고 있으며 세계 180개 이상의 국가에서 사업을 하는 다국적 기업이다. 계열사를 포함해 세계 84개국에 판매 네트워크를 가지고 있으며 2만 4,000개 이상의 소매점이 있다.

록펠러와 반독점법

엑슨모빌과 셰브론은 록펠러가 창립한 스탠더드오일에서 출발

존 D. 록펠러

· 미국의 실업가이자 자선가이며 '석유왕'이다.
· 1870년에 미국에서 스탠더드오일오브오하이오(Standard Oil Company of Ohio)를 설립했다.
· 근대 산업의 형태를 한 석유 사업의 시초가 되었다.
· 당시 석유 수요는 등불용 케로신(등유)과 윤활유뿐으로 에너지의 중심은 석탄이었다.
· 불과 10년도 지나지 않아 미국 전역의 석유 시장을 독점했다.
· 미국인 최초로 개인 자산 10억 달러에 돌파했다.

했다. 석유왕이라고 불리는 미국의 실업가이자 자선가인 록펠러는 1870년에 스탠더드 오일 오브 오하이오(록펠러가 클리블랜드에서 스탠더드 오일을 창업할 때의 모기업으로, 스탠더드 오일의 원조였다.)를 설립했다. 이 회사가 근대 산업으로서의 형태를 갖춘 석유 사업의 시초로 불린다.

당시의 석유 수요는 등불에 쓰이는 케로신(등유)과 윤활유에 한정되어 있었고 에너지의 중심은 석탄이었다. 그러나 록펠러는 불과 10년도 지나지 않아 미국 전체 석유 시장을 독점했고, 미국인 최초로 개인 자산이 10억 달러를 넘었다. 록펠러가 정유 산업을 독점한 비결은 운송 수단 장악이었다. 즉 록펠러가 지배하는 운송망을 통과하지 않으면 석유를 움직일 수 없는 상황을 만들었다.

1872년에 록펠러는 오하이오주 클리블랜드에 있는 대부분의 정유소를 합병하고 미국 전체 정유 능력의 4분의 1을 손에 넣었다. 1873년에는 동해안의 정유 중심지인 뉴욕주로 매수의 손길을 뻗어

스탠더드오일

● 운송 수단 장악을 통해 정유 부문 집중을 꾀했다.
　· 1872년까지 오하이오주 클리블랜드의 정유소 대부분을 합병하고 미국 전체 정유 능력의 4분의 1을 수중에 넣었다.
● 1873년에는 동해안 정유 중심지 뉴욕주로 매수 범위를 확대했다.
　· 판매 점유율을 미국 전체의 3분의 1까지 확대했다.
● 운송 수단 매수도 적극적으로 지속해 나갔다.
　· 1876년에는 전국의 철도 유조차의 대부분, 기간 파이프라인의 4분의 3을 지배했다.
● 1882년에 확대한 사업을 통괄하는 스탠더드오일 트러스트를 설립했다.

스탠더드오일 해체

● 스탠더드오일은 미국 내 석유 정유와 판매 대부분을 지배했다.
● 스탠더드오일의 상행위에 대한 격렬한 논의가 일어났다.
　· 언론과 정치인이 스탠더드오일의 독점적 수법을 공격하고 반독점 운동이 일어났다.
● 1890년에 연방의회가 셔먼법을 제정했다.
　· 셔먼법은 미국 최초로 제정된 반독점법이다.
● 1892년에는 오하이오주 대법원이 스탠더드오일 트러스트 해체 명령을 내렸다.
　· '독점의 폐해를 막기 위해'라는 판단이었다.
● 1911년에 연방대법원에서 해체 명령이 내려져 스탠더드오일은 34개의 새로운 회사로 분할되었다.

판매 점유율을 미국 전체의 3분의 1까지 확대했다. 운송 수단 매수도 정력적으로 계속하여 1876년에는 전국 철도 유조차의 대부분과 간선 파이프라인의 4분의 3을 지배하기에 이르렀고, 1882년에는 확대한 사업을 경영하기 위해 '스탠더드오일 트러스트'라는 거대 조직을 창설했다. 그런데 이렇게 지나치게 큰 힘을 소유하게 된 것이 스탠더드오일 해체로 이어지고 말았다.

스탠더드오일이 미국 석유의 정유와 판매 대부분을 지배하자 그러한 상거래에 대해 격렬한 논의가 일었다. 언론과 정치인들은 스탠더드오일의 독점적 수법을 공격했고, 독점 금지를 부르짖는 반독점 운동이 일어났다. 이윽고 1890년에 연방의회가 셔먼법을 제정하여 미국 최초의 반독점법이 탄생했다. 1892년에는 오하이오주 대법원이 스탠더드오일 트러스트에 대해 해체 명령을 내렸다. '독점의 폐해를 막기 위해'라는 판단에서였다. 최종적으로는 1911년에 연방대법원에서 해체 판결이 내려져 스탠더드오일은 34개의 새로운 회사로 분할되었다.

반독점법과 산업조직론 연구의 원점이라 불리는 사건이다.

석유 메이저의 탄생과 오스만 제국의 붕괴

세계 석유 메이저의 발전 과정과 오스만 제국(현 튀르키예)과의 관계를 살펴보자. 얼핏 보기에는 큰 연관이 없어 보이지만 실은 깊은 관련이 있다. 석유 메이저의 형성에는 제1차 세계대전 이후 오스만 제국의 축소가 큰 영향을 끼쳤기 때문이다.

도표 4-8에는 쉴레이만 1세가 재위 중이던 16세기 오스만 제국의 영토가 그려져 있다. 오늘날의 이라크, 이란, 사우디아라비아 등 중동의 석유 산지나 알제리, 리비아, 튀니지, 이집트 등도 오스만 제국의 영토였다. 이처럼 광대했던 영토가 현재의 튀르키예로 줄어든 것은 제1차 세계대전의 패배와 오스만 제국의 붕괴 때문이었다.

출처: https://www.ch-ginga.jp/feature/ottoman/background/

제1차 세계대전이 발발하자 군수용 석유 수요가 크게 늘었는데, 그 이유는 전쟁 전까지는 석탄으로 군함을 움직였으나 전쟁 중반부터 석유가 기본적인 군함 연료로 쓰이기 시작했기 때문이었다. 그리고 제1차 세계대전에서 패전한 오스만 제국은 해체되고 오스만 제국이 지배하던 이라크 등은 영국이 위임 통치하게 되었다.

석유 수요는 여전히 늘고 있었으므로 중동 전역에서 석유 채굴 붐이 일어나기 시작했다. 석유 채굴을 선도한 것은 스탠더드오일을 전신으로 하는 엑슨, 모빌, 소칼, 걸프, 텍사코와 영국계인 로열더치셸, 브리티시페트롤리엄(BP)이었다. 이들 7개 주요 회사는 '세븐시스터즈'라고 불리며 엄청난 힘을 소유했다. 단적인 예로 세계의 석유 가격을 세븐시스터즈가 카르텔을 형성하여 일원적으로 관리했다. 1960년 이전까지 세븐시스터즈는 석유 시장을 지배했고 그 후 이를 타파하며 OPEC(석유수출국기구)이 일어섰다.

OPEC은 주로 중동의 산유국으로 구성되었다. 1960년대에 OPEC은 석유 자원을 국유화했고, 1970년대에 세븐시스터즈의 가격 결정권을 거부하며 석유 파동을 일으켰다. 다시 말해 중동 산유국이 세계적인 주도권을 차지하게 된 것이다. 이때부터 세븐시스터즈의 힘이 쇠퇴하기 시작하여 그 후로는 슈퍼메이저라는 6사 체제로 접어들었다. 엑슨과 모빌이 합병한 엑슨모빌 또한 이 시기에 탄생했다.

그러나 슈퍼메이저도 이전만큼 강한 영향력을 가지지 못했다. 지금은 산유국 국영석유회사들의 영향력이 커졌는데, 즉 사우디아라비아의 사우디아람코, 말레이시아의 페트로나스, 브라질의 페트로브라스 등의 기업들이 힘을 키워나가고 있다.

03 셰일 혁명

미국을 격변시킨 셰일 혁명

셰일 혁명에 대해 알아보자. 현재 미국은 석유와 천연가스 생산에서 세계 1위지만, 이는 극히 최근의 성과이다. 얼마 전까지만 해도 미국은 중동과 베네수엘라에 의존하며 에너지를 수입했다. 이 구조를 단기간에 뒤집었으므로 그야말로 혁명이라고 할 수 있다.

도표 4-9는 2008년 이후 급증한 셰일가스 생산량을 그래프로 나타낸 것이다. 빗금 표시된 부분이 셰일가스이고, 전통 가스와 그에 수반된 종류는 비교적 짙은 음영으로 처리되어 있다. 기존에는 전통가스와 수반 가스만 존재했지만, 셰일 혁명으로 셰일가스 생산량이 급증했다.

셰일(Shale)은 진흙이 굳어져 생긴 암석 중 얇은 판 형태로 잘 부서지는 성질을 가졌다. 다른 말로 혈암이라고도 한다. 먼 옛날 바다나 큰 강의 하구에 살던 수중 플랑크톤, 조류 등의 유기물은 죽은 후에 가라앉아 퇴적되는데 박테리아의 분해작용으로 변질되어 케로진

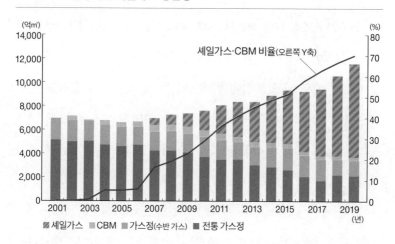

셰일가스·CBM 비율(오른쪽 Y축)

■ 셰일가스 ■ CBM ■ 가스정(수반 가스) ■ 전통 가스정

· 근래 굴착장치(리그) 당 생산량이 급증했다. 이는 지질 분석에 빅데이터를 이용하는 등 IT 기술의 활용으로 생산기술이 고도화된 것이 주요 원인이다.

· 종전 채산 가능한 기준은 1배럴 40~70달러였으나 30~40달러에도 안정적으로 채산이 가능해졌다.

(주) 전통 가스는 가스층을 향해 굴착한 가스정에서 채굴한다.
출처: EIA 〈Natural Gas Data〉에 기반하여 작성

으로 변화했다. 이 케로진을 포함한 퇴적물이 지하로 더 깊숙이 매몰되면 지열과 압력으로 화학 변화를 일으켜 석유나 가스가 생성된다. 혈암에서 만들어지는 셰일 석유나 가스는 지표면 방향으로 이동하는데, 일부는 셰일층의 암석 틈에 남아 있다. 지하 비교적 얕은 부분에 있는 셰일층에는 석유 자원이, 더 깊은 곳에는 열분해를 거쳐 만들어진 가스 자원이 존재한다. 이것이 셰일오일과 셰일가스이며 이러한 생성 반응은 수천만에서 수억 년의 긴 시간에 걸쳐 이루어진다. 전통 가스가 가스의 형태로 저장된 것을 빨아올리는 식으로 채굴하였다면, 셰일가스는 암석 틈에 남은 가스를 물로 파쇄하여 채굴하는

방식이다.

2000년 즈음 나는 캐나다에서 셰일가스와 셰일오일의 생산 현장을 본 적이 있는데, 당시의 기술은 상업적 생산에는 못 미치는 수준이었다. 이후 지질 분석에 빅데이터 등 IT 기술을 활용하고 수평 시추법을 도입하는 등 생산 기술이 발전하면서 비용을 크게 낮추는 데 성공하여 채산 성공률도 높아졌다. 그 결과 생산이 대폭 증가했다.

이전에는 경제적으로 채굴이 어렵다고 여겨졌으나, 2006년부터 지하 2,000m보다 깊은 곳에 있는 셰일층을 개발하여 셰일가스 생산을 본격화했다. 그에 힘입어 미국의 천연가스 수입량은 감소하고 국내 가격이 낮아졌다. 이것이 '셰일 혁명'이며, 에너지 분야에서 21세기 최대의 사건과 동시에 세계 에너지 사정과 관련된 정치 상황까지 커다란 영향을 미쳤다.

셰일가스·오일의 생산과 수출입

셰일가스·오일의 주요 생산지는 도표 4-10에 나와 있듯이 텍사스주 퍼미안, 텍사스주 이글포드, 루이지애나주 헤인즈빌, 펜실베이니아주 마셀러스, 와이오밍주 니오브라라, 노스다코타주 바켄 등이 유명하다.

과거 LNG 수입국이었던 미국은 수입기지를 현재는 수출기지로 전환하여 활용하고 있다. 예컨대 루이지애나주에 있는 카메론에는

출처: 일본 자원에너지청

셈프라(SRE, 에너지 인프라 기업)와 함께 일본 미쓰이물산, 미쓰비시상사, 니폰유센(일본 3대 해운회사 중 하나) 등이 포함된 컨소시엄이 LNG 수출 프로젝트를 공동으로 진행하고 있다. 또한 텍사스주 프리포트 프로젝트에서는 프리포트 LNG, 오사카 가스, 추부전력 등이 일본으로 LNG를 수출하고 있다. 텍사스주 브라운스빌에서는 넥스트디케이드가 LNG 개발 프로젝트를 추진하고 있으며, 엑슨모빌 및 중국에 더해 일본 이토추상사와 연간 100만 톤짜리 장기 계약을 맺었다. 2020년대 후반에도 가동할 예정이다.

셰일 혁명 덕분에 미국은 초크 포인트 리스크를 줄였다. 미국은

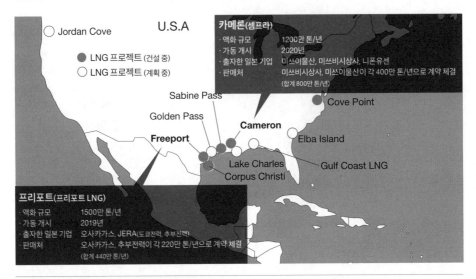

Jordan Cove

U.S.A

● LNG 프로젝트 (건설 중)
○ LNG 프로젝트 (계획 중)

카메론(셈프라)
· 액화 규모　　　1200만 톤/년
· 가동 개시　　　2020년
· 출자한 일본 기업　미쓰이물산, 미쓰비시상사, 니폰유센
· 판매처　　　　미쓰비시상사, 미쓰이물산이 각 400만 톤/년으로 계약 체결
　　　　　　　　(합계 800만 톤/년)

Sabine Pass

Golden Pass

Cove Point

Cameron

Freeport

Elba Island

Lake Charles

Gulf Coast LNG

Corpus Christi

프리포트(프리포트 LNG)
· 액화 규모　　　1500만 톤/년
· 가동 개시　　　2019년
· 출자한 일본 기업　오사카가스, JERA(도쿄전력, 추부전력)
· 판매처　　　　오사카가스, 추부전력이 각 220만 톤/년으로 계약 체결
　　　　　　　　(합계 440만 톤/년)

출처: JOGMEC

석유나 천연가스를 수입할 때 통과해야 하는 파나마 운하나 말라카 해협, 호르무즈 해협을 매우 높은 리스크로 인식하고 있었는데, 앞서 설명했듯이 캐나다산 수입을 늘리고 OPEC 의존도와 아랍 의존도를 대폭 낮추어 초크 포인트 리스크 감소에 성공할 수 있었다(도표 1-3 참조).

　한편 중동 의존도가 높은 일본은 초크 포인트 리스크가 매우 높다. 미국에서 LNG를 수입하더라도 텍사스나 루이지애나산 LNG는 파나마 운하를 통과해야 하므로 파나마 운하에서 문제가 발생할 때의 리스크를 안고 있다. 그런 측면에서 보았을 때 호주와 말레이시아 등으로부터 수입하는 편이 일본으로서는 초크 포인트 리스크를 낮출 수 있는 길이다.

파나마 운하

주요 초크 포인트 중 파나마 운하를 자세히 살펴보자. 파나마 운하는 세계에서 손꼽히는 거대 운하로, 1914년에 개통한 후부터 미국 동해안과 태평양을 잇는 매우 중요한 역할을 수행하고 있다. 마젤란 해협을 돌아가는 경로와 비교하면 파나마 운하는 시간을 대폭 단축할 수 있다. 또 미국 동해안에서 희망봉을 거쳐 일본으로 가는 경로와 비교하면 파나마 운하 이용시 운항 기간을 45일에서 25일로 단축할 수 있다. 건설 당시 파나마는 콜롬비아령이었으나 미국이 독립을

파나마 운하

- 1914년에 개통한 세계 유수의 운하로 미국 동해안(텍사스, 루이지애나 등)과 태평양을 잇는 주요 통로이다.
  → 마젤란 해협으로 우회하는 경로 대비 대폭 단축했다.
- 미국 동해안 → 희망봉(아프리카 남단) → 일본 경로에 비해 파나마 운하 이용 시 운항기간이 45일에서 25일로 단축된다.
- 건설 당시 파나마는 콜롬비아령이었으나 미국이 독립을 지원한 후 독립한 파나마 정부와 조약을 체결하여 관리권 등을 취득했다.
- 파나마 운하 이용량에서 일본이 세계 4위다.

파나마

마젤란 해협

신 파나마 운하

- 2016년 6월에 파나마 운하 확장 공사가 완료되었다.
- 확장 후의 파나마 운하는 '신 파나마 운하'로 불린다.
- 조선 기술 진보로 인한 선박 대형화에 대응하기 위한 확장을 실시하여 LNG선 대부분이 통행할 수 있게 되었다.
  → 기존에는 크기 때문에 LNG선의 10% 정도밖에 통행할 수 없었으나 확장 후에는 90% 통행이 가능해졌다.

신·구 파나맥스 비교

	구	신
폭	32m	49m
수심	12m	15m
전장	294m	366m
20피트 컨테이너 적재량	5,000개	1만 3,000개

· 파나맥스
파마나 운하를 통행할 수 있는 선박의 최대 크기

지원한 후 독립한 파나마 정부와 조약을 맺어 관리권 등을 취득했다. 참고로 파나마 운하의 이용량에서 일본이 세계 4위를 차지하고 있다.

2016년에는 대용량 선박이 통과할 수 있도록 확장하여 '신 파나마 운하'가 되었다. 선박 기술의 진보로 선박이 대형화되는 추세였고 운하를 확장하여 대부분의 LNG 선박이 통행할 수 있도록 만들었다. 기존에는 크기 때문에 LNG선의 10% 정도밖에 통행할 수 없었지만 확장 후에는 90%의 LNG선이 통행이 가능해졌다. 이는 운송 비용과도 큰 관련이 있다.

운하를 통과할 수 있는 최대 규모의 배는 '맥스'를 붙여 표현하여, 파나마 운하는 '파나맥스', 신 파나마 운하는 '신 파나맥스'라고 부른다. 신·구 파나맥스를 비교한 표를 보면 폭 32~49m, 수심

12~15m, 전장(전체 길이) 294~366m로, 컨테이너 적재량은 5,000개에서 1만 3,000개로 늘어나 대형 선박이 통과할 수 있게 되었다. 파나마 운하를 지나려고 일부러 작은 선박을 확보해야 하는 비용도 없어졌으니 신 파나마 운하는 매우 획기적인 존재이다.

여기까지 미국의 에너지 정세를 살펴보았다. 셰일가스 혁명으로 초크 포인트 리스크가 급격히 감소한 것이 미국의 현재 상황이며, 탈중동에도 성공하고 파나마 운하의 애로사항도 거의 해결했다(도표 1-3 참조).

04 원자력발전 세계 1위

이번에는 세계 1위의 원자력발전량을 뽐내는 미국의 원자력발전에 대해 알아보자.

도표 4-12는 미국의 주별 총 전력 생산량을 나타낸 것으로 텍사스주, 펜실베이니아주, 플로리다주, 일리노이주, 캘리포니아주, 오하이오주, 앨라배마주, 노스캐롤라이나주, 워싱턴주, 뉴욕주 등에서 생산되고 있다. 그림에는 없지만, 최근에는 조지아주도 생산을 시작했다.

▶ 도표 4-12 주별 총 전력 생산량

주	총 전력 생산량 (천 MWh)	미국 전체에서 차지하는 비율(%)
텍사스	38,619	11.8
펜실베이니아	20,687	6.3
플로리다	17,317	5.3
일리노이	15,237	4.6
캘리포니아	13,548	4.1
오하이오	11,480	3.5
앨라배마	11,088	3.4
노스캐롤라이나	10,552	3.2
워싱턴	10,032	3.1
뉴욕	9,441	2.9

출처: EIA

▶ 도표 4-13 미국 (세계 최대의 원자력발전국)

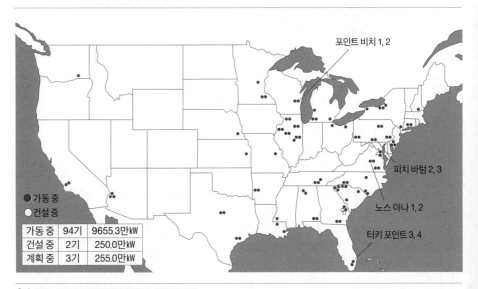

출처: WNA, JAPAN ATOMIC INDUSTRIAL FORUM, INC.

원자력발전을 포함한 재생가능에너지 발전량 전체로 보면 미국은 원자력발전의 비중이 매우 크다. 물론 최근에는 풍력과 태양광도 늘었으나 양으로는 여전히 원자력발전이 압도하고 있다.

미국은 현재 가동 중인 원전이 94기, 건설 중인 원전이 2기, 계획 중인 원전이 3기가 있다. 위에서 나열한 주를 포함하여 20개 넘는 주에 원전이 존재한다.

스리마일섬 원자력발전소 사고와 그 후

1979년 3월 28일, 스리마일섬 원자력발전소 사고가 일어났다. 펜실베이니아주 스리마일섬에서 발생한 이 사고는 원자로 냉각재 상실 사고로 분류된다. 사고로 판단하는 규모 기준을 넘겨 레벨5로 분류된 심각한 사고였다. 이 사고의 여파로 사고 발생으로부터 수년 전에 건설된 인디언 포인트 2, 듀안 아놀드 1 등은 60년 가동 인가를 받은 상태였으나 전자는 뉴욕주에서 인가를 취소했고, 후자는 경제성 부족을 이유로 조기 폐쇄되었다.

한편 수명이 두 차례 연장된 원전도 있다. 1회 연장되어 60년이었던 수명을 재차 연장하여 80년까지 늘렸다. 수명을 연장한 사례를 몇 가지 소개한다.

먼저 2회차 수명 연장을 허가받은 원전은 2019년에 처음으로 80년 가동을 인정받은 플로리다주 터키 포인트 3, 4호기와 그 후에 인가된 펜실베이니아주 피치 바텀 2, 3호기의 총 4기이다. 또한 버지

원전 이름	원자로 형태	총 출력 (만kW)	소유자	가동 시작 연도	신청 연월	인가일
터키 포인트 3	PWR	76.0	FPL	1972	2018년 1월	2019년 12월 5일
터키 포인트 4	PWR	76.0	FPL	1973	2018년 1월	2019년 12월 5일
피치 바텀 2	BWR	118.2	엑셀론/PSEG	1974	2018년 7월	2020년 3월 5일
피치 바텀 3	BWR	118.2	엑셀론/PSEG	1974	2018년 7월	2020년 3월 5일
서리 1	PWR	87.5	도미니언	1972	2018년 10월	
서리 2	PWR	87.5	도미니언	1973	2018년 10월	
노스 아나 1	PWR	99.8	도미니언	1978	2020년 8월 24일	
노스 아나 2	PWR	99.4	도미니언	1980	2020년 8월 24일	
포인트 비치 1	PWR	64.0	NextEra	1970	2020년 11월 16일	
포인트 비치 2	PWR	64.0	NextEra	1972	2020년 11월 16일	
오코니 1	PWR	88.7	듀크	1973	2021년 10~12월	
오코니 2	PWR	88.7	듀크	1974	2021년 10~12월	
오코니 3	PWR	89.3	듀크	1974	2021년 10~12월	

출처: JAPAN ATOMIC INDUSTRIAL FORUM, INC.
NRC 웹사이트, JAIF 〈세계 원자력발전 개발 동향 2020〉을 토대로 작성

니아주의 노스아나 1, 2호기와 위스콘신주의 포인트 비치 1, 2호기는 각각 두 번째 수명 연장 인가를 신청했다.

80년 가동을 허가받았다는 것은 1972년이나 1974년부터 가동을 개시한 원자력발전소의 수명이 더욱 늘어난다는 뜻이다. 여기서 주목할 점은 가압 경수로식 원자로(PWR)인 터키 포인트와 비등 경수로식 원자로(BWR)인 피치 바텀 양쪽 모두 80년 수명 연장 허가를 받

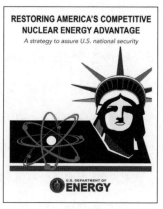
았다는 것이다. 미국이 원전 가동기술의 혁신에 부은 노력이 드러나는 대목이다.

현재 수명을 1회 연장하여 60년 가동할 예정인 원전이 80기, 60년 수명 전에 정지할 예정인 원전이 6기, 60년을 채우기 전에 이미 정지된 원전이 8기이다. 이처럼 몇 기는 정지 혹은 정지 예정인 한편 새로운 원전의 가동도 시작되었다. 뉴욕주에서는 보글 3, 4호기가 2021년 11월에 가동을 시작하여 전 세계에 널리 보도되었다.

이처럼 미국은 스리마일섬 사고, 혹은 동일본대지진으로 발생한 후쿠시마 원전 사고를 극복하고 새로운 원전의 건설과 송배전을 시작하고 있다.

원자력 에너지 국가 전략

미국 에너지부는 2020년 4월에 산하 조직인 핵연료 워킹그룹이 작성한 〈미국의 원자력 에너지 경쟁력 회복〉이라는 전략 보고서를 발표했다. 우라늄 채광, 정련, 변환까지의 소위 프론트엔드 능력의 회복과 더불어 기술 우위성 강화를 통한 원자력 수출 촉진 전략이 기재되어 있다. 또 핵연료 공급망 전체에 관한 국가 안전보장상의 리스크 분석도 담고 있어 3E 어느 하나도 빠뜨리지 않았다.

현재 새로운 유형의 원자로인 소형 원자로가 연구되고 있다. 마찬가지로 중국, 인도, 러시아도 소형 원자로 개발을 추진하고 있는데 미국이 반격할 수 있을 것인지 앞으로 주목할 필요가 있다. 최근 중국이 원자력에 힘을 실으며 신설 예정인 원전의 숫자로는 압도하고 있지만, 발전량은 여전히 미국이 단연 세계 1위이며 가동 노하우도 많이 축적했다. 원자력발전이 발전량 전체의 70%를 차지하는 프랑스조차 미국의 발전량에는 도저히 미치지 못한다.

발전량 중 원자력발전이 차지하는 비율에서는 프랑스의 70%를 필두로 슬로바키아, 우크라이나, 헝가리, 벨기에, 불가리아, 슬로베니아, 체코, 핀란드, 스웨덴 등도 높은 수치를 보인다.

05 전기자동차(EV 혁명)

미국은 전기자동차 개발 및 이용에서도 앞장서고 있다. 2021년 전기자동차 판매 대수 순위에서 미국 회사 테슬라가 1위를 차지했다. 중국과 독일에도 공장이 있지만 전기자동차 시장은 테슬라가 세계를 선도하고 있다.

전기자동차 시장의 최전선

미국에서는 에너지 규제나 제도를 50개 주에서 각자 결정하고 연방정부는 주 경계를 넘는 정책에만 관여한다. 그래서 석유, 천연가스, 석탄 등이 생산되는 주와 그렇지 않은 주의 규제 내용이 크게 다르다. 재생에너지 정책을 열성적으로 추진하는 주와 그렇지 않은 주, 전력 규제가 강한 주와 자유화를 추구하는 주 등으로 갈린다.

예를 들어 재생에너지를 적극적으로 추진하는 주에 속하는 캘리포니아주에서는 전기자동차가 매우 잘 팔린다. 특히 산호세나 실리콘밸리에서 많은 사람이 전기차를 구매했다. 실리콘밸리에 있는 내 지인들도 기본적으로 모두 전기자동차를 탄다. 또 전기자동차를 소유하면 동승자가 없어도 카풀 차로(HOV 차로)를 이용할 수 있으므로 소유자로서는 큰 이득이 되기도 한다. 이런 모든 이유가 아마도 캘리포니아주에서는 삼림 화재가 굉장히 잦아 주민들의 지구온난화

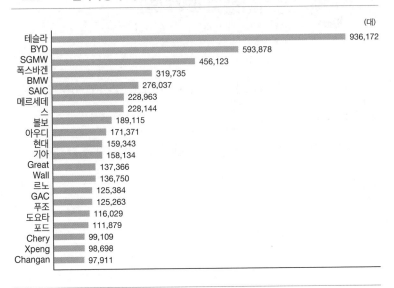

(대)

테슬라	936,172
BYD	593,878
SGMW	456,123
폭스바겐	319,735
BMW	276,037
SAIC	228,963
메르세데스	228,144
볼보	189,115
아우디	171,371
현대	159,343
기아	158,134
Great Wall	137,366
르노	136,750
GAC	125,384
푸조	125,263
도요타	116,029
포드	111,879
Chery	99,109
Xpeng	98,698
Changan	97,911

출처: CleanTechnica

에 대한 위기의식이 강하기 때문인지도 모른다. 이처럼 환경 문제를 우려하는 주민이 많아서인지 캘리포니아주는 휘발유차, 경유차, 하이브리드차에 대해 2035년까지 단계적으로 신차 판매금지를 결정했다. 일반적으로 하이브리드차는 휘발유와 전기를 둘 다 사용하여 주행하는데, 이 제도에서는 휘발유가 조금이라도 사용되면 판매가 금지되므로 순수 전기자동차 판매만 가능하도록 한 것이다. 언제나 세계 트렌드를 선도하는 캘리포니아주가 내린 이 결정은 전 세계에 충격을 주었고 이에 영국도 2035년부터 같은 목적으로 판매를 금지하기로 결정했다.

캘리포니아의 전기자동차 정책

· 1990년 캘리포니아주에서 무공해 자동차 규제를 제정했다.
주 내에서 자동차를 일정 대수 이상 판매하는 제조사는 판매 대수의 일정 비율을 전기
자동차(EV)나 연료전지차(FCV) 등 배기가스를 배출하지 않는 무공해 자동차(ZEV)로 해
야 한다는 규정이다.

· 2020년 9월 개빈 뉴섬 주지사는 "주 내에서 판매하는 모든 신차(승용차 및 트럭)를 무공
해 자동차로 의무화하라"고 행정명령을 내렸다.
캘리포니아주 대기자원위원회(CARB)는 2035년까지 무공해 자동차의 신차 판매 의무
화에 대한 구체적 규칙을 내놓았다. 즉 2045년까지 주 내에서 주행할 수 있는 중·대형
트럭을 무공해 자동차로 의무화하는 규칙도 제정할 예정이다.

내연기관차 규제

국가·지역	규칙 시행년도	휘발유차· 경유차	플러그인 하이브리드차	규제 내용
캘리포니아 주	2035년	판매금지	판매금지	2035년까지 배기가스를 배출하 는 자동차의 신차 판매를 단계적 으로 금지한다.
중국	2035년	하이브리드 차만 허가	규제 없음	2035년까지 신차에서 내연기관 차를 전부 퇴출하는 방향으로 검토한다.
독일	2030년	판매금지	규제 없음	2035년까지 휘발유차·경유차의 신차 판매 금지를 상원에서 가결 했다.
영국	2030년	판매금지	2035년부터 판매금지	2035년까지 휘발유차·경유차 판매를 금지한다.
프랑스	2040년	판매금지	규제 없음	2035년까지 휘발유차·경유차 판매를 금지한다.

출처: https://www.nikken-totalsourcing.jp/business/tsunagu/column/1135/

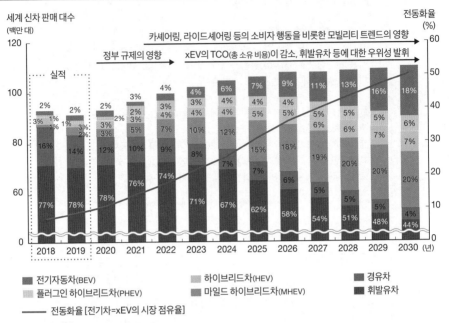

세계 신차 판매 대수
(백만 대)

전동화율
(%)

카셰어링, 라이드셰어링 등의 소비자 행동을 비롯한 모빌리티 트렌드의 영향

정부 규제의 영향

xEV의 TCO(총 소유 비용)이 감소, 휘발유차 등에 대한 우위성 발휘

실적

■ 전기자동차(BEV)
▦ 플러그인 하이브리드차(PHEV)
▥ 하이브리드차(HEV)
▦ 마일드 하이브리드차(MHEV)
■ 경유차
■ 휘발유차
—— 전동화율 [전기차=xEV의 시장 점유율]

· 전기차(xEV) 점유율 세계는 2030년에 51%, 일본은 55%

(주) 그래프 내의 % 표기는 차량 구동 방식별 구성 비율
출처: 보스턴컨설팅그룹 분석

물론 하이브리드차가 널리 퍼진 일본 등에서는 휘발유를 일부
사용하니 하이브리드차도 금지하고 전기자동차만 허용한다는 정책
이 지나치게 엄격하다고 느낄 수 있겠지만, 캘리포니아와 영국에서
는 이미 전기자동차로의 전환을 진행 중이다.

캘리포니아의 전기자동차 정책은 원래 굉장히 선진적이었다.
일찍이 1990년에 캘리포니아주는 무공해 자동차(Zero Emission
Vehicle) 규제를 시작했는데, 이는 자동차를 일정 대수 이상 판매하

▶ 도표 4-17 일본에서는 국내 제조사의 전략으로 하이브리드차가 높은 점유율을 유지 중

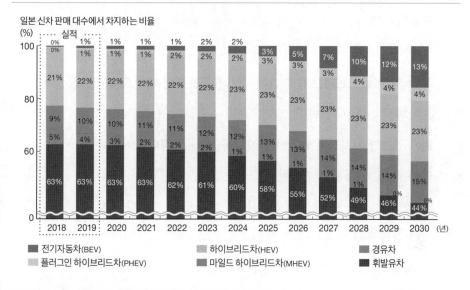

일본 신차 판매 대수에서 차지하는 비율

(주) 신차 판매 대수는 현시점에서 큰 변화가 없다고 가정(약 527만 대)
출처: 보스턴컨설팅그룹 분석

는 제조사는 일정 비율로 전기자동차나 연료전지차를 만들어야 한다는 조항이다. 2020년 9월에는 뉴섬 주지사가 "주 내에서 판매하는 모든 신차는 무공해 자동차여야 한다"라고 발표했다. 이에 따라 2035년까지 일반 승용차를, 2045년까지는 중형·대형 트럭까지 무공해 자동차로 만들 계획에 있다.

전기자동차 세계 전망

보스턴컨설팅그룹이 발표한 세계 신차 판매 대수와 전기차 전환

비율 추이에서는 2030년 세계 전기차 비율을 51%로 추정하고 있다. 도표 4-17의 아래 두 항목이 휘발유차와 경유차이다. 제일 위에 있는 것이 전기자동차, 그다음이 하이브리드차, 플러그인 하이브리드차, 마일드 하이브리드차 순이다. 전기자동차부터 마일드 하이브리드차까지 더하면 51%인데, 캘리포니아나 영국의 규제대로라면 제일 위에 있는 전기자동차 18%만 판매할 수 있다. 그렇다면 세계 시류가 단번에 전기자동차로 전환될 가능성도 있다.

한편 보스턴컨설팅그룹은 일본 자동차 산업에 대한 예상도 발표했다. 경유차 비율이 거의 없고 휘발유차 44% 정도, 전기자동차 13%, 플러그인 하이브리드차 4%, 하이브리드차 23%, 마일드 하이브리드차 15%로 55%가 전기차이다. 따라서 2030년에 캘리포니아나 영국과 같은 지점에 도달하기는 힘들 것으로 예상된다. 일본은 과거 자동차 생산에서 세계적인 리더 국가였기에 하이브리드차가 무공해 자동차로 인정받지 못하게 되면 난처해질 것 같다.

미국은 세계적인 경쟁력을 가진 테슬라라는 회사가 있으므로 세계적으로 어떠한 환경적 규제가 도입되더라도 자국 산업의 우위성이 있다. 구체적인 규제의 향방이 어떻게 되든, 앞으로 화석연료로 움직이는 자동차 생산에 관여하던 많은 부품 산업체가 불필요해지고 새로운 기업군이 들어와 자동차 산업은 마치 산업혁명 같은 커다란 변화를 맞이할 듯하다.

06 대통령마다 달라지는 지구온난화 정책과 대외 정책

지구온난화 대책

미국은 대통령이 바뀔 때마다 지구온난화 관련 정책이 변해 왔다. 바이든 대통령도 2021년 4월, 파리협정의 약속대로 미국의 온실가스를 2030년까지 2005년 대비 50~52% 감축하겠다고 발표했다. 이는 전 세계 배출량의 14.7%에 해당하는 양이다. 그리고 2021년 11월, 열린 글래스고 회의에서는 중간 목표로 2025년까지 배출량을 2005년 대비 26~28% 감축한다고 발표하면서 2050년까지는 탄소 중립 달성을 약속했다.

오바마 대통령 역시 기후변화 대응에 매우 적극적이었다. 2013년

오바마 대통령의 에너지 정책

● 기후변화 완화와 적응을 위한 국제협력 체제를 구축했다.
  · 세계 최대의 이산화탄소 배출국인 중국의 협력을 이끌어 파리협정 체결에 기여했다.

● 석유 에너지 안전보장
  · 캐나다와 텍사스주를 잇는 키스톤 XL 파이프라인 프로젝트 승인을 거부했다.
  · 환경오염과 기후변화에 미칠 악영향을 우려했다.

● 그린에너지를 추진했다.
  · 풍력과 태양광 등 재생가능에너지와 원자력발전을 확대 및 강화하고, 노후화가 심한 전력망 등 전력 공급망에 스마트 그리드를 도입하여 재생·재구축을 시도했다.
    → 셰일 혁명 때문에 실패로 끝났다.

6월에 '대통령의 기후행동계획'을 발표했고, 2014년 11월에는 미국의 온실가스 배출량을 2025년까지 2005년 대비 26~28% 감축하겠다는 방침을 밝혔다.

오바마 대통령 시대의 주요 에너지 정책을 꼽아보면, 기후변화 완화와 적응을 위한 국제적 협력체제를 구축했고 세계 최대 이산화탄소 배출국인 중국의 협력도 받아내 파리협정 체결을 촉진했다. 환경오염이나 기후변화에 미칠 악영향에 대한 우려 때문에 캐나다와 텍사스주를 잇는 송유관 건설 계획의 승인도 거부하여, 석유 안정 공급이라는 측면에서는 굉장히 부정적인 정책을 펼쳤다.

그린에너지 추진 면에서는 풍력과 태양광 등 자연에너지와 원전을 확대하고 강화했다. 노후화가 심한 전력망은 IT를 탑재한 스마트 그리드를 도입하여 재생·재구축하려고 노력했다. 그러나 셰일 혁명이 일어나 셰일가스와 셰일오일 채굴이 활발해지면서 그린에너지 추진은 도중에 꺾이고 말았다. 다시 말해 재생가능에너지로의 대전환이 어려워졌다는 뜻이다.

그렇다면 트럼프 대통령의 에너지 정책은 어땠을까? 트럼프 대통령은 자국 우선주의의 기치 아래 미국 노동자나 가족의 이익을 우선시했고, 따라서 환경보호보다 산업과 고용 창출을 중시하여 파리협정을 탈퇴했다. 그리고 키스톤 XL 파이프라인, 다코타 액세스 파이프라인 건설을 추진했다. 오바마 대통령이 환경 악영향을 우려해 승인을 거부했던 프로젝트를, 트럼프 대통령은 경기 부양과 고용 확대에

트럼프 대통령의 에너지 정책

● 자국 우선주의 아래 미국 노동자와 가족의 이익을 우선시했다.
  · 환경보호보다 산업 성장과 고용 창출을 중시하여 파리협정을 탈퇴했다.

● 키스톤 XL 파이프라인, 다코타 액세스 파이프라인 건설을 촉진했다.
  · 오바마 대통령이 환경 악영향을 이유로 건설 승인을 거부했으나 트럼프 대통령은 경기 부양과 고용 확대를 기대할 수 있다면서 승인했다.

● 국내 지구온난화 대응 관련 규제를 철폐했다.
  · 오바마 대통령이 추진한 지구온난화 대응 관련 규제를 재검토하고 국내 화석연료 산업 진흥을 꾀했다.

바이든 대통령의 에너지 정책

● 국제협력 노선에 기초한 미국 우선주의다.
  · 트럼프 대통령이 이탈했던 파리협정에 복귀했다.

● 키스톤 XL 파이프라인, 다코타 액세스 파이프라인 건설을 중지시켰다.
  · 원유 수송 능력이 높아져 석유 제품의 생산과 소비가 늘면 지구온난화를 가속하기 때문이다.

● 탄소중립을 추진했다.
  · 2050년까지 온실가스 배출을 실질 0으로 낮춘다.
  · 2035년까지 발전 부문의 온실가스 배출을 0으로 낮춘다.
  · 2030년까지 해상 풍력을 이용한 재생에너지 생산을 배로 늘리고 2030년까지 국토와 해양의 최소 30%를 보전한다.
  · 2030년까지 판매되는 신차(승용차와 소형 트럭)의 50% 이상을 전기자동차와 연료전지차로 대체한다.

대한 기대와 안전보장상 이득이 될 것이라는 계산하에 정반대로 승인했다. 트럼프 대통령은 국내 지구온난화 대책 관련 규제도 철폐했다. 오바마 대통령 시기에 만들어진 지구온난화 대응 관련 규제를 재검토하고 국내 화석연료 산업을 진흥시키고자 셰일 혁명을 가속화했던 것이다.

한편 바이든 대통령의 에너지 정책은 국제협력 노선에 기초한 미국 제일주의다. 그는 트럼프 대통령이 이탈했던 파리협정에도 복귀했고, 글래스고 합의에서도 온실가스를 대폭 감축하기로 약속했다. 그리고 트럼프 대통령이 추진했던 키스톤 XL 파이프라인, 다코타 액세스 파이프라인 건설을 중지시켰다. 즉 오바마 대통령이 중지시키고, 트럼프 대통령이 추진하고, 바이든 대통령이 다시 중지시킨 꼴인데 관련자들의 고충이 심하리라 짐작된다.

또한 바이든 대통령은 2050년까지 온실가스 배출을 실질적인 0으로, 2035년까지 발전 부문의 온실가스 배출을 0으로 만들겠다는 방침을 발표했다. 더불어 2030년까지 해상 풍력을 이용한 재생에너지 생산을 배로 늘리고, 국토와 해양의 최소 30%를 자연환경 구역으로 설정해 보전하고, 판매되는 신차의 50% 이상을 전기자동차와 연료전지차로 바꾼다는 매우 의욕적인 정책을 추진하고 있다.

이처럼 미국의 지구온난화 대책에는 대통령 교체에 따른 정책변화 리스크가 존재하므로 주의할 필요가 있다.

미국의 대외 정책 강화: 베네수엘라 사례

2022년 5월, 바이든 정권은 베네수엘라 제재를 완화하고 원유 수입을 재개했다. 2022년 11월에는 미국 석유 대기업 셰브론의 베네

미국의 베네수엘라 제재 완화 (우크라이나 침공 후)

2006년 부시 정권이 차베스 정권에 대해 무기 수출을 금지했다.

2015년 오바마 정권이 마두로 정권 정부 요인의 자산을 동결시켰다.

2017년 트럼프 정권의 제재가 강화되었다.
· 석유 수입 제한
· 송금 정지
· 계좌 동결 등의 금융 제재

2022년 바이든 정권은 베네수엘라에 가한 제재를 완화하고 원유 수입을 재개했다.

국가	확인 매장량 (100만 배럴)	세계 전체에서의 비율
베네수엘라	302,809	18.1%
사우디아라비아	266,260	15.9%
이란	155,600	9.3%
이라크	147,223	8.8%
쿠웨이트	101,500	6.1%
아랍에미리트	97,800	5.8%

출처: 주요 자산국의 확인매장량 (석유)
《Oil&Gas Journal(OGJ)》

수엘라 자원 채굴사업 재개를 6개월 기한을 두고 허가한다고 발표했다. 미국 정부는 그러면서 마두로 정권의 태도에 따라 규제 완화 방침은 수정 혹은 취소될 수 있으며, 이번 석유 판매에서 나온 이익은 마두로 정권에게 넘기지 않고 전부 셰브론의 채무 변제에 충당한다고 밝혔다. 미국은 베네수엘라의 부정부패 등은 여전히 문제로 여기고 있으며 앞으로도 다른 경제 제재는 계속할 예정이다.

베네수엘라에 대한 미국의 제재는 1999년에 탄생한 반미 성향의 차베스 정권이 미국 석유회사의 석유 이권을 박탈하는 등 과격한 정책을 집행한 데서 기인했다. 차베스 정권의 선례는 세계에 영향을 미쳤다. '차베스가 한다면 나도 한다'라는 식으로 볼리비아가 따라 했고 카자흐스탄과 러시아도 동참했다. 사할린의 이권 다툼에서 가스프롬이 강제로 주식을 취득하도록 계기를 만든 것도 차베스 정권이었다. 차베스 정권의 이러한 행보는 영어로 차베자이제이션 (chavezisation), 즉 '차베스화'라는 단어가 생길 정도로 전 세계에 충격을 주었다. 후임인 마두로 정권도 현재 차베스 정권과 같은 노선을 걷고 있다.

2017년에 미국은 트럼프 정권의 탄생을 기점으로 베네수엘라 제재를 강화하고 석유 수입을 제한하여 베네수엘라의 수입원을 완전히 끊었다. 이는 셰일 혁명으로 수입이 불필요해진 덕분에 가능했던 것이기도 하다. 즉 타국에서 수입하는 석유와 천연가스를 제한하니 그 나라에 경제제재를 가할 수 있게 된 것이다.

그러나 러시아의 우크라이나 침공 이후 미국이 러시아 석유의 금수조치를 주도하고 있는 상황에서, EU가 수입을 금지하려면 러시아 외의 나라에서 제한된 양의 석유를 사야 한다. 그 결과 전 세계 석유 가격이 상승했고 미국 국내 휘발유와 경유 가격도 유가와 연동되어 오른 탓에 부정적인 여론으로 국내 정치가 동요하고 있으니 바이든 정권으로서도 이를 방치할 수만은 없는 현실이다. 이에 미국은 베네수엘라 제재를 완화하여 석유 공급을 늘리고 있다. 또 베네수엘라산 석유를 각국, 특히 유럽이 살 수 있도록 미국이 석유를 유럽으로 수출하고 그만큼을 미국이 베네수엘라에서 수입하는 식으로 미국과 베네수엘라 간 합의가 있었던 듯하다.

베네수엘라는 세계 전체 석유 확인매장량의 18%를 보유하며 이는 세계 최대 석유 확인매장량이다. 물론 베네수엘라는 여러 인권 문제를 일으킨 전력이 있고 반미 조치도 수차례 취한 바 있지만, 석유가 부족한 현 상황에서 베네수엘라의 석유는 강력한 타개책이 된다. 그래서 미국 바이든 정권은 우선순위를 바꾸어 인권 문제 등의 과거보다는 석유의 경제성을 확보하는 쪽으로 방향을 틀었다고 생각된다. 한편으로 핵 개발 의혹을 이유로 가했던 이란 제재에 앞으로 어떤 변화가 있을지도 주목받고 있다.

미국이 석유 증산을 요청한 사우디아라비아와의 관계는 자말 카슈끄지(사우디아라비아의 유력 언론인) 살해 사건을 계기로 한동안 삐걱거렸지만 요즘은 제자리를 찾아가고 있다. 미국이 인권 문제보다는 석유의 안정적인 확보와 수급 완화를 위해 노력 중이라고 해석할 수 있다. 이처럼 러시아의 우크라이나 침공으로 인한 에너지 문제가 심각해짐에 따라 외교 방침에 어떤 변화가 일어날지 주시할 필요가 있다.

미국의 '3E'

미국은 국가의 안정, 에너지 안전보장, 국가 독립, 국가 안전보장, 안정 공급의 측면에서는 100점에 가깝다. 따라서 러시아의 우크라이나 침공 후에 단기 정책에서 가장 중요시되고 있는 요소는 경제성이다. 중장기적으로는 자국에서 에너지를 생산할 수 있고 인접국에서 수입도 가능하므로 비용 안정화가 가능하지만, 세계적인 여파가 휘발유와 경유의 국내 가격에 반영되기 때문에 아무래도 정책상의 선택지가 줄어든다. 경제성 다음으로 우선하고 있는 것은 어떻게 자국 산업을 지속적으로 성장시키면서 동시에 지구온난화 대책을 시행하는가이다. 보통은 지구온난화 대책으로 방향을 전환하면 국내 산업이 약해지는 경향이 있다. 그러나 미국은 석유와 석탄을 줄인다고 해도 천연가스 공급에 문제가 없고 원자력발전량도 세계 1위이다. 또한 휘발유차와 경유차를 금지하더라도 국내에 전기자동차 강자인 테슬라가 있다. 이처럼 미국은 '3E'가 모두 강력하다(56쪽 '에너지 자원의 3E' 참조).

제5장

중국

러시아와 연계를 강화하는 한편 재생에너지 산업에서
세계를 석권하는 세계 최대의 에너지 소비국

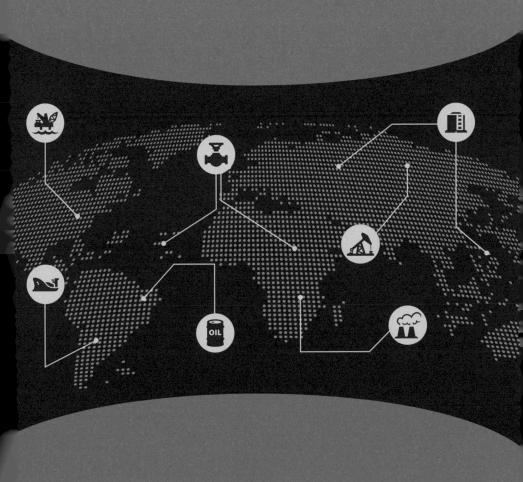

01 세계 속 중국의 위치

중국의 에너지 관련 세계 랭킹

주요국의 명목 GDP 추이를 비교해 보면 중국의 경제 성장은 독보적이다. 미국도 선진국 중에서는 성장률이 높은 편이지만 중국이 미국의 성장률을 훨씬 능가하며 지금은 미국의 명목 GDP를 따라잡을 기세다. 한편 경제 성장과 함께 에너지 수요도 커져 에너지 확보가 점점 더 절실해지고 있다.

중국의 일차에너지 소비량은 경제 성장 과정에서 미국의 일차에너지 소비량을 2009년에 역전하였고 그 후로도 계속해서 증가하고 있다. 도표 5-1 중국의 에너지 소비량 구성에서는 석탄 비중이 가장 크다. 소비량에서 석탄이 차지하는 비율은 2019년 기준 58%이고 석유 19%, 천연가스 8%로 화석연료만으로 85%에 이른다. 그리고 2019년 기준으로 중국의 발전 설비 용량 중 화력발전이 59%이다. 그 외 수력발전 18%, 풍력발전 10%, 태양광발전 10%로, 재생에너지 비율도 상당히 늘고 있다. 그러나 원자력발전은 2.4%에 불과하다.

현재 중국은 세계 1위의 에너지 수입국이다. 미국은 셰일가스와 셰일오일 덕분에 에너지 자급국이 되어 수입을 줄이고 있는 반면 중국은 늘리고 있다.

중국은 천연가스 총 수입량 세계 1위이며 파이프라인과 LNG 두

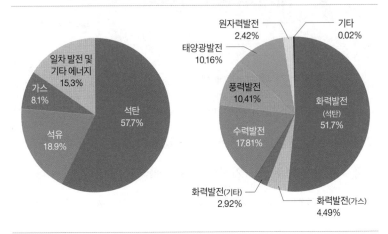

출처: JOGMEC

수단을 모두 이용해 가스를 수입한다. 참고로 2위는 일본인데 파이프라인 수입이 불가능하므로 전량 LNG로 수입한다. 반대로 독일은 원래 전부 파이프라인으로 수입했지만 우크라이나 침공 후로 탈러시아를 위해 LNG로 수입하기 시작했다. 이처럼 중국은 천연가스 수입 방법으로 LNG와 파이프라인 두 수단을 모두 확보하고 있다.

도표 5-2는 주요국의 총 에너지 자급률 추이이다. 100%가 넘으면 자급국이고 그 이상이면 수출하고 있다는 뜻이다. 먼저 가장 위의 러시아는 세계 최대의 수출 여력을 자랑하는 가장 자급률이 높은 나라이다.

미국도 100%가 넘는다. 미국은 오랫동안 자급이 불가능한 나라였으나 근래에는 자급국이 되었다. 반대로 중국은 자급률이 떨어지

▶ 도표 5-2 주요국의 총 에너지 자급률 추이

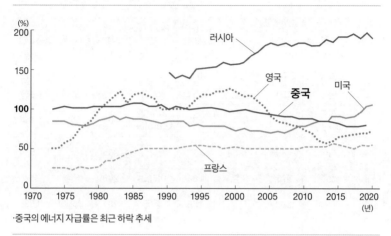

·중국의 에너지 자급률은 최근 하락 추세

출처: IEA

고 있다. 이는 앞서 설명했듯이, 급속한 경제 성장을 지탱하기 위해 수입량을 늘리고 있기 때문이다. 영국은 한때 북해 원유 등에 힘입어 에너지를 자급했으나 최근에는 자급률이 떨어지고 있어 75% 수준이다. 프랑스는 50% 선에서 유지하고 있다.

도표 5-3은 석탄 및 석유의 생산량과 소비량 세계 상위 10개국을 나타내고 있다. 석탄 생산에서 중국은 단연 1위이다. 2위 인도, 3위 인도네시아, 4위 미국, 5위 호주이다. 소비에서도 중국이 큰 차이로 1위이고 인도 2위, 미국 3위이다. 그 뒤로는 러시아와 일본 순이다.

석유 생산량에서는 중국이 6위이며 세계 전체의 5%를 생산한다. 이 생산량은 소비 대국인 중국으로서는 그다지 많다고 볼 수 없지만 그래도 석유 수출국으로 유명한 이라크와 비슷한 양이다. 생산

▶ **도표 5-3 세계 각국의 석탄·석유 생산량과 소비량 (2020년)**

순위	국가	석탄 생산량 (메가톤)	국가	석탄 소비량 (억 톤)	국가	석유 생산량 (메가톤)	국가	석유 소비량 (억 톤)
1	**중국**	**3,743**	**중국**	**40.43**	미국	722	미국	**7.772**
2	인도	779	인도	8.34	러시아	512	**중국**	6.807
3	인도네시아	551	미국	4.33	사우디아라비아	508	인도	2.154
4	미국	488	러시아	2.23	캐나다	255	사우디아라비아	1.554
5	호주	473	일본	1.84	이라크	206	일본	1.55
6	러시아	386	남아프리카 공화국	1.68	**중국**	**201**	러시아	1.526
7	남아프리카 공화국	247	독일	1.38	아랍에미리트	165	한국	1.17
8	독일	105	인도네시아	1.32	브라질	156	브라질	1.101
9	카자흐스탄	104	한국	1.25	이란	133	캐나다	1.017
10	폴란드	101	폴란드	1.08	쿠웨이트	132	독일	1.005

출처: JOGMEC

상위 3개국은 미국, 러시아, 사우디아라비아지만 중국도 어느 정도는 석유를 채굴할 수 있다. 석유 소비량에서는 중국이 미국과 근소한 차이로 2위이다. 그리고 인도, 사우디아라비아, 일본이 그 뒤를 잇는다.

　세계 각국의 최근 30년간의 석유 소비량을 보면 중국의 석유 소비량은 꾸준히 증가하고 있다. 제일 소비량이 많은 나라는 미국이지만 증가율은 둔화하고 있다. 그리고 인도는 증가 추세이며 일본은 감소 추세이다.

● 유전
▲ 탄광

석탄
·주로 북부
·산시성과 내몽골 자치구의 매장량이 가장 많다.

석유
·주로 서북 지역
·동북, 화북 지역과 동부 해안의 대륙붕에도 매장되어 있다.

출처: 중국 통째로 백과사전(中国まるごと百科事典)

천연가스 생산량 상위국은 2020년 시점에서 미국이 확고한 1위이며 그다음은 러시아, 이란이지만 중국도 세계 4위의 생산국이다. 중국의 생산량이 세계 전체의 5%에 해당한다. 그러나 소비량에서는 미국, 러시아에 이은 3위로, 세계 전체 소비량의 8% 이상을 사용한다. 이는 자국에서 생산하는 양으로 충당하지 못한다는 뜻이다.

마지막으로 중국의 주요 매장 자원에 대해 알아보자. 도표 5-4에서 보여지듯이 중국 북부에서는 주로 석탄이 채굴되며 산시성과 내몽골의 매장량이 가장 많다. 그리고 석유는 동북 지방, 화북 지역, 동부 연안의 대륙붕에도 매장되어 있다. 천연가스는 타림 분지와 위구르 지역 등지의 생산량이 많다.

석유와 천연가스 생산량 추이를 보면, 석유는 증가하고 있고 천연가스는 더욱 빠르게 증가하고 있다. 셰일가스 또한 원래 수치가 작았던 탓도 있지만 높은 증가율을 보인다. 이처럼 중국은 자국에서 석유와 천연가스를 생산하려는 노력도 게을리하지 않고 있다.

중국의 국영석유회사

중국의 국영석유회사에 대한 설명에 앞서, 석유 메이저의 변천을 짚어볼 필요가 있다. 과거 석유 시장에서는 록펠러가 세운 스탠더드오일이 독점적 지위를 누렸다. 그러나 스탠더드오일은 해체되고 세계 석유 시장을 세븐시스터즈가 지배하는 시대로 접어들었다. 1986년경부터 세계 유가가 10달러 전후로까지 하락하자 이들 간의 합병이 꼬리를 물었다. 엑슨과 모빌의 합병, 셰브론과 텍사코의 합병, 토탈과 엘프의 합병, 코노코와 필립스의 합병 등을 거쳐 슈퍼메이저 체제가 형성되었다.

한편 근래에는 기존 슈퍼메이저에 대항하여 사우디아라비아 사우디아람코, 말레이시아 페트로나스, 브라질 페트로브라스, 러시아 가스프롬, 중국 중국석유천연가스그룹(CNPC), 이란 국영석유회사(NIOC), 베네수엘라 국영석유회사(PDVSA)로 대표되는 국영석유회사들이 전면에 나서며 '신 세븐시스터즈'라고 불릴 정도로 성장했다.

석유 메이저의 변천

세븐시스터즈 ➡	슈퍼메이저 ➡	신세븐시스터즈
제2차 세계대전 후부터 1970년대까지 석유 생산을 거의 독점하던 7개 회사를 말한다.	중동 국가들이 국제 석유 자본으로부터 자국의 이익을 지키기 위해 OPEC을 창설하면서 세븐시스터즈의 영향력이 줄어들었고 1990년대 이후에 7사가 6사로 합병되었다.	러시아와 중국 등 주요 국영기업 7사의 원유 생산 점유율이 합계 30%, 보유하는 유전 매장량도 30%에 달해 존재감을 더해 가는 중이다.
1. 스탠더드오일오브뉴저지(엑슨)	1. 엑슨모빌	1. 사우디아람코
2. 로열더치셸	2. 셸	2. 페트로나스
3. 앵글로페르시안오일 (BP)	3. BP	3. 페트로브라스
4. 스탠더드오일오브뉴욕 (소코니)	4. 셰브론	4. 가스프롬
5. 스탠더드오일오브캘리포니아(소칼)	5. 토탈에너지스	5. **중국석유천연가스그룹(CNPC)**
6. 걸프오일	6. 코노코필립스	6. 이란 국영석유회사
7. 텍사코		7. 베네수엘라 국영석유회사

여기서 주목할 점은 중국이 석유를 수입만 하는 것이 아니라 국영석유회사를 육성하여 스스로 석유와 천연가스를 채굴하는 기술을 발전시키고 있으며 해외의 석유 이권도 획득해 나가고 있다는 것이다.

대표적인 예가 신 세븐시스터즈 일원인 CNPC다. CNPC는 중국의 3대 국유 석유기업 중 하나로, 석유와 천연가스의 생산·공급 및 석유화학 사업을 하고 있다. CNPC는 중국의 동북부와 화북, 신장위구르 자치구 등에 대형 유전과 가스전을 가지고 있고 각지에 대형

중국을 대표하는 3대 석유회사

CNPC

중국석유천연가스그룹
(China National Petroleum Corporation)

· 중국의 3대 국유 석유 기업의 하나로, 원유와 천연가스의 생산·공급 및 석유화학공업 제품의 생산·판매에서 중국 최대 규모를 자랑하는 회사이며 신세븐시스터즈의 일원이다.

· 중국 동북부나 화북, 신장 위구르 자치구 등에 대형 유전과 가스전을 가지고 있으며 각지에 대형 석유화학 공장도 보유 중이다.

· 전 세계의 석유 자원을 획득하고자 전력을 다하고 있어 아제르바이잔, 캐나다, 인도네시아, 미얀마, 페루, 투르크메니스탄, 베네수엘라 등에서 30개 이상의 유전과 가스전 탐사 및 개발에 참여하고 있다.

SINOPEC

시노펙, 중국석유화공그룹
(SINOPEC, China Petrochemical Corporation)

· 석유 산업의 상류 부문(석유 시추)부터 하류 부문(석유화학공업)까지 폭넓은 범위의 사업을 전개하며 국내 2위의 규모를 자랑하는 국유 기업이다.

· 해외 기업도 적극적으로 매수하여 생산량을 늘리고 해외 안건 노하우를 축적했다.

CNOOC

시누크, 중국해양석유총공사
(CNOOC, China National Offshore Oil Corporation)

· 중국 3대 국유 석유기업의 일각을 담당하며 규모 면에서는 3위이다.

· 사업 내용은 중국 대륙 연안의 석유 및 천연가스의 탐사, 시추, 개발이다.

· 최근에는 금융과 신에너지 등의 분야에도 적극적으로 진출했다.

· 중국 동북부와 남중국해를 중심으로 유전을 개발 중이다.

· 동중국해 중일 중간선의 가스전 개발도 시누크를 주축으로 개발하고 있다.

석유화학 공장을 보유하고 있다. 또한 전 세계의 석유 자원 확보에 전력을 다하고 있는데 아제르바이잔, 캐나다, 인도네시아, 미얀마, 페루, 투르크메니스탄, 베네수엘라 등에 있는 30개 이상의 유전과 가스전을 탐사·개발하고 있다. 최근에는 미군이 철수한 아프가니스탄에서 탈레반과 북부 유전 개발을 시작했다.

CNPC의 자회사인 페트로차이나는 석유 개발 부문을 민영화하여 경영하고 있다. CNPC가 모회사이고 페트로차이나가 자회사이기는 하지만 두 회사 모두 전 세계에 이름이 알려져 있다.

시노펙(SiNOPEC)은 중국석유화공그룹의 영어 명칭이다. 석유 사업의 상류 부문인 석유 시추부터 석유화학까지 전 과정에 걸친 사업을 전개하고 있으며 국내 2위의 규모를 자랑하는 국유 기업이다. 해외 기업도 적극적으로 매수하여 생산량을 늘리고 해외 안건 노하우를 축적하고 있다.

마지막으로, 시누크(CNOOC)는 국내 3위의 국유 기업으로 사업 분야는 중국 대륙 연안의 석유와 천연가스의 탐사, 시추, 개발이다. 금융과 신에너지 등의 분야에도 적극적으로 진출하고 있다. 중국 동북부와 남중국해를 중심으로 유전을 개발하며 동중국해 중일 중간선의 가스전 개발도 시누크를 주축으로 개발 중이다.

지금까지 중국을 대표하는 3대 석유회사를 살펴보았다. 석유와 천연가스를 스스로 확보하려는 중국의 노력이 국유석유회사의 발전이라는 형태로 결실을 맺고 있다.

02 중국의 재생가능에너지

중국의 발전량 구성에서는 화력발전이 68%의 큰 비율을 차지하고 있다. 그 외에는 수력 18%, 풍력 6%, 원자력 5%, 태양광 3%이다. 최근 10년간의 비율 변화를 보면 화력발전이 80%에서 68%까지 내려갔다. 반면 원자력이 1.8%에서 5%로 상승하고 수력발전이 18%까지 증가했다. 이와 더불어 풍력과 태양광도 매년 비율이 늘고 있다.

먼저 중국의 원자력발전에 대해 알아보자. 2021년 1월 시점에서 가동 중인 원전 수는 50기이며 미국과 프랑스에 이어 3위이다. 반면 건설 중인 원전은 16기로 중국이 단연 1위이다. 중국 다음으로는 인도가 6기, 한국이 4기이다. 가동 중인 것을 포함하여 앞으로의 원전은 소형 원자로가 대세가 될 것이라고 한다. 이 시장에서는 중국, 인도, 러시아가 세계를 선도하고 있다.

수력발전량은 중국이 큰 격차로 1위이며 2위 브라질, 3위 캐나다, 4위 미국이다. 중국의 수력발전소는 매우 많으며 유명한 발전소로는 싼샤댐이 있다. 1993년에 건설을 시작하여 2009년에 완성한 중국 최대 규모의 수력발전 댐이다. 산샤댐 저수지의 면적은 $1,084 km^2$이며 총 저수량은 $39.3 km^3$, 발전량은 원자력발전소 16기에 필적한다. 중국의 수력발전은 수량이 큰 장강이라는 하천을 많이 이용한다. 전력 수요가 낮을 때 하부 댐에서 상부 댐으로 물을 퍼 올렸다가 필요

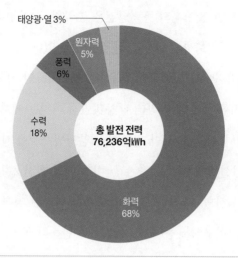

▶ 도표 5-5 중국의 발전량 비율 (2020년)

태양광·열 3%
원자력 5%
풍력 6%
수력 18%
화력 68%

총 발전 전력
76,236억kWh

출처: 중국전력기업연합회, 칭화대 기후변화및지속가능발전연구원 (NEDO 자료에서 발췌)

할 때 낙하시키는 양수 발전도 중국에서는 잘 활용되고 있다.

수력발전에서 국제 문제가 된 것이 중국의 메콩강 유역 개발이다. 메콩강은 라오스, 태국, 캄보디아를 통과하는 강으로 알려져 있으나 상류는 중국에 있다. 이 메콩강 상류에 중국이 수력발전소를 건설하고 있다. 하천 하류 유역에 있는 나라로서는 중국에 수량 조절권을 빼앗기는 꼴이다. 생태계 파괴나 어획량 감소 우려도 있고, 남중국해의 해수가 역류하여 담수 양식장에 염수가 유입되는 피해 사례도 발생하는 등 하류 유역의 국가들은 전전긍긍하고 있다.

풍력발전에서는 세계의 51%를 차지한 압도적 세계 1위이다. 2위 미국, 3위 브라질, 그다음은 베트남 순이다. 외국 자본을 적극적으로 도입했는데, 해외의 자본과 노하우를 활용하여 풍력발전을 확대해 왔다. 예를 들면 장쑤성의 풍력발전은 중국의 국가에너지투자 그룹이 프랑스의 전력회사와 함께 건설, 운영하고 있다.

태양광발전에서도 중국이 1위이며 2위 이하인 미국, 일본, 독일 등과 큰 격차를 보인다. 다라터 태양광발전 기지는 세계 최대의 태양광발전소이다. 중국은 사막 집중형 태양광발전소를 내몽골 자치구 다라터에 건설했다. 면적은 33.34km^2이며 대형 원전 2기와 비슷한 양의 전기를 생산할 수 있다. 또한 중국은 풍력발전 지대인 서부와 신장 위구르 자치구에서 큰 수요지인 동부 연해의 공업지대까지 연결된 초장거리 송전선을 재빠르게 설치했다.

03 풍력·태양광 관련 설비 제조 대국

중국은 재생가능에너지 관련 설비의 제조 대국으로, 세계 수력발전소 건설의 70%, 세계 풍력발전 설비 생산량의 50%를 중국 기업이 책임지고 있다. 태양광발전 설비도 폴리실리콘 58%, 실리콘 웨이퍼 93%, 태양광 셀 75%, 태양광 모듈 73%를 중국 기업이 생산하고 있다. 중국은 재생가능에너지 전환에 발맞추어 관련 설비 제조 기업

> ### 중국은 재생가능에너지 관련 설비 제조 대국
>
> ● 세계 수력발전소 건설의 70%를 중국 기업이 담당하고 있다.
> ● 세계 풍력발전 설비 생산량의 50%를 중국이 차지하고 있다.
> ● 태양광 전지 관련 부품 공급에서 중국 기업이 차지하는 비율은
> · 폴리실리콘 58%
> · 실리콘 웨이퍼 93%
> · 태양광 셀 75%
> · 태양광 모듈 73%이다.

을 육성한 것이다.

중국은 국내 에너지 수요가 수년 연속으로 세계 1위이고, 이 수요를 맞추기 위해 수력, 풍력, 태양광, 바이오매스 등의 재생가능에너지 발전 설비를 늘려왔다. 발전 설비 용량의 구성을 보면 수력이 3억 7,000kW로 16년 연속, 풍력이 2억 8,000kW로 11년 연속, 태양광이 2억 5,000kW로 6년 연속, 바이오매스는 2,952만kW로 3년 연속 세계 1위를 유지하고 있다. 덕분에 2030년 세계 재생가능에너지 이용 발전량의 3분의 1을 중국이 차지하고 있다.

2020년 세계 풍력 터빈 제조사별 시장 점유율을 보면 미국 회사인 GE가 1위이다. 2위는 골드윈드(금풍과기)라는 중국 제조사이며 3위는 베스타스라는 덴마크 회사이다. 그리고 4위는 중국 제조사인 엔비전이며 5위는 독일과 스페인 회사가 합병하여 만들어진 지멘스 가메사이다. 이처럼 세계 상위 5대 회사 중 미국, 덴마크, 스페인과 독일이 각각 1개씩 차지하고 중국은 2개를 차지하고 있다. 10위까지 범

위를 넓히면 5위 아래로는 모두 중국 기업이다. 다시 말해 상위 10개 사 중 7개사가 중국 회사인 것이다. 그중에서도 9위 CRRC와 10위 사니(Sany)는 10위 안으로 새로 진입했다. 상하이전기(Sewind)는 전 년도의 9위에서 7위로 올랐으며, 엔비전은 5위에서 4위가 되었다. 6위 밍양과 2위 골드윈드는 같은 순위이며 8위 저장윈디가 7위에서 8위로 내려가기는 했으나 중국 기업의 약진은 명백하다.

앞으로는 미국의 GE가 세계에서 얼마나 활약할지, 덴마크의 베 스타스가 점유율을 얼마나 유지할지, 독일과 스페인 회사인 지멘스 가메사는 어떻게 될지가 주목된다. 그 외 국가들 기업은 안타깝게도 순위에 들지 못했다.

풍력발전 운영 회사의 시장 점유율 순위에서는 상위 8개사 중 6개사가 중국 회사이다. 중국은 풍력발전 설비 제조뿐 아니라 운영 에서도 세계를 석권하고 있다. 상위 8개사 중 중국 기업이 아닌 이베 르드롤라(스페인), 넥스트에라 에너지(미국)가 어떤 행보를 보일지도 주목할 필요가 있다.

태양광 패널 제조사 순위에서는 상위 8개사 중 6개사가 중국 회 사이며 특히 상위 4개사가 모두 중국 기업이다. 최근 몇 년간 전 세계 에 태양광발전이 보급되며 아프리카에도 태양광 패널 설치가 늘었 는데 여기에도 중국 제조사의 판매가 늘었다. 일본 제조사인 샤프, 교세라, 산요가 세계적으로 경쟁력을 지닌 시대도 있었지만 현재 일 본 제조사는 상위권에 들지 못하고 있다.

2019년		변화	2020년	
1위	베스타스 (덴마크, 16%, 9.6GW)		1위	GE (미국, 14%, 13.35GW)
2위	골드윈드 (중국, 13%, 7.64GW)		2위	골드윈드 (중국, 13%, 13.06GW)
3위	GE (미국, 11%, 6.98GW)		3위	베스타스 (덴마크, 13%, 12.4GW)
4위	지멘스가메사 (스페인&독일, 9%, 5.49GW)		4위	엔비전 (중국, 11%, 10.35GW)
5위	엔비전 (중국, 8%, 5.11GW)		5위	지멘스가메사 (스페인&독일, 8%, 7.65GW)
6위	밍양 (중국, 7%, 4.5GW)		6위	밍양 (중국, 6%, 5.64GW)
7위	저장윈디 (중국, 3%, 2.06GW)		7위	상하이전기 (중국, 5%, 5.07GW)
8위	노덱스악시오나 (스페인&독일, 3%, 1.96GW)		8위	저장윈디 (중국, 4%, 3.98GW)
9위	상하이전기 (중국, 3%, 1.71GW)		9위	CRRC (중국, 4%, 3.84GW)
10위	중국선박중공(CSIC) (중국, 2%, 1.46GW)		10위	Sany (중국, 4%, 3.72GW)
기타	(25%, 15.05GW)		기타	(18%, 17.06GW)
합계	(61GW)		합계	(96.3GW)

· 각 사의 판매량이 현저히 증가하고 있다.
· 10위 중 7개사가 중국 제조사이다.
· 2020년 신규 설치량은 96.3GW/년 (나라별 점유율은 중국 50% 이상, 미국 약 20%)

출처: 일본풍력발전협회

04 전기자동차 제조 대국

이어서 전기자동차 제조 대국으로서의 중국을 살펴보자.

도표 5-7은 2021년 세계 전기자동차 판매 대수이다. 1위는 테슬라이다. 미국 회사지만 중국과 독일에도 공장이 있고 중국과 깊은 관계를 맺고 있다. 그리고 2위 BYD, 3위 SGMW(상하이GM우링)라는 회

사로 둘 다 중국 회사이다. 7위도 상하이자동차라는 중국 회사이다. 상위 10개사 중 중국 기업이 3개이다. 나머지 중 4개사가 독일 제조사로 폭스바겐, BMW, 메르세데스가 각각 4위, 5위, 6위이다. 거기에 아우디가 9위를 차지하고 있으나 합계로 따지면 중국에 미치지 못한다. 또한 8위 볼보는 스웨덴 회사지만 자본은 중국이다.

10위와 11위에 한국 회사 현대와 기아가 들어가 있다. 12위 밑으로는 대부분 중국 회사이다. 13위에 프랑스 르노, 15위 프랑스 푸조, 16위 일본 도요타, 17위 미국 포드가 있을 뿐이다. 그리고 19위에 샤오펑이라는 회사가 있는데 니오, 샤오펑, 리오토는 중국의 3대 신흥 EV 제조사로 중국 전기차 3총사라고 불리며 쭉쭉 뻗어나가고 있다. 이처럼 전기자동차 시장에서 중국 기업의 활약은 놀라울 정도이며 앞으로도 계속 성장할 것으로 예상된다. 그리고 2022년 1월부터 6월까지의 수치를 보더라도 중국 기업은 전기자동차 판매를 거침없는 기세로 늘려가고 있다.

중국은 전기자동차 수출에도 힘쓰고 있다. 2021년도에는 유럽에 전년도의 4.8배인 23만 대를 수출했다. 아시아에는 22만 대를 수출했는데, 일본에 BYD 버스가 진입했으며 동남아시아 각지에도 수출하고 있다. 이처럼 원래 일본 차의 텃밭이라고 불리던 동남아시아에서도 판매를 확대하고 있다. 이미 태국의 전기자동차 시장에서는 상하이자동차가 점유율 50%를 차지하는 등 중국의 전기자동차 수출도 주목할 만하다.

▶ 도표 5-7 2021년 세계 전기자동차 판매 대수

순위	제조사	판매 대수	국가	순위	제조사	판매 대수	국가
1	테슬라	936172	미국	11	기아	158134	한국
2	**BYD**	593878	**중국**	12	**Great Wall**	137366	**중국**
3	**SGMW**	456123	**중국 (GM)**	13	르노	136750	프랑스
4	폭스바겐	319735	독일	14	**GAC**	125384	**중국**
5	BMW	276037	독일	15	푸조	125263	프랑스
6	메르세데스	228144	독일	16	도요타	116029	일본
7	**상하이자동차**	226963	**중국**	17	포드	111879	미국
8	볼보	189115	스웨덴	18	**Chery**	99109	**중국**
9	아우디	171371	독일	19	**샤오펑**	98698	**중국**
10	현대	159343	한국	20	**창안**	97911	**중국**
					기타	1731984	
				TOTAL		6495388	+7.8%

출처: https://www.hyogo-mitsubishi.com/news/data20220301100000.html

이렇듯 중국의 전기자동차는 약진하고 있다. 그리고 이 약진 뒤에는 중국 정부의 지원이 있다. 중국 정부는 '당근'으로 구입 보조금이나 면세 등 금전적인 인센티브를 제공하고, '채찍'으로는 완성차 제조사나 자동차 수입 사업자에게 기존의 내연기관차 생산·수입에 비례하여 신에너지차(전기자동차, 플러그인 하이브리드차, 연료전지차) 생산 의무를 부과하고 있다. 즉 신에너지차를 만들지 않으면 휘발유차의 수출이나 생산이 불가능하다. 그 결과 신에너지차의 국내 판매 대수는 매년 늘어나 2019년에는 신에너지차 비율이 4.7%까지 증가했다. 그중에서도 80%는 전기자동차이며 테슬라도 중국 판매량이 상당하다.

중국은 에너지 절약형·신에너지차 기술 로드맵 2.0을 발표하며 2025년, 2030년, 2035년의 목표치를 설정했다. 휘발유차의 비율을 2025년에는 40%로, 2030년에는 15%로, 2035년에는 0%로 줄이는 것이 목표이다. 반대로 하이브리드차는 2025년에 40%, 2030년에는 45%, 2035년에는 50%로 늘리고, 전기자동차 등 신에너지차는 현재의 5%에서 2025년에는 20%, 2030년에는 40%, 2035년에는 50%까지 늘리는 것이 목표이다. 전기자동차 전환을 추진하고 휘발유차를 없앤다는 목표를 명확히 했다.

05 지구온난화 대책

중국의 이산화탄소 배출량은 독보적 1위이다. 2위인 미국의 2배이며 3위 인도의 4배이다. 따라서 중국이 이산화탄소를 얼마나 줄이는가는 중국뿐 아니라 세계에도 중요한 문제이다.

글래스고 회의 최종안에서 쟁점이 된 '석탄화력 폐지' 방침은 석탄이 일차에너지의 57%, 발전원 구성 중 석탄화력발전 용량이 57%를 차지하는 중국과 마찬가지로 석탄 의존도가 높은 인도로서는 도저히 받아들일 수 없었다. 이 문구는 채택 직전에 '석탄 소비량의 단계적 감축'으로 변경되었다. 중국으로서는 석탄화력발전을 폐지한다면 에너지 공급의 근간이 흔들릴 것이므로 단계적 감축이라는 문구로 타협할 수밖에 없었다.

▶ **도표 5-8 이산화탄소 배출량** (2018년)

순위	국가	배출량(100만 톤)	순위	국가	배출량(100만 톤)
1	중국	9,570.8	6	독일	696.1
2	미국	4,921.1	7	한국	605.8
3	인도	2,307.8	8	이란	579.6
4	러시아	1,587	9	캐나다	565.2
5	일본	1,080.7	10	인도네시아	542.9

출처: 일본 외무성

　　중국의 탄소중립 정책으로는 2020년 9월 유엔 총회에서 시진핑 국가주석이 발표한 환경 문제 대응에 관한 중국의 장기 구상이 있다. 먼저 2030년을 정점으로 탄소 배출량을 감축하는 것과 2060년까지 탄소중립을 달성하는 것이다. 이 두 가지 목표는 '3060 탄소중립 목표'라고 불리며 중국 탄소중립 정책의 큰 전환점이 되었다.

　　2030년 12월에는 다음해로 연기된 글래스고 회의에 대비한 온라인 유엔 기후정상회의가 개최되었는데, 시진핑 국가주석은 2030년까지 달성할 목표를 발표했다. 첫 번째가 국내총생산 단위당 이산화탄소 배출량을 2005년 대비 65% 이상 줄인다는 것이다. 두 번째는 일차에너지 소비에서 비화석에너지 비율을 약 25%로 만든

▶ 도표 5-9 CCS·CCUS

· 중국은 비교적 이른 2007년경부터 CCUS(탄소 포집·활용·저장) 사업을 실증적으로 진행하여 실용
화 기술 개발을 추진했다.
· 현재는 회수 후에 저장은 하지 않고 공업 용도로 활용하는 사업이 많다.

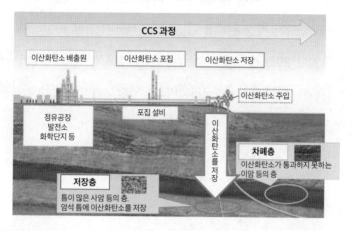

출처: 일본 자원에너지청

다는 것이다. 세 번째는 삼림 면적을 2005년 대비 60억㎡ 늘리는 것
이다. 네 번째는 풍력발전과 태양광발전의 총 설치 용량을 12억kW
로 늘리는 것이다. 이러한 방침은 2021년 3월에 발표한 〈제14차 5개
년 계획〉에 2026년부터 2030년까지 석탄 소비의 단계적 감축을 개
시한다는 내용과 함께 실렸다.

중국은 지구온난화 대책의 일환으로 CCS(탄소 포집) 및 CCUS(탄
소 포집·활용·저장)에도 의욕적으로 뛰어들고 있다. 숲 조성에도 적극
적이다. 중국 건국 당시 삼림 면적은 10% 미만이었지만 지금까지 의
욕적으로 조림 사업을 하여 사막화 면적은 감소세로 돌아섰다. 조림

하기 쉬운 지역은 거의 완료되어 삼림 면적 증가는 다소 둔화 국면이다. 1998년부터 추이를 보더라도 최근 20년간 삼림 면적은 증가했고, 삼림 비율은 20%를 넘어 25%를 바라보고 있다.

또한 중국은 시장 원리를 활용한 녹색금융(Green Finance)도 강화하고 있다. 2021년에 탄소배출권 거래 시장을 만들었고 녹색채권(Green Bond) 발행액은 세계 2위이며 EU 택소노미와 융합을 노려 해외 투자 자금을 끌어모으려 하고 있다.

06 에너지 안정 확보를 위한 노력

중국이 에너지를 안정적으로 확보하기 위해 어떤 노력을 했는지 초크 포인트 리스크를 중심으로 확인해 보자. 아프리카에서 생산한 석유를 중국으로 운송하려면 바브엘만데브 해협을 지나야 하고, 앙골라 등에서 생산한 석유는 희망봉을 돌아서 와야 한다. 그 외에도 말라카 해협, 혹은 베네수엘라에서 수입한다면 파나마 해협을 지난다. 미국의 초크 포인트 리스크가 점점 줄고 있는 데 반해 중국은 오히려 늘고 있다(도표 1-3 참조). 이러한 리스크가 앞으로 중국이 세계 해역 안전보장에 더욱 관여하게 되는 동기가 될지도 모른다.

중국의 원유 수입량은 끊임없이 늘고 있다. 대외의존도도 끊임없이 올라가고 있어, 2019년에는 72%를 넘어섰다. 원유 수입처는 2019년 기준으로 1위 사우디아라비아, 2위 러시아인 2강 체제였으나 2020년 8월에는 러시아가 사우디아라비아를 제치고 1위가 되었다. 우크라이나 전쟁으로 러시아 석유를 금수조치하는 나라가 느는 가운데 중국의 수입량은 늘고 있다. 2006년부터 2012년까지는 한 해당 1,000만 톤 전후를 수입했으나 이후 매년 증가하여 2020년에는 7,530만 톤을 수입했다. 앞으로 점점 더 늘어날 가능성이 높다.

07 중국의 천연가스와 석탄

중국의 천연가스

중국의 천연가스 공급 대외의존도는 45%가 넘는다. 자국에서도 천연가스를 생산하고 있고 셰일가스도 존재하지만, 그 이상으로 소비량이 증가하고 있으며 앞으로도 늘어날 전망이다.

도표 5-10은 중국의 천연가스 수입처를 정리한 것이다. 파이프라인부터 보면 2019년에는 투르크메니스탄 비율이 압도적으로 높아 66%를 차지했다. 다음으로 카자흐스탄이 14%이며 이 두 국가를 합

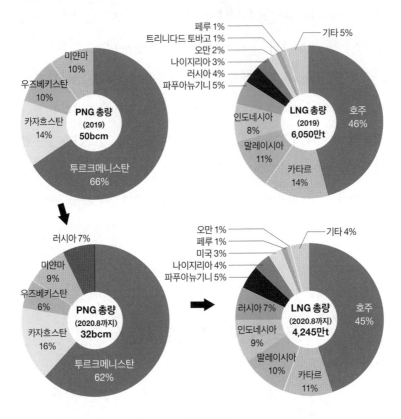

· 2022년 2월, 중국과 러시아는 천연가스 공급 확대 계약에 서명

(주) PNG(Pipeline Natural Gas 파이프라인 가스)
출처: SIA Energy의 데이터를 기반으로 JOGMEC 베이징이 작성

쳐서 80%이다. 여기에 10%인 우즈베키스탄을 합해 90%가 중앙아
시아이다. 나머지는 주로 미얀마에서 수입한다. 왼쪽 아래 2020년 그
래프는 8월까지의 중간 집계이기는 하지만 러시아에서 수입하는 천
연가스 비율이 늘었음을 알 수 있다. 시베리아의 힘2가 완성되면 더

욱 증가할 것이다. 참고로 2022년 2월에 우크라이나 침공이 일어났는데, 그 직전에 중국과 러시아는 천연가스 공급 확대 계약에 서명했다.

다음은 LNG이다. 호주에서 수입하는 비율이 46%로 매우 높다. 그리고 카타르 14%, 말레이시아 11%, 인도네시아 8%이다. 러시아는 2019년에는 4%였는데 8월까지의 중간 집계이기는 하지만 2020년에는 7%로 늘었다.

2019년에는 호주에서 수입하는 LNG 비율이 46%로 가장 높았는데 2020년경부터는 미국이나 러시아, 카타르 등에서의 수입이 증가했다. 이는 호주와 중국 간 관계 악화에 따라 호주산 LNG 의존도를 낮추려는 의도가 있다고 여겨진다. 따라서 앞으로는 중동과 러시아에서 수입하는 LNG로 수요를 충당할 것이라고 예상된다.

중국의 LNG 터미널은 주로 해안의 주요 도시에 있다. 2019년 9월 시점에는 LNG 터미널 22기를 가동하고 있었다. 파이프라인에서는 중앙아시아와 중국을 잇는 '서기동수' 프로젝트가 주목받고 있다. 중국 북서쪽에 있는 중앙아시아에서 동쪽의 해안 도시까지 1차 서기동수, 2차 서기동수, 3차 서기동수라는 파이프라인을 통해 천연가스를 운반한다. 중국 정부는 이를 관리하는 차이나파이프라는 회사를 만들어 파이프라인 운영 산업도 발전시키려 하고 있다. 이처럼 파이프라인을 통해 서쪽에서 가스를 공급하고 동쪽의 해안에는 LNG 터미널이 있는 것이 중국의 천연가스 현황이다.

중국의 석탄

도표 5-11는 중국의 석탄 수입 상대국이다. 호주, 인도네시아, 기타로 표현되어 있는데 2021년에는 호주 수입이 없어졌다. 이는 중국과 호주의 관계가 심하게 악화했기 때문이다.

그 이유는 중국 우한에서 코로나19 관련 조사를 좀 더 진행해야 한다고 호주가 비난한 것, 그리고 솔로몬 제도에 군사 거점을 만들려는 중국의 시도에 호주가 난색을 표한 것이 원인이라고 보도된 바 있다. 중국이 호주에서 수입하는 LNG도 감소 추세를 보였다. 따라서 이러한 경향은 중국이 호주 의존도를 낮추려는 에너지 안정 확보 측면도 있다.

▶ **도표 5-11 중국의 석탄 수입 상대국** (2015~2021년)

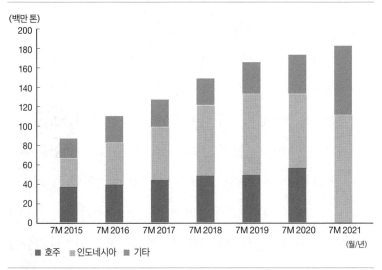

출처: BIMCO, Oceanbolt

08 중국으로 향하는 천연가스 파이프라인

먼저 앞에서 언급했던 '서기동수'라는 국가 프로젝트에 대해 살펴보자.

중국 서부의 천연가스를 중국 동부 해안지역으로 운송하는 구상인데, 이 프로젝트의 일환으로 서쪽 더 멀리까지 연장한 '중국-카자흐스탄선' 혹은 '중앙아시아선'이라고 불리는 파이프라인이 있다. 이 파이프라인은 기본적으로 투르크메니스탄의 가스를 우루무치로 옮기고 거기서 다시 상하이 등의 대도시로 전달한다.

중국 남쪽에는 '중국-미얀마선'도 있다. 미얀마는 군부 독재와 민주주의 탄압 등으로 많은 국제적 비난을 받고 있어서 무역 거래나 투자를 하지 않는 나라가 많다. 그러나 중국은 미얀마와의 관계를 계속해서 이어오고 있으며 미얀마에서 쓰촨성 청두시로 가스를 수입한다. 그리고 북동쪽에는 '시베리아의 힘'이 있다. 이는 러시아 동시베리아의 천연가스를 하얼빈과 베이징으로 나르는 파이프라인이다. 이 셋이 가동 중인 주요 파이프라인이다.

앞으로는 여기에 하나가 추가될 예정이다. 도표 5-12에서 보여주듯이, 서시베리아, 동시베리아의 대형 가스전에서 몽골을 경유하여 중국으로 가스를 운송하는 '시베리아의 힘2'라는 파이프라인이 건설되고 있다. 우크라이나 침공으로 러시아 천연가스 거래가 전 세

▶ 도표 5-12 중국으로 향하는 천연가스 파이프라인

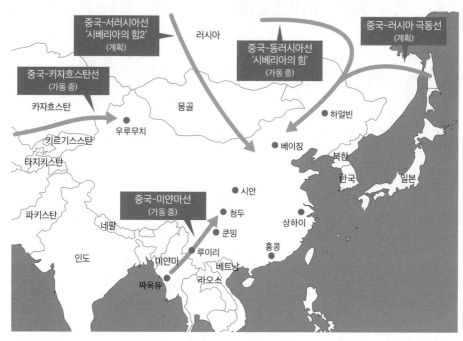

중국-서러시아선
'시베리아의 힘2'
(계획)

러시아

중국-동러시아선
'시베리아의 힘'
(가동 중)

중국-러시아 극동선
(계획)

중국-카자흐스탄선
(가동 중)

카자흐스탄

몽골

하얼빈

우루무치

베이징

키르기스스탄

타지키스탄

북한

한국

일본

파키스탄

네팔

중국-미얀마선
(가동 중)

시안

청두

쿤밍

상하이

인도

미얀마

루이리

홍콩

짜욱퓨

베트남

라오스

· 가동 중 '중국-카자흐스탄선' '중국-미얀마선' '중국-동러시아선'(시베리아의 힘)
· 계획 중 '중국-러시아 극동선' '시베리아의 힘2'

출처: https://wisdom.nec.com/ja/series/tanaka/2022032501/index.html

계에서 줄어드는 가운데 중국으로의 수출을 대폭 늘릴 수 있는 '시
베리아의 힘2'에 주목할 필요가 있다.

'시베리아의 힘'보다 더 동쪽에 있는 사할린에서 중국으로 파이
프라인을 연결하는 '사할린-1'이라는 계획도 있다. 즉 사할린섬 건너
편의 데카스트리라는 곳으로 파이프라인을 연결한 후 기존 파이프
라인을 이용해 베이징으로 운송하는 계획이다.

현존하는 파이프라인을 통한 천연가스 수입 비율을 다시 정리하자면 투르크메니스탄 60%, 카자흐스탄 16%, 우즈베키스탄 6%로 중앙아시아를 통틀어 총 80%이다. 앞으로는 러시아에서 수입하는 양도 증가하여 미얀마를 제칠 것으로 전망된다.

중국-카자흐스탄(중앙아시아)선

중국의 중앙아시아 파이프라인은 가스프롬과 CNPC 등이 주도하여 2009년에 완성했다. 투르크메니스탄, 우즈베키스탄, 카자흐스탄 등과 중국을 연결하여 가스를 수입하고 있다. 전체 길이 7,000km의 굉장히 긴 파이프라인이며 '서기동수' 프로젝트와도 관련이 있다.

이 파이프라인이 생기기 전에는 투르크메니스탄 가스 수출의 70% 가까이가 러시아의 파이프라인을 경유했다. 이 때문에 러시아가 투르크메니스탄의 가스를 헐값에 사들이고 있었지만, 이 파이프라인이 완성되면서 러시아뿐 아니라 중국이라는 큰 소비처에 수출할 수 있게 되었다. 지금까지 중앙아시아는 러시아의 완전한 지배하에 있었지만 이 파이프라인은 중앙아시아의 에너지 수출처를 다양화하여 결과적으로 중국의 영향력 증대에 공헌하고 있다.

중국-미얀마선

이 파이프라인은 CNPC 주도로 건설되어 2013년에 개통된 것으로 미얀마 서부 라킨주 근해에서 생산된 가스를 중국으로 운반한다. 또 2017년에는 이 파이프라인과 나란히 석유, 원유 파이프라인도 개통했다. 아프리카 쪽에서 유조선으로 운반된 원유를 라킨주의 짜욱퓨항에서 하역하여 쓰촨성 청두까지 수송하는 파이프라인이다.

이 파이프라인은 중국의 초크 포인트 리스크를 대폭 감소시켰다. 수입 시에 말라카 해협을 지날 필요가 없기 때문이다. 게다가 중국은 아프리카의 수단이나 앙골라 등의 유전, 가스전의 개발권을 확보한 상태이므로 그곳에서 채굴한 원유를 미얀마의 짜욱퓨항에서 하역할 수 있으면 배로 운반하는 거리도 짧아지고 유조선 요금도 내려간다. 즉 안전보장뿐 아니라 경제적으로도 큰 이점이 있는 방법으로 중국의 탁월한 전략이 엿보이는 대목이다.

중국-동러시아선(시베리아의 힘)

중국-동러시아선은 '시베리아의 힘'이라고 불린다. 이 파이프라인 또한 CNPC 주도로 건설되어 2019년에 개통했다. 시베리아 동부에 있는 가스프롬 운영 파이프라인을 통해 야쿠티아에서 연해주와 중국으로 석유와 천연가스를 나란히 운반하고 있다. 앞으로는 여기에 몽골을 경유하여 중국으로 가는 파이프라인인 '시베리아의 힘2'가 추가될 예정이다.

중국-러시아 극동(사할린)선

중국-러시아 극동선은 러시아 극동에 있는 사할린에서 출발하고 중간에 '시베리아의 힘'과 합류하여 중국으로 천연가스를 운반하는 파이프라인이다. 사할린은 엑슨, 셸이 철수한 지역인데, 우크라이나 침공과 발맞추어 러시아와 중국 간 수출을 늘리는 계약이 맺어진 가운데 앞으로 어떤 변화가 일어날지 이목이 매우 집중되는 상황이다.

중국-서러시아선(시베리아의 힘2)

'시베리아의 힘2'는 용량이 500억m^3에 달하는 엄청난 대용량 파이프라인이다. 러시아는 몽골을 경유하는 경로로 부설을 제안했으며 실현되면 중국으로 수출하는 가스가 2배 이상으로 늘어날 예정이다. 주로 유럽 시장으로 수출하던 서시베리아의 천연가스를 중국으로도 돌릴 수 있게 되어 우크라이나 침공 이후 러시아에는 중대한 수출 임무를 담당할 파이프라인이 될 것이다.

가스 비축

중국은 에너지 비축량 증대에도 힘을 쏟고 있어서 각지에 파이프라인망을 구축할 뿐 아니라 중국 내 저장 설비도 착실하게 건설하고 있다. 현재 지하가스 저장 시설은 27군데 존재한다. 지하 외에 LNG 저장 컨테이너 설비도 적극적으로 구축하고 있다. 가스회사나 파이프라인 회사에도 저장 의무를 부과하는 등 가스 공급처의 다각화와 공급량 증대와 더불어 저장도 병행하여 유사시에 대비하고 있다. 중국은 경제 성장과 함께 수요가 늘어나는 에너지를 안정적으로 확보하려 재빠르게 움직이고 있다. 석탄 소비량을 줄이면서 그 빈자리를 러시아와 중앙아시아, 미얀마에서 수입하는 천연가스나 풍력, 태양광, 수력 그리고 원자력을 비롯한 재생가능에너지를 늘려서 메우려 하고 있다.

중국의 사례에서 배울 점은 탈탄소 사회 구축이 안전보장 면에서도 큰 이점이라는 것이다. 풍력, 태양광, 수력 등의 비율이 늘어난다는 것은 석유와 천연가스 수입이 줄어든다는 뜻이다. 이는 중국의 초크 포인트 리스크를 줄여줄 뿐 아니라 에너지 안정 공급에도 기여한다. 앞으로의 중국은 에너지 소비에서 석유와 천연가스의 대외의 존도를 현재의 17.2%에서 5%까지 크게 줄일 것이라는 예측도 있다. 이처럼 중국은 에너지 안정 공급, 국가 안정을 위해 꾸준히 노력하고 있다.

중국은 제조업 발전도 겸하는 지구온난화 대책과 국가 안전보장, 각 측면에서 국익을 추구하는 방향으로 움직이고 있다. 세계 각국의 탈러시아로 거래처가 줄어든 러시아의 천연가스를 수입하여 에너지의 경제성도 향상될 것이다. 중국의 에너지 전략은 그야말로 일석이조, 삼조, 사조의 효과를 내고 있다. 이러한 정책은 다른 나라에도 훌륭한 모범이 되며 참고할 만하다.

09 대만

대만의 수출 주도 경제 성장

대만은 1960년대부터 수출 지향 공업화로 성장을 이루어낸 국가이다. 초기 단계에서는 대만에 공장을 세운 미국 제조사의 TV 등 가전제품이 주요 수출 품목이었다. 해외 제조사는 비교적 저렴한 노동력을 사용하여 조립 비용을 절약하기 위해 대만에 진출했지만, 경제가 성장함에 따라 인건비와 통화 가치도 상승하자 완성품 조립만으로는 수출 경쟁력을 유지할 수 없게 되었다. 그러자 대만은 1970년대 후반부터 반도체 산업을 본격적으로 육성하기 시작했다.

지금은 세계 반도체 위탁 생산 분야에서 전 세계 60% 이상의 점유율을 차지한 TSMC(대만적체전로제조공사)는 1987년에 설립되었다. 현재 TSMC는 소니 그룹과 공동으로 일본 구마모토현에 새로운 반도체 공장을 건설하고 있다. TSMC의 선진 기술을 사용하여 자동차나 산업용 로봇에 꼭 필요한 시스템 반도체를 생산하는 공장이며 2024년까지 가동을 개시할 예정이다.

대만의 에너지 사정

대만의 일차에너지 공급에서는 석유와 석탄, 천연가스가 높은 비율을 차지하고 있다. 도표 5-13을 보면 2020년도 일차에너지 공급은 석유 36%, 석탄 34%, 천연가스 20%, 원자력 8%, 바이오 연료·풍력·태양광이 각각 1%, 수력이 0.2%이다. 일차에너지 공급의 90%를 화석연료에 의존하고 있다는 뜻이다.

2020년 석유의 주요 수입처는 사우디아라비아 33%, 미국 20%, 쿠웨이트 20% 등으로 중동 의존도가 72%이다. 석탄의 주요 수입처는 호주 48%, 인도네시아 28%, 러시아 17%이다. LNG의 주요 수입처는 카타르 28%, 호주 27%, 러시아 14%이다.

대만은 2015년에 파리협정 체결 및 발효에 따라 '2050년까지 온실가스 배출을 2005년 대비 50% 감축한다'라는 목표를 법률로 제정했다. 2022년에 대만 국가발전위원회는 〈2050 탄소중립 로드맵〉을 발표했다. 이 로드맵은 '4대 전략'과 '2대 기초'를 축으로 탄소중립을 추진하겠다는 방침을 밝히고 있다.

'4대 전략'은 에너지 전환을 통한 안전성 향상, 산업 전환을 통한 산업 경쟁력 강화, 지속적인 생활방식 전환, 강인한 사회 형성의 4가지이다. 에너지 안전보장과 관련해서는 2021년에 97.4%인 에너지 수입 의존도를 2050년에 50% 이하로 떨어뜨리겠다고 밝혔다. '2대 기초'는 탄소중립 실현 환경을 구축하는 관련 기술의 연구 및 개발과 관련법 제도의 정비를 뜻한다.

대만의 2019년 이산화탄소 배출량을 산업별로 살펴보면 전력 분야의 배출량이 가장 많다. 따라서 총 발전량에서 재생가능에너지가 차지하는 비율을 2050년에는 60~70%로 끌어올릴 계획이다. 그

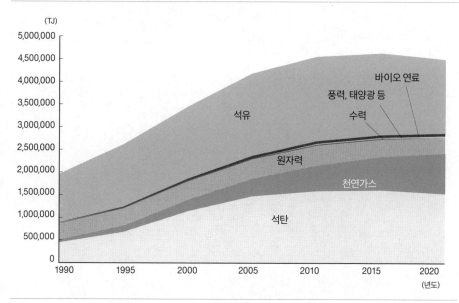

출처: IEA

일환으로 2030년까지 태양광 및 풍력발전 도입을 추진하여, 태양광은 2025년까지 합계 20GW, 2026~2030년에는 매년 2GW씩 신규 설치하는 것이 목표이다. 또한 해양 풍력발전은 2025년까지 5.6GW, 2026~2030년에는 매년 1.5GW씩 추가한다는 목표를 세웠다. 재생 가능에너지 외의 발전원으로 수소에너지는 9~12%, 화력발전은 탄소 포집·활용·저장, 즉 CCUS 기술을 활용한다는 전제로 20~27%를 목표하고 있다.

제6장

EU

지구온난화 대책과 탈러시아에 대치하는
EU의 원전과 천연가스

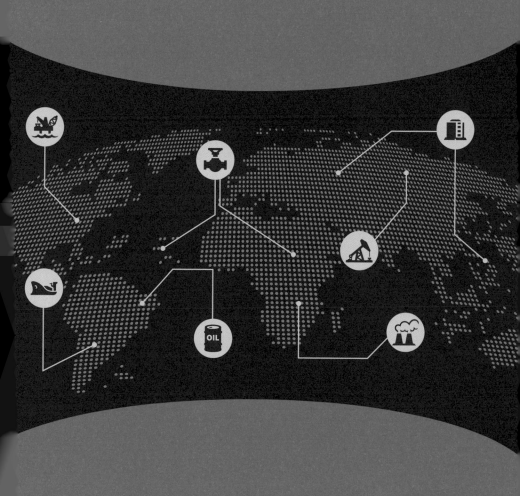

01 EU의 에너지 전략

6장에서는 EU(유럽연합)의 에너지 전략을 살펴본 다음 앞에서 설명한 독일을 제외한 유럽의 주요국인 영국, 프랑스, 이탈리아, 스페인, 네덜란드 그리고 새로 NATO 가입을 신청한 스웨덴과 핀란드, 마지막으로 튀르키예의 에너지 전략을 들여다본다. 북아프리카를 포함한 천연가스 파이프라인망과 LNG 터미널 건설 그리고 유럽 전역에 깔린 전력망에 대해서도 알아보자.

EU의 러시아 의존도

먼저 EU의 2020년 천연가스 수입 상대국 비율은 러시아 46.8%, 노르웨이 20.5%, 알제리 11.6%, 미국 6.3%, 카타르 4.3%이다.

앞에서 다루었던 G7 각국의 일차에너지 자급률과 러시아 의존도의 관계도 복습해 보자. 일차에너지 자급률은 미국과 캐나다가 100% 이상이지만 영국은 75%, 프랑스는 55%, 독일이 35%, 이탈리아가 25%이다. 자급률이 특히 낮은 나라는 이탈리아와 독일이다.

EU 주요국의 러시아 의존도를 살펴보면, 도표 6-1에 나와 있듯이 석유는 영국 11%, 프랑스 0%, 독일 34%, 이탈리아 11%를 러시아에 의존하고 있다. 천연가스는 영국 5%, 프랑스 27%, 독일 43%, 이탈리아 31%를 러시아에 의존하고 있어서 독일과 이탈리아의 의존도가 높다. 그리고 석탄은 영국 36%, 프랑스 29%, 독일 48%, 이탈리아 56%인데, 각국이 석탄 발전소를 빠른 속도로 줄이고 있으므로 숫자만큼의 강한 영향은 없다고 생각된다.

정리하자면 화석연료에서 영국과 프랑스는 러시아 의존도가 낮고 독일과 이탈리아는 의존도가 높다.

▶ 도표 6-1 G7 각국의 일차에너지 자급률과 러시아 의존도

국가	일차에너지 자급률 (2020년)	러시아 의존도 (수입량 중 러시아산의 비율) (2020년) ※일본의 수치는 재무성 무역 통계 2021년 속보치		
		석유	천연가스	석탄
일본	11% (석유: 0% 가스: 3% 석탄 0%)	4% (점유율 5위)	9% (점유율 5위)	11% (점유율 3위)
미국	106% (석유: 103% 가스: 110% 석탄 115%)	1%	0%	0%
캐나다	179% (석유: 276% 가스: 13% 석탄 232%)	0%	0%	1.9%
영국	75% (석유: 101% 가스: 53% 석탄 20%)	11% (점유율 3위)	5% (점유율 4위)	36% (점유율 1위)
프랑스	55% (석유: 1% 가스: 0% 석탄 5%)	0%	27% (점유율 2위)	29% (점유율 2위)
독일	35% (석유: 3% 가스: 5% 석탄 54%)	34% (점유율 1위)	43% (점유율 1위)	48% (점유율 1위)
이탈리아	25% (석유: 13% 가스: 6% 석탄 0%)	11% (점유율 4위)	31% (점유율 1위)	56% (점유율 1위)

출처: World Energy Balances 2020 (자급률), BP 통계, EIA, Oil Information, Cedigaz 통계, Coal Information (의존도)

탈러시아 정책

2022년 3월, EU는 러시아의 우크라이나 침공에 대한 대응으로 자원 조달처를 미국, 카타르, 알제리 등의 산유국 및 가스 생산국으로 바꾸기 시작했다. 그리고 2022년 말까지 러시아산 화석연료 의존을 3분의 1로 낮추고 2027년 말까지 러시아 의존을 완전히 탈피할 것을 목표로 삼았다. 또한 재생가능에너지 확대와 에너지 절약을 추진하고, 천연가스 공동 구매와 비축도 병행하고 있다.

특히 독일은 노르트스트림2 가동 정지를 승인하고 첫 LNG 터미널을 건설하기로 했으며 천연가스도 비축하기 시작했다. 이는 4,150만 세대의 절반이 난방 연료를 러시아에 기대는 등 독일이 천연가스를 러시아에 상당히 의존하고 있기 때문이다. 겨울에는 천연가

러시아의 우크라이나 침공으로 인한 탈러시아 정책

● **EU**
 · 미국, 카타르, 알제리 등의 산유국 및 가스 생산국에서 자원을 조달한다.
 · 재생가능에너지 확대와 에너지 절약을 추진한다.
 · 천연가스를 공동 구매한다.
 · 천연가스를 비축한다.

● **독일**
 · 노르트스트림2의 정지를 승인한다.
 · 첫 LNG 터미널을 건설한다.
 · 천연가스를 비축한다.
 ※ 독일은 4,150만 세대의 절반이 난방 연료를 러시아에 의존하고 있으므로 겨울 기온이 떨어지면 수요가 높아진다.

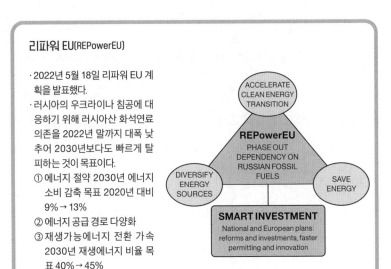

리파워 EU(REPowerEU)

· 2022년 5월 18일 리파워 EU 계획을 발표했다.
· 러시아의 우크라이나 침공에 대응하기 위해 러시아산 화석연료 의존을 2022년 말까지 대폭 낮추어 2030년보다도 빠르게 탈피하는 것이 목표이다.
① 에너지 절약 2030년 에너지 소비 감축 목표 2020년 대비 9% → 13%
② 에너지 공급 경로 다양화
③ 재생가능에너지 전환 가속 2030년 재생에너지 비율 목표 40% → 45%

ACCELERATE CLEAN ENERGY TRANSITION

REPowerEU
PHASE OUT DEPENDENCY ON RUSSIAN FOSSIL FUELS

DIVERSIFY ENERGY SOURCES

SAVE ENERGY

SMART INVESTMENT
National and European plans: reforms and investments, faster permitting and innovation

스 수요가 크게 증가하므로 겨울이 오기 전에 빠르게 대처하느라 혼란이 일기도 했다.

EU는 2022년 5월에 러시아 의존 탈피와 지구온난화 대책에 관한 '리파워 EU(REPowerEU)'라는 계획을 발표했다. 크게 3가지 방침으로, 첫 번째는 에너지 절약이다. 2030년 에너지 소비 감축 목표를 2020년 대비 9~13%로 높였다. 두 번째는 에너지 공급 다양화이다. 지금까지 파이프라인을 통한 천연가스 수입에 의존했다면 앞으로는 LNG 수입을 확대한다는 것이다. 세 번째는 재생가능에너지 전환 가속이다. 2030년 재생가능에너지 비율 목표를 40%로 정했는데 이를 45%로 높이겠다고 선언했다.

또한 EU는 2022년 5월에 러시아 석유 수입 금지를 결정했다. 헝

주요국의 러시아 석유 금수 조치

· 러시아 석유 수출량의 60%가 금수 조치 대상(2022년 5월 현재)이다.
  러시아 석유 수출량의 60%가 주요 7개국 및 지역(G7=독일 프랑스 이탈리아 영국 미국 일본 캐나다와 EU) 수출용이며 제재 대상이다.
· 2022년 5월 EU가 러시아 석유의 수입 금지를 결정했다.
  헝가리의 요청으로 파이프라인을 통한 수입은 예외로 하지만 독일과 폴란드는 수입을 정지할 방침(EU 수입량의 90%가 금지됨)이다.
· 미국과 캐나다는 3월에 이미 수입을 금지했으며 일본도 단계적 중단 예정이다.

러시아산 원유·석유 제품의 대상국별 수출량
(100만 톤)

	원유	석유 제품	합계	구성비
캐나다	0	0.2	0.2	0%
미국	3.7	22.3	26	7%
중남미	0.4	1.2	1.6	0%
유럽	138.2	57.5	195.7	53%
기타 CIS	14.8	1	15.8	4%
중동	0.1	2.9	3	1%
아프리카	0.1	3	3.1	1%
호주·오세아니아	0.7	-	0.7	0%
중국	83.4	3	86.4	24%
인도	2.6	1.3	3.9	1%
일본	5.1	1.1	6.2	2%
싱가포르	0.2	3.9	4.1	1%
기타 아태 지역	10.6	9.3	19.9	5%
합계	259.9	106.7	366.6	100%
세계 합계	2108.6	1095.2	3203.8	11.4%

(주) 2020년 수치(실적)
　　아태는 아시아태평양의 약칭
출처: World Energy Outlook 2021 (BP)

가리의 요청으로 파이프라인을 통한 수입은 예외로 두었지만, 독일과 폴란드는 파이프라인 수입도 정지했다. 그 결과 EU는 기존 러시아 석유 수입의 90%를 금지했고, 3월부터 수입을 금지한 미국과 캐나다를 포함한 G7 전체의 금수조치로 러시아 석유 수출량의 60%가 금수 대상이 되었다.

유럽의 LNG 터미널과 거래 가격

EU 중에서 독일을 제외하고 대부분 국가에서는 LNG 수입 인프라인 LNG 터미널을 갖추고 있다. 스페인이 두드러지게 많은 LNG 터미널을 가지고 있으며, 스페인만큼은 아니지만 프랑스, 네덜란드, 영국, 이탈리아 등의 나라도 LNG 터미널을 보유하고 있다. 그리고 앞으로 더욱 확대할 것으로 전망된다. LNG 터미널이 있으면 러시아 외의 중동이나 미국에서 수입이 가능해져 천연가스의 탈러시아에 큰 진전이 되기 때문이다.

유럽의 주요 LNG 터미널 신설 계획은 다음과 같다. 먼저 영국은 2025년까지 연간 380만 톤을 수입할 수 있는 LNG 터미널 건설을 계획하고 있다. 벨기에는 2024년까지 470만 톤, 스페인은 2027년까지 95만 톤, 폴란드는 2025년까지 370만 톤, 이탈리아는 294만 톤을 수입 가능한 LNG 터미널 건설을 계획하고 있다. 독일의 터미널 건설 계획이 다소 특수한데, 겨울까지 완성해야 하므로 건설 기간이 길어지면 곤란하기에 대형 선박을 이용한 형태인 부유식 LNG 터미널을 설치하고 있다. 이처럼 유럽에서는 우크라이나 침공을 계기로 LNG 터미널 건설 움직임이 매우 활발해졌다.

▶ 도표 6-2 유럽 LNG 터미널

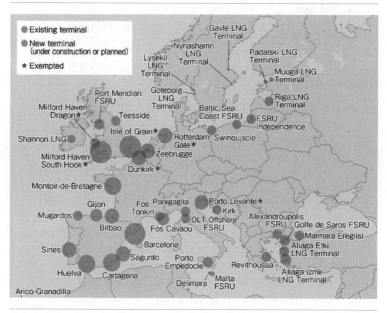

출처: https://oilgas-info.jogmec.go.jp/info_reports/1008604/1008718.html

LNG의 현물 계약과 장기 계약에 대해서도 알아볼 필요가 있다. 현물 계약은 1회성 거래로 성립되는 계약으로, 현물 계약의 가격을 현물 가격 또는 스폿 가격이라고 부른다. 현물 가격은 원래 대부분 석유 거래에서 쓰이는 용어였으나 근래에는 LNG 생산 증가와 함께 LNG 현물 시장도 형성되기 시작했다.

장기 계약은 주로 공급자와 대형 수요자 간, 예를 들어 카타르와 독일 등에서 체결된다. 사전에 가격 결정 방식을 정하고 현물 가격과의 연동 비율을 약화하여 가격 급변을 완화하려는 의도이다. 즉, 기

LNG 현물 계약과 장기 계약

● **현물(스폿) 계약**
주로 석유 거래에서 사용되는 1회성 거래에서 성립되는 계약으로 그 가격을 '현물 가격' 혹은 '스폿 가격'이라고 한다. LNG는 대부분 장기로 계약되지만 근래에 현물 시장도 형성되는 추세이다.

● **장기 계약(텀 가격)**
주로 공급자와 대형 수요자 간(예: 카타르와 독일의 LNG 계약)에 체결되는 장기 계약으로, 사전에 가격 결정 방식이 정해진다. 현물 가격과의 연동 비율을 약화하여 가격 변동 완화를 꾀한다. 공급자의 시장 지배력이 강한 자원은 가격이 경직적이기 쉽다.

● **특징**
· 일반적으로 장기 계약 가격은 안정적이지만 현물 가격은 그때그때의 상황에 따라 가격이 변동한다.
· 현물 가격은 수급 동향을 민감하게 반영하여 장기 계약 가격의 선행지표 역할을 하는 현물 가격의 저하가 장기 계약 가격의 저하를 불러일으키는 계기가 되기도 한다.
· 장기 계약은 가격 안정을 얻을 수 있으나 현물 가격이 낮아지면 구매자 입장에서는 바가지를 쓴 듯한 기분이 든다. 반면 세계정세가 혼란해지면 현물 가격이 급등하여 장기계약의 고마움을 알게 된다.

준을 100이라고 할 때 현물 가격이 갑자기 150으로 올라도 130에서 멈추거나 현물 가격이 갑자기 60으로 떨어져도 80 정도에서 거래하자는 방법으로 정점 시의 변동을 억제하는 특징이 있다. 공급자의 시장 지배력이 강한 석유나 LNG에서는 가격이 경직적이기 쉽기 때문이다.

이러한 장기 계약의 가격은 일반적으로 안정되어 있지만, 현물 가격은 그때그때 상황에 따라 변동하기도 한다. 따라서 현물 가격은 수급 동향을 민감하게 반영하여 장기 계약 가격의 선행지표로 작용한다. 구매자 입장에서 장기 계약은 안정된 가격으로 거래할 수 있는 대신 현물 가격이 내려가면 바가지를 쓴 기분이 들기도 한다. 반면 세계정세가 혼란해져 현물 가격이 급등해지면 장기 계약의 고마움을 느낄 수 있다.

석유 거래 시장은 금융 거래나 지표 거래 등 다양한 핀테크가 도입된 탓에 가격 변동이 극심해질 때가 있다고 지적받는데, LNG 거래에서도 조금씩 그런 움직임이 보여 이목을 끌고 있다.

유럽의 광역 전력망

2022년 3월 16일 우크라이나는 자국의 전력망과 러시아, 벨라루스 전력망과의 연결을 끊고 EU의 광역 전력망에 접속하여 안정적인 전력 공급 확보에 성공했다. 2014년 러시아에 크림반도를 침공당한 후 우크라이나는 EU가 주도하는 광역 전력망 참가 절차를 밟았고, 2017년부터 검증 작업을 거쳐 2021년 12월에는 기술적으로 가능해졌다. 이러한 광역 전력망 접속으로 우크라이나는 러시아 전력 의존을 탈피할 수 있었다.

우크라이나 침공 후의 전력·가스 시장 대책

우크라이나 침공이 벌어진 후 유럽이 세운 전력 가스 시장 대책은 다음과 같다. 2022년 5월 18일에 EU는 급등하는 에너지 가격에 대한 대응책을 발표했다. 이 대응책에는 3가지 방침이 담겼다.

> ### 우크라이나 침공 후의 유럽 전력·가스 시장 대책
>
> 2022년 5월 18일 EU는 에너지 가격 대응책을 발표했다.
>
> **1. 가스 시장 개입**
> EU의 가스 수요를 취합하여 국제 시장에서 보다 안정적인 수입처로부터 가스를 공급받을 수 있게 하는, 가맹국 간의 가스 수입 조정 제도 'EU 에너지 플랫폼'을 활용한다.
>
> **2. 전력 시장 개입**
> 이번 위기로 발생한 도매 전력 가격과 발전 비용의 큰 차액(횡재성 이익)을 소비자 보호에 활용하는 조치를 연장한다.
>
> **3. 협조 체제**
> 러시아산 천연가스 공급 정지 등의 긴급한 혼란이 발생했을 때 가스 안정 공급 규칙에 따라 가맹국 간에 가스를 융통한다.

첫 번째는 '가스 시장 개입'이다. 더 구체적으로 설명하면, 각 나라가 천연가스를 제각기 경쟁을 통해 구매하고 가격이 올라가는 것을 방지하기 위해 EU 단위로 가스 수요를 취합한다는 것이다. 여기에는 국제 시장에서 좀 더 안정적인 수입처로부터 가스를 공급받을 수 있도록 하는 가맹국 간의 가스 수입 조정 제도 'EU 에너지 플랫폼'을 활용한다.

두 번째는 '전력 시장 개입'이다. 이번 위기로 발생한 도매 전력 가격과 발전 비용의 차액, 즉 횡재성 이익에 개입하여 가격을 내리는 것이다.

세 번째는 '협조 체제'이다. 이는 러시아산 천연가스의 공급 정지 등 긴급한 혼란이 발생했을 때 EU의 가스 안정 공급 규칙에 따라

긴급 시 가맹국 간에 가스를 융통하는 규정이다.

국경을 넘나드는 전력 거래

유럽에서는 전력망이 국경을 너머로 연결되어 있어서 유럽 각국
은 발전 전력량의 약 10%를 다른 나라와 거래하고 있다. 날씨나 시간
대 등에 따라 수요는 변동하는데 한 나라 안에서 전부 대응하며 전
력을 생산하기보다는 다른 나라의 자원도 수입하여 효율적으로 활
용하는 것이다. 또한 각 나라에 에너지 안전보장의 역할도 수행한다.

도표 6-4는 주요국의 전력 수출률과 수입률을 나타낸 것으로 y

▶ 도표 6-3 유럽의 전력망

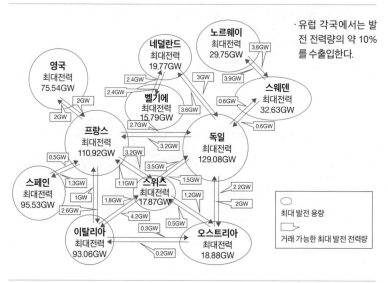

출처: 일본 자원에너지청

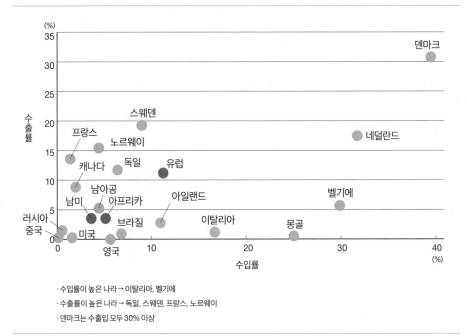

출처: 아시아국제송전망전망연구회 중간 보고서

축이 수출률이고 x축이 수입률이다. 먼저 오른쪽 위에 덴마크가 있
다. 덴마크는 수출입 모두 30%를 넘어 전력 무역이 굉장히 활발한
나라이다. 네덜란드도 오른쪽에 있으며 수입률이 30%를 넘고 수출
률도 20%에 가까운 전력 무역의 큰손이다. 독일도 수출률이 10%가
넘고 스웨덴은 20%, 노르웨이와 프랑스는 15% 정도이다. 이 네 나라
는 모두 전력 수출국이라고 볼 수 있다.

전력·가스 시장의 자유화

EU에서는 전력과 가스 시장이 자유화되었다.

1996년부터 EU는 3차례의 패키지로 정책을 추진했다. 먼저 1996년 제1차 에너지 패키지에서는 2003년까지 발전 부문의 소매시장을 32%까지 단계적으로 자유화하기로 했다. 그리고 2003년에 발표된 제2차 에너지 패키지에서는 2007년까지 소매시장의 전면 자유화를 결정했다. 2007년에는 제3차 에너지 패키지를 발표했다. 여기에서는 송전과 발전을 법인으로 분리하는 '언번들링(Un-Bundling)'을 결정하고 송전과 발전을 분리했다.

유럽 전력·가스 시장의 자유화

1. 1996년 EU 전력 지침(제1차 에너지 패키지): 가맹국은 2003년까지 다음의 내용을 시행하기로 결정했다.
   · 전력 부문을 자유화(허가제 또는 입찰제 도입)했다.
   · 소매시장을 단계적으로 32%까지 자유화했다.
   · 제3자에게 송배전 계통 이용 기회를 공평하게 부여했다.
   · 발전/송전/배전이 수직 통합된 전력회사와 운영적으로 독립된 송전계통 운용사업자를 설치(기능 분리)했다.

2. 2003년 EU 전력 지침 개정(제2차 에너지 패키지): 2007년 7월까지 소매시장을 전면 자유화화했다.

3. 2007년 9월 제3차 에너지 패키지(송전·발전 분리, 언번들링)를 발표했다.

4. 재생에너지의 전력 공급량이 급증한 결과 기존 발전원의 가동률이 저하되고 또한 도매 전력 가격 하락으로 2010년경부터 전력 마진이 축소되었다. 대형 전력 사업자의 채산성이 저조해지는 추세이다.

그러나 재생가능에너지에 의한 전력 공급량이 급증한 결과 전력 회사의 경영이 어려워지는 문제도 발생했다. 기존 설비의 가동률 저하와 도매 전력 가격 하락으로 2010년경부터 발전 마진이 축소되고 대형 전력 사업자의 채산성이 저조해지는 추세이다. 타국으로서도 이를 참고하여 재생가능에너지나 원자력발전 추진 시에 전력회사의 재무 기반에 주의해야 할 것이다.

EU의 탈탄소 추진

2022년 1월 EU는 지속가능한 경제 활동을 분류하는 제도인 'EU 택소노미(Taxonomy, 녹색분류체계)'에 원자력과 천연가스를 포함하는 방침을 발표했다. 이는 2021년 1월 글래스고 합의 이후 천연가스 의존도가 높은 독일과 원자력발전 의존도가 높은 프랑스의 정치적 합의의 산물이라고 평가된다.

도표 6-5는 2020년 기준 국가별 이산화탄소 배출량을 30위까지 정리한 것이다. 7위 독일, 17위 영국, 18위 이탈리아, 23위 프랑스, 27위 스페인인데 여기서 주목할 나라는 프랑스이다. 프랑스의 이산화탄소 배출량은 국가 경제 규모와 비교하면 현저히 적은 수준이다. 그 이유는 프랑스가 이산화탄소 배출량이 적은 원자력발전을 주로 이용하기 때문이다.

다음은 '유럽 그린딜'과 '핏포55(Fit for 55)' 정책이다. EU는 2019년에 지속가능한 EU 경제 실현을 위한 성장 전략 '유럽 그린딜'

▶ 도표 6-5 국가별 이산화탄소 배출량 순위 (2020년)

		백만 톤				백만 톤
1	중국	9,893.51	16	멕시코	359.68
2	미국	4,432.25	17	**영국**	317.15
3	인도	2,298.19	18	**이탈리아**	287.1
4	러시아	1,431.56	19	베트남	282.57
5	일본	1,026.85	20	폴란드	279.49
6	이란	649.64	21	태국	276.44
7	**독일**	604.84	22	대만	275.86
8	한국	577.78	23	**프랑스**	250.91
9	사우디아라비아	565.1	24	말레이시아	250.61
10	인도네시아	541.35	25	아랍에미리트	243.75
11	캐나다	515.14	26	카자흐스탄	238.08
12	남아프리카	434.1	27	**스페인**	220.24
13	브라질	415.2	28	싱가포르	210.98
14	호주	370.28	29	이집트	199.2
15	튀르키예	369.45	30	파키스탄	195.48

출처: BP 통계

을 발표했다. 첫 번째 주요 목표는 2050년까지 온실가스 배출 실질 제로, 즉 탄소중립을 달성하는 것이다. 두 번째는 경제 성장과 자원 이용의 디커플링(De-coupling), 즉 탈탄소화가 경제 성장을 저해하지 않는 것이다. 세 번째는 기후 중립 이행 시 어느 지역도 소외하지 않는 것이다. 그리고 2021년 7월에는 탄소배출 감축 입법안인 '핏포55'를 공표했는데, 2030년까지 온실가스를 1990년 대비 55% 감축한다

'유럽 그린딜'과 '핏포55(Fit for 55)'

· EU는 2019년에 〈지속가능한 EU 경제의 실현을 위한 성장 전략〉을 발표했다.

주요 목표
1. 2050년까지 온실가스(GHG) 배출 실질 제로(탄소중립)를 달성한다.
2. 경제 성장과 자원 이용의 디커플링(분리)화 한다.
3. 기후 중립 이행 시 누구도, 어떤 지역도 소외하지 않을 것이다.

· 2021년 7월
EU 집행위원회가 탄소 배출 감축 입법안 '핏포55'를 공표(2030년까지 온실가스를 1990년 대비 55% 감축)했다.

European Green Deal

는 내용이다.

마지막으로 EU의 배출권 거래제도(Emission Trading Scheme, ETS)를 설명해 보자. 2005년부터 시작하여 순차적으로 대상을 확대한 이 제도는 현재는 세계 최대의 탄소배출권 거래 제도이다. 전 EU 가맹국들과 아이슬란드, 리히텐슈타인, 노르웨이도 함께 참가하고 있다.

이 제도는 캡앤트레이드(cap&trade)라는 시스템을 이용한다. 기업에 배출 허용량(캡)을 설정하고 그 캡을 넘거나 혹은 캡에 못 미치는 양을 돈으로 환산하는 구조이다. 다시 말해 잉여 허용량이나 부족 허용량을 매매하는 제도인데 이 제도는 단순하게 배출량을 규제

> ### EU 배출권 거래제 (ETS: Emission Trading Scheme)
>
> - 세계 최대 탄소배출권 거래 제도이며 2005년부터 시작하여 순차적으로 대상을 확대했다.
> - 전 EU 가맹국 및 아이슬란드, 리히텐슈타인, 노르웨이에 적용했다.
> - 캡앤트레이드(cap and trade) 제도
>   기업에 배출 허용량(캡)을 설정하고 허용량(잉여 허용량 및 부족 허용량)을 거래(트레이드)하는 제도이다. 단순하게 배출량을 규제하지 않고 잉여 허용량을 매매할 수 있게 하여 배출량을 줄이려고 노력하는 기업에 이점을 부여했다.
> - EU 배출권, 즉 탄소 크레딧은 구입한 후 탄소 시장에서 거래가 가능하다. 배출되는 탄소 1톤 단위로 시장에서 가격이 결정되었다. 잉여 배출 허용량을 매각할 수 있게 되어 탄소 배출량을 감축할 인센티브로 작용한다.
> - 총 배출량이 감소하도록 시간이 지나면 허용량이 축소된다.

하는 것이 아니라 배출량을 더욱 줄여서 남은 배출권이 생긴 경우 팔아서 이익을 볼 수 있으므로 배출을 감축하려고 노력하는 기업에 이득이 된다.

EU의 탄소배출권인 탄소 크레딧은 구입 후에 탄소 시장에서 거래할 수 있는데 배출되는 탄소 1톤 단위로 시장에서 가격이 결정된다. 이는 자신의 잉여 배출 허용량을 매각할 수 있게 하여 탄소배출량을 삭감할 인센티브가 되는 것이다. 총 배출량이 줄어들도록 캡은 단계적으로 줄이고 있다.

유럽 전체를 내려다보는 시야

유럽은 재생가능에너지 도입에 적극적인 나라가 많고 이 장의 뒤에서 설명하는 바와 같이 독일, 스페인 등 태양광발전이나 풍력발전의 발전량이 비약적으로 증가한 개별 국가가 존재하므로 때때로 환경 선진국으로 인식된다. 물론 유럽의 탈탄소 노력은 참고할 만하지만, 전력과 에너지 공급이라는 시점에서는 조금 냉정하게 바라볼 필요가 있다.

전력 시장이 자유화되어 국경을 넘나드는 전력 무역이 확대된 유럽에서는 수급 상황에 따라 각국에서 발전된 전기를 거래한다. 예를 들어 독일에서 풍력발전으로 생산된 전기는 자국에서 전부 소비하지 못하고 수출하여 그만큼 국내 소비량이 줄어드는 반면, 국내 제조업 등에 안정적으로 전기를 공급하는 석탄화력발전의 전기는 항상 국내에서 소비되기 때문에 이산화탄소 배출량이 상당히 많아진다. 이것이 환경 선진국이라는 이미지와 다르게 이산화탄소 배출량이 유럽 최대이며(도표 6-5) 에너지 자급률도 35%에 그치는 현실로 연결된다.

주변국과 단절된 한국이나 일본 등의 국가와는 달리, 전력과 가스 네트워크가 연결되어 국경을 넘나드는 거래가 활발한 유럽의 에너지 정세를 살펴볼 때는, 다음에서 설명할 나라별 전략과 더불어 유럽 전체의 에너지 정세를 내려다보고 그 전략을 알아보는 것이 중요하다.

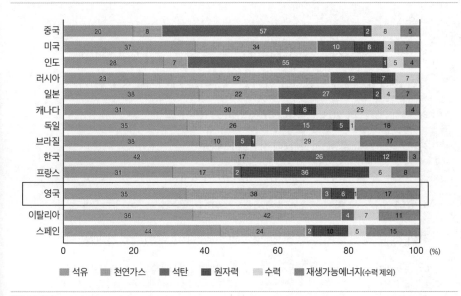

국가	석유	천연가스	석탄	원자력	수력	재생가능에너지(수력 제외)
중국	20	8	57	2	8	5
미국	37	34	10	8	3	7
인도	28	7	55	1	5	4
러시아	23	52	12	7	7	
일본	38	22	27	2	4	7
캐나다	31	30	4	6	25	4
독일	35	26	15	5	1	18
브라질	38	10	5	1	29	17
한국	42	17	26	12	3	
프랑스	31	17	2	36	6	8
영국	35	38	3	6	1	17
이탈리아	36	42	4	7	11	
스페인	44	24	2	10	5	15

출처: BP 통계

02 영국

지금부터는 유럽 각 나라의 에너지 전략을 살펴본다. 첫 번째 국가는 영국이다.

영국의 일차에너지 수출입

영국의 일차에너지 구성비는 석유 35%, 천연가스 38%로 이 두 가지가 큰 비중을 차지하고 있다. 재생가능에너지도 17%로 비율이 높은 편이다.

영국의 에너지 자급률과 러시아 의존도를 되짚어 보면 예전에는 자급률이 100%가 넘었지만 현재는 75%이다. 에너지별로 보면 가스의 53%, 석탄의 20%를 자급하고 있다. 러시아 의존도는 석유 8.5%, 천연가스 6.7%로 수치가 그다지 크지는 않다.

석유 수출입의 경우 2000년에 수출이 수입을 크게 상회하고 있었지만 2004년부터 2005년경에는 수입이 수출을 넘었다. 북해 유전의 석유 생산량이 감퇴하여 영국의 수출량이 줄어들었기 때문이다. 천연가스도 2000년에 수출이 수입을 상회했으나 2003년부터 2004년경에는 수입이 수출을 넘었다. 그 후 점점 더 차이가 확대되어 지금은 수입이 압도적으로 많다.

영국의 에너지 공급

이제 북해 유전에 대해 알아보자. 도표 6-7 지도의 북쪽에 있는 브렌트 유전과 파이퍼 유전 그리고 포티스 유전 등이 유명하다. 가까운 스코틀랜드에 있는 애버딘에서는 석유 산업이 발전했지만 북해 유전의 석유 생산 추이를 보면 영국의 생산량은 쇠퇴하고 있다. 같은 유전에서 생산 중인 노르웨이의 생산량이 더 많지만 비슷하게 감소하고 있으며 덴마크도 마찬가지다. 영국에서는 슈퍼메이저인 BP와 로열더치셸의 주도로 석유를 생산하고 있다.

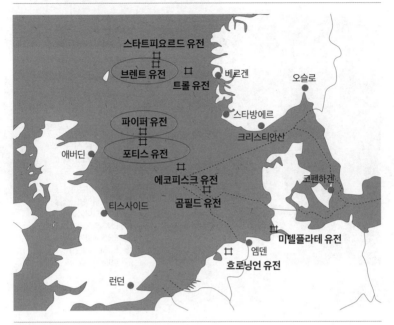

출처: 필자 작성

　잠시 벤치마크 원유에 대해 짚고 넘어가자. 벤치마크 원유는 원유 가격의 지표가 되는 원유로, 유럽 원유 가격의 기준은 위에서 등장한 브렌트 유전의 '브렌트유'이다. 런던 시장에서는 반드시 이 브렌트유가 사용된다. 한편 북미의 뉴욕 시장에서는 서부 텍사스산 원유인 WTI가 사용되는데, WTI는 한 유전의 이름이 아니라 서부 텍사스주와 뉴멕시코주에 걸친 몇 개의 유전을 통틀어 칭하는 말이다.

　브렌트유와 WTI는 세계 원유의 지표로 사용된다. 아시아 시장에서는 두바이유, 오만유가 기준이지만 이들은 현물 계약으로 가격

▶ **도표 6-8 영국의 LNG 터미널과 천연가스 파이프라인**

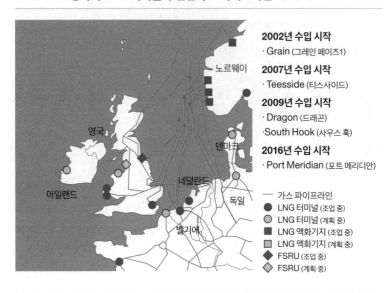

2002년 수입 시작
· Grain (그레인 페이즈1)
2007년 수입 시작
· Teesside (티스사이드)
2009년 수입 시작
· Dragon (드래곤)
· South Hook (사우스 훅)
2016년 수입 시작
· Port Meridian (포트 메리디안)

— 가스 파이프라인
● LNG 터미널 (조업 중)
○ LNG 터미널 (계획 중)
■ LNG 액화기지 (조업 중)
□ LNG 액화기지 (계획 중)
◆ FSRU (조업 중)
◇ FSRU (계획 중)

출처: JOGMEC

이 불안정하므로 지표로는 사용되지 않는다.

이제 영국의 LNG 터미널과 천연가스 파이프라인을 간략하게 살펴보자.

우선 LNG 터미널은 웨일즈에 드래곤 LNG 터미널(말레이시아의 페트로나스 참여)과 사우스훅 LNG 터미널(카타르 참여)이 있으며, 런던 동쪽의 그레인 섬에는 그레인 LNG 터미널이 있다.

그리고 도표 6-8에서 보여주는 것과 같이 많은 파이프라인이 유럽을 지나고 있으며 북해 유전에서부터 파이프라인이 뻗어 있다. 영국에는 노르웨이, 네덜란드, 벨기에로부터 오는 파이프라인이 있다.

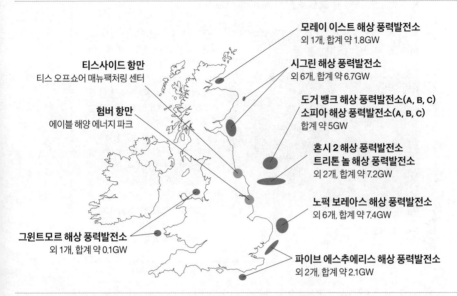

모레이 이스트 해상 풍력발전소
외 1개, 합계 약 1.8GW

티스사이드 항만
티스 오프쇼어 매뉴팩처링 센터

시그린 해상 풍력발전소
외 6개, 합계 약 6.7GW

험버 항만
에이블 해양 에너지 파크

도거 뱅크 해상 풍력발전소(A, B, C)
소피아 해상 풍력발전소(A, B, C)
합계 약 5GW

혼시 2 해상 풍력발전소
트리톤 놀 해상 풍력발전소
외 2개, 합계 약 7.2GW

노펵 보레아스 해상 풍력발전소
외 6개, 합계 약 7.4GW

그윈트모르 해상 풍력발전소
외 1개, 합계 약 0.1GW

파이브 에스추에리스 해상 풍력발전소
외 2개, 합계 약 2.1GW

출처: https://www.jetro.go.jp/biz/areareports/special/2021/0401/aadaa8339e8db539.html

재생가능에너지 중에서는 원자력발전의 비율이 높지만 2020년에는 풍력이 원자력을 제쳤다. 또한 최근에는 바이오 연료 사용이 늘었다.

영국의 풍력발전을 살펴보자. 도표 6-9에서 짙은 음영 부분이 해상 풍력인데 영국에도 해상 풍력발전소가 많이 있다. 그리고 옅은 음영으로 표시된 육상 풍력은 항만에 존재한다. 이들 풍력발전소 덕분에 영국의 풍력발전 비율은 급속도로 확대되고 있다.

또한 노르웨이와는 노스씨링크(North Sea Link: NSL)라는 해저 송전선으로 연결되어 있는데, 잉글랜드 북부 블라이스와 노르웨이 남서부의 크빌달을 연결하는 해저 전력 케이블이다. 전체 길이는 세계

노르웨이와 영국 간 해저 송전선 (North Sea Link)

· 잉글랜드 북부 블라이스와 노르웨이 남서부 크빌달을 잇는 해저 전력 케이블로 전체 길이는 세계 최장인 약 720km이다.
· 영국은 풍력발전량이 많아 전력 수요가 낮을 때는 노르웨이로 수출한다.
· 영국의 전력 수요가 높고 풍력발전량이 적을 때는 노르웨이에서 수력발전으로 만든 전기를 수입한다.
· 양국 간의 재생가능에너지 거래가 가능해진다.
· 영국의 화석연료 사용을 줄여 2030년까지 이산화탄소 배출을 2,300만 톤 감축할 계획이다.

출처: 히타치 그룹

최장인 약 720km다. 영국은 풍력발전량이 많아서 전력 수요가 낮을 때는 노르웨이로 수출한다. 반대로 영국의 전력 수요가 높고 풍력발전량이 적을 때는 노르웨이에서 수력발전으로 만든 전기를 수입하는 상부상조 관계이다.

양국 간의 재생가능에너지 거래 덕에 영국은 화석연료 사용을 줄일 수 있게 되었고, 2030년까지 이산화탄소 배출을 2,300만 톤 감축할 예정이다. 이를 가능하게 하는 것이 노르웨이와의 해저 송전선이다.

영국의 지구온난화 대책

2020년 10월 존슨 총리는 11월에 글래스고에서 열릴 COP26(유엔기후변화협약 당사국총회) 주최국으로서 회의에 앞서 지구온난화 대책을 발표했다. 2035년까지 영국의 전력을 모두 풍력발전 등 그린에너지로 충당하고 2030년까지 휘발유차와 경유차의 신차 판매를 금지하고 철도 전력화로 배출을 감축하겠다는 목표를 담은 내용이었다. 다시 말해 영국은 재생가능에너지 전환을 통해 해외 에너지 의존을 줄이고, 자국의 청정 전력 비율을 높이며, 비용도 절감한다는 '3E' 동시 달성을 노린 지구온난화 대책을 내놓은 것이다(도표 1-3(65p) 참조).

또한 러시아의 우크라이나 침공으로 인해 세계적으로 에너지 가격이 상승하고 탈러시아가 중요한 과제로 부상했다. 이에 따라 영국 정부는 2022년 4월 6일에 새로운 에너지 안전보장 전략을 발표했다. 이 전략에서는 재생가능에너지와 관련하여, 해상 풍력 목표 용량을

2030년까지 최대 50GW, 그중 부유식은 최대 5GW로 상향했다. 이에 더해 2035년까지 태양광발전량을 현재의 14GW의 5배인 최대 70GW까지 확대하겠다고 발표했다.

석유와 가스에 관한 방침으로는 2022년 가을 북해에 석유 및 가스 신규 프로젝트를 위해 새로운 라이선스를 부여할 계획이다. 북해 유전의 석유와 가스 모두 생산량이 급격히 줄고 있으므로 이를 보충하기 위해 새롭게 시추한다는 것이다. 그러면서 러시아 석유와 석탄 수입은 2022년 말까지, 러시아 액화천연가스(LNG) 수입은 되도록 빠르게 정지한다고도 밝혔다.

원자력의 경우 2030년까지 원자로 8기를 건설하고 2050년까지 원자력발전 비율을 25%로 높이기로 했으며, 기존의 원자력발전소 6개 중 5개가 향후 10년 이내에 정지될 예정이다. 그러한 현실도 고려하여 2030년까지 신규 원자로를 최대 8기 건설하고 2050년까지

새로운 〈에너지 안전보장 전략(British Energy Security Strategy)〉

· 영국 정부는 2022년 4월 7일, 러시아의 우크라이나 침공으로 인한 세계적인 에너지 가격 급등에 대처하기 위해 새로운 〈에너지 안전보장 전략〉을 발표했다.
· 재생가능에너지 중 해상 풍력 목표 용량을 2030년까지 최대 50GW(그중 부유식 최대 5GW)로 상향한다.
· 태양광발전은 2035년까지 현재의 14GW의 5배인 최대 70GW로 확대한다.
· 또한 2022년 가을에 북해 석유 및 가스 신규 프로젝트를 위한 새로운 라이선스를 부여할 것을 계획 중이며 러시아 석유와 석탄은 2022년 말까지, 액화천연가스(LNG)는 그 후 되도록 빠르게 수입을 정지할 예정이다.

현재의 3배를 넘는 최대 24GW 출력을 가능하게 하여 전력 수요의 약 4분의 1을 충당한다는 계획이다. 또한 타국과 협력하여 소형 모듈 원자로(SMR) 등 선진적인 원자력 기술 개발에 속도를 내겠다고도 선언했다.

정리하자면, 영국의 에너지 공급 구성은 현재 천연가스와 석유의 비율이 높지만 앞으로 바이오와 풍력, 태양광으로 전환하고 원자력도 늘려 화석연료 의존을 낮출 예정이다.

03 프랑스

프랑스의 일차에너지

프랑스의 일차에너지 구성을 보면 원자력이 가장 큰 36%를 차지하고 있다. 그리고 석유 31%, 천연가스 17%이다.

프랑스의 일차에너지 자급률은 55%이다. 그중 러시아 의존도는 석유 8.8%, 천연가스 16.8%, 석탄 24%인데, 석탄은 환경 문제로 미래에는 사용하지 않게 될 것이므로 큰 영향은 없다. 천연가스의 러시아 의존도가 조금 거슬리는 정도이다.

도표 6-10은 프랑스의 발전원별 전력량 추이로 원자력발전의 비

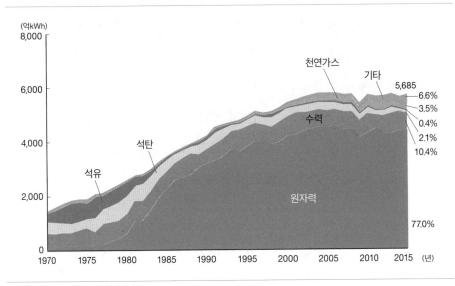

출처: 원자력환경정비촉진·자금관리센터

율이 매우 높다는 것을 한눈에 알 수 있다. 1970년경부터 시작된 원자력발전은 2000년에는 현재의 수준에 도달했다. 그 뒤를 수력발전이 따르고 있다. 석탄과 석유는 거의 없어졌으며 천연가스도 3.5%로 그다지 많지 않다. 이처럼 프랑스는 이산화탄소를 배출하지 않는 원자력과 수력이 중심이다.

재생가능에너지 중에서는 수력과 풍력에 더해 태양광이 조금씩 늘어나고 있으며, 재생가능에너지에 원자력이 포함되는 EU 기준으로 보면 프랑스는 재생가능에너지 확대가 상당한 수준으로 실현된 국가라고 할 수 있다.

▶ 도표 6-11 프랑스의 원자력발전소 및 기타 원자력 관련 시설 소재지

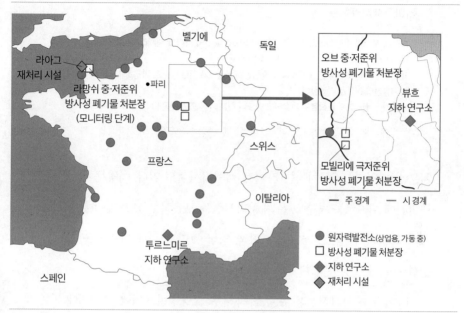

벨기에
독일
라아그
재처리 시설
라망쉬 중·저준위
방사성 폐기물 처분장
(모니터링 단계)
●파리
프랑스
스위스
이탈리아
투르느미르
지하 연구소
스페인

오브 중·저준위
방사성 폐기물 처분장
뷰흐
지하 연구소
모빌리에 극저준위
방사성 폐기물 처분장

— 주 경계   — 시 경계

● 원자력발전소(상업용, 가동 중)
□ 방사성 폐기물 처분장
◆ 지하 연구소
◆ 재처리 시설

출처: 원자력환경정비촉진·자금관리센터

프랑스의 원자력발전

프랑스의 원자력발전소는 58기의 모든 원자로를 프랑스전력공사(EDF)가 운영하고 있다. 90만 kW, 130만 kW 원자로가 프랑스 거의 전역에 있어 전력을 국내에 공급하고도 남아 수출도 하고 있다.

도표 6-11에 하얀 네모로 표시된 장소는 방사성 폐기물 처분장이다. 오른쪽의 확대한 그림을 보면 파리 오른쪽 아래에 오브 중·저준위 방사성 폐기물 처분장이 있다. 또한 왼쪽 위에 현재는 운영 종료 후 모니터링 단계이긴 하지만, 라망쉬 중·저준위 방사성 폐기물

처분장이 있다. 그 근처에는 라아그 재처리시설도 있다. 이렇듯 원자력발전에 뒤따르는 처분 혹은 재처리시설을 보유하고 있는 것이 프랑스의 특징이다. 참고로 캐나다, 미국, 영국 그리고 근래 탈원전을 결정한 독일에도 방사성 폐기물 처분장이 있다.

라아그 재처리시설은 프랑스 북서부 코탕탱반도의 끄트머리에 있으며 UP2, UP3이라 불리는 공장에서 재처리하고 있다. 재처리 단계에서 회수한 플루토늄을 혼합산화물(MOX) 연료 등으로 가공하여 다시 원자력발전의 연료로 이용한다. 라아그 재처리시설의 운영사는 원래 아레바라는 국영에너지기업이었는데 현재는 오라노라는 이름으로 바뀌었다. 오라노는 세계 최대 원자력 산업 회사이며, 프랑스 정부가 원자력 정책을 전환하여 탄생한 주식회사이다.

참고로 프랑스에는 EDF와 오라노 외에도 세계적인 에너지 회사가 존재한다. 바로 슈퍼메이저 6개사 중 하나인 토탈에너지스로 세계 42개국 이상에서 원유와 천연가스를 채굴하고 세계 30개국의 공장에서 원유를 정제하고 있다. 또한 50개국에 생산 거점을, 150개국

이상에 판매 거점을 가지고 있다.

프랑스의 원자력발전에도 러시아는 영향을 미친다. 왜냐하면 프랑스의 원자력발전이 러시아의 뒷마당이라고 할 수 있는 중앙아시아의 안정을 전제로 하기 때문이다.

2020년에 프랑스는 원전의 연료인 우라늄의 28.9%를 카자흐스탄에서, 26.4%를 우즈베키스탄에서 수입했다. 나머지를 니제르와 호주에서 수입하기는 하지만 우라늄의 반 이상을 중앙아시아에서 조달하고 있다는 뜻이다. 중앙아시아의 안정은 러시아에 좌우되는 측면이 있으므로 프랑스도 러시아와의 관계가 꼬이는 것은 원하지 않는다. 그러나 2022년 3월, 프랑스의 장 카스텍스 총리는 우크라이나 정세가 프랑스 경제에 미치는 영향을 완화하고 에너지 및 원재료의 러시아 의존을 탈피하기 위한 〈경제 회복 탄력성 계획〉을 발표했다.

러시아와 프랑스의 관계

· 프랑스의 원자력발전은 러시아의 뒷마당이라고 할 수 있는 중앙아시아의 안정을 전제로 한다.
· 2020년 프랑스는 원전 연료인 우라늄의 28.9%를 카자흐스탄에서, 26.4%를 우즈베키스탄에서 수입했다. 나머지는 니제르(34.7%)와 호주(9.9%)로, 우라늄의 절반을 중앙아시아에서 조달했다.
· 중앙아시아의 안정이 러시아에 좌우되는 측면이 있으므로 프랑스도 러시아와의 관계 악화는 원하지 않는다.
· 2022년 3월 16일, 프랑스의 장 카스텍스 총리는 우크라이나 정세가 프랑스 경제에 미치는 영향을 완화하고 에너지 및 원재료의 러시아 의존을 탈피하기 위한 〈경제 회복 탄력성 계획〉을 발표했다.

프랑스의 지구온난화 대책

프랑스는 지구온난화 대응을 위해 2019년에 〈에너지 기후법〉을 제정하여 2050년 탄소중립 달성을 목표로 삼았다. 이 목표를 달성하기 위해 2030년까지 화석연료 소비량을 2012년 대비 40% 감축하고, 2022년까지 석탄화력발전소를 정지하며 청정 수소 프로젝트를 추진하는 등 재생가능에너지 개발을 가속한다는 내용이 담겨 있다. 또한 2020년에 〈국가 저탄소 전략〉을 개정하여 2030년까지 온실가스 배출량을 1990년 대비 40% 감축하는 중간 목표를 설정했다.

프랑스 마크롱 대통령은 글래스고 회의가 열린 2021년 11월에 기후변화 대책으로써 재생가능에너지 확대와 국내 원전건설 재개를 제시했다. 또한 2022년 2월 10일에는 2050년까지 원자로 6기를 건설하겠다고 발표했다. 30년 이내에 화석연료 의존에서 탈피하는 세계 최초 주요국이 되어 기후변화 대책의 모범국으로 자리매김하는 동시에 에너지와 산업의 독립성을 강화하겠다는 구상이다. 여기에 맞추어 프랑스의 EDF(국영전력회사)는 저속 증기 터빈 제조 사업의 일부 매수와 관련해 미국의 GE와 합의를 맺었다고 발표했다. 이처럼 원자력발전소 건설을 확대하며 원자력발전의 비율만 늘리는 것이 아니라 원자력발전의 밑바탕이 되는 산업도 진흥시키려 하고 있다.

마크롱 대통령이 발표한 원자로 건설 및 개발 관련 계획 중 첫 번째는 EPR 2(유럽형 가압 경수로)를 6기 건설하는 것이다. 더 나아가 8기 추가 건설도 검토하고 있다. 또한 SMR(소형 원자로) 개발도 2030년까

프랑스의 지구온난화 대책

● **2019년 〈에너지 기후법〉**
　· 2050년까지 탄소중립 달성을 목표로 한다.
　· 2030년까지 화석연료 소비량을 2012년 대비 40% 감축한다.
　· 2022년까지 석탄화력발전을 정지한다.
　· 청정 수소 프로젝트 추진 등 재생가능에너지 개발을 가속한다.

● **2020년 〈국가 저탄소 전략〉 개정(구체적 로드맵)**
　· 2030년까지 온실가스 배출량을 1990년 대비 40% 감축한다는 중간 목표를 설정
　　했다.

출처: 일본무역진흥기구(제트로)

원전 중심의 기후변화 대책

● 2021년 11월 9일 마크롱 대통령 (대국민 TV 연설)
　기후변화에 대응책으로 재생가능에너지 확대와 국내 원전 신설 재개를 표명했다.

● 2022년 2월 10일
　· 마크롱 대통령은 2050년까지 원자로 6기 건설을 발표했다. 그는 "30년 내로 화석연료
　　의존에서 탈피하는 세계 최초의 주요국이 되어, 기후변화 대책의 모범을 보이면서 에
　　너지와 산업의 독립성을 강화한다"라고 말했다.
　· 프랑스전력공사(EDF)는 미국 제너럴 일렉트릭(GE)의 저속 증기 터빈 제조사업 일부
　　를 매수하기로 합의했다고 발표했다.

● 2022년 7월 6일
　· 프랑스 정부는 에너지 안전보장의 확립을 위하여 프랑스전력공사(EDF)를 다시 완전
　　국유화할 의향을 표시했다.

● 원자로 건설·개발 계획(2022년 시점)
● EPR 2(유럽형 가압 경수로) 6기 건설에 착수
　(1호기 → 2028년에 착공, 2035년 가동 개시 예정)
● EPR 2→8기 추가 신설도 검토
● SMR(소형 모듈 원자로) → 2030년까지 10억 유로를 들여 개발 촉진

출처: 일본무역진흥기구(제트로)

지 10억 유로를 들여 추진하기로 했다.

프랑스는 기후변화에 대응할 비장의 무기로 원자력발전을 선택했고, 그 원자력발전의 밑바탕이 되는 산업을 진흥시켜 국내 산업 발전도 꾀하고 있다. 프랑스의 에너지 전략을 '3E' 관점에서 한 문장으로 요약하면 탈러시아, 자국 산업 발전, 자국의 에너지 비용 절감을 고려하면서 원자력을 지구온난화 대책의 핵심으로 채택했다고 볼 수 있다(도표 1-3(65p) 참조).

04 이탈리아

이탈리아의 러시아 의존도와 자급률

다음은 이탈리아이다. 이탈리아의 일차에너지 구성비는 천연가스 42%, 석유 36%로 이 두 가지가 높은 비율을 차지한다. 재생가능에너지 비율은 18%이지만 원자력이 0%인 점이 특징적이다. 자급률은 2001년에는 20%를 밑돌았지만 2012년 21%를 넘고 2020년에는 25%가 되었다. 2020년 기준으로 수입 중 러시아 비율은 석유 11.1%, 천연가스 43.3%로 러시아 의존도가 높다. 러시아의 관점에서는 천연가스 수출 상대국 중 이탈리아가 12%로 독일에 이어 2위지만 그다지 높은 비율은 아니다.

재생가능에너지 중에서는 수력 비율이 매우 높다. 다만 2010년 이후로는 태양광, 바이오매스, 풍력이 늘어나고 있다.

큰 충격을 준 동일본대지진

이탈리아의 원자력발전 정책에는 동일본대지진으로 인한 후쿠시마 제1원전사고가 큰 영향을 주었다. 이탈리아는 원래 1960년대에는 원전을 3기 보유하고 있었다. 그리고 1973년의 석유 파동을 계기로 원전을 확충하려고 했으나 체르노빌 사고 다음해인 1987년 국민투표의 결과에 따라 원자력발전은 추진하지 않기로 했다. 이후 가동 중이거나 건설 중인 원전은 하나도 없다.

2008년에 탄생한 3차 베를루스코니 내각은 전력의 안정적 공급

원자력 폐지

- 빈약한 에너지 자원 때문에 이탈리아 정부는 에너지 안정 공급을 위해 일찍부터 원자력 개발에 착수했다.
- 1960년대 중반에는 원자력발전소를 3기 가동했다.
- 1973년 제1차 석유 파동을 맞아 원자력 개발 계획을 가속했다.
- 체르노빌 사고 이듬해인 1987년에 치러진 국민투표에서는 원자력발전소 등 대규모 발전원의 부지 선정을 촉진하는 법률이 부결되었다.
- 이후 이탈리아에는 가동 혹은 건설 중인 원자력발전소가 전무하다.
- 2008년에 발족한 3차 베를루스코니 내각은 전력 안정 공급과 전력 가격 하락을 목적으로 원자력 개발을 재개하기 위한 법률을 제정했다.
- 후쿠시마 제1원자력발전소 사고가 발생하여 국민 투표에서 94%가 원자력 재개에 반대했고 정부는 원자력을 제외한 새로운 국가 에너지 전략안을 책정했다.

과 경제성을 확보하기 위하여 원자력발전을 재개하는 법률을 제정했다. 그러나 2011년에 후쿠시마 제1원자력발전소 사고가 발생하자 다시 국민투표가 치러졌고, 국민의 94%가 원전 재개에 반대표를 던졌기 때문에 이탈리아는 원전을 배제한 새로운 국가 에너지 전략을 책정하게 되었다.

탈러시아를 향하여

이탈리아는 우크라이나 침공에 대응하여 적극적인 탈러시아 움직임을 보였다. 이탈리아 정부는 2022년 5월부터 학교와 공공시설의 실내 온도를 25도 미만으로 설정하는 것을 금지하며 천연가스의 탈러시아로 한 걸음을 내디뎠다.

이탈리아는 다행히 튀니지와 알제리 등 아프리카로도 파이프라인이 이어져 있으므로 독일 등과 비교하면 천연가스 수입에 지리적인 우위성이 있다. 그러나 가스 생산국과 교섭을 거쳐야 하므로 갑자기 전환하기는 어려웠고, 따라서 대체 수단이 마련될 때까지 국민에게 절약을 요청할 필요가 있었다. 당시 드라기 총리는 "평화를 원하는가, 에어컨을 원하는가?"라는 매우 인상적인 메시지를 날렸다. 이탈리아 에너지 전략의 변화를 단적으로 보여주는 발언이다.

천연가스 수입의 40%를 러시아에 의존하고 있는 이탈리아는 이와 동시에 가스 공급 다각화를 위해 아프리카 국가들과 교섭에 들어갔다. 석유·가스 대기업인 이탈리아 국영석유회사 ENI는 2022년

평화인가 에어컨인가?
(이탈리아 드라기 총리)

· 2022년 5월부터 학교와 공공시설의 실내 온도 25도 미만 설정을 금지했다.
· 러시아 천연가스 의존도는 약 45%이다.
· 알제리 등 아프리카산 수입을 검토했다.
· 대체 수단이 마련될 때까지 국민에게 절약을 요청했다.

· "평화를 원하는가, 에어컨을 원하는가?"

탈러시아

· 천연가스 수입의 약 40%를 러시아에 의존하는 이탈리아는 우크라이나 정세가 긴박해
진 후 가스 공급원의 다각화를 위해 아프리카 국가들과 교섭에 돌입했다.
· 이탈리아의 석유·가스 대기업 ENI는 2022년 4월, 알제리의 소나트락과 계약을 맺고, 같
은 해 가을부터 지중해 횡단 파이프라인을 통한 수입량을 늘려 2023~2024년까지 연
간 90억㎥의 가스를 확보했다.
· ENI는 2022년 4월 13일에 이집트 서부 사막의 멜레이하 광구에서 새로운 석유와 가스
를 발견했다고 보고했으며, 같은 날 이집트가스공사(EGAS)와 가스 생산·수출 최대화에
합의했다. 이집트산 가스의 유럽(특히 이탈리아) 수출 촉진이 목적이다.

4월에 알제리 소나트락과 계약을 맺고, 같은 해 가을부터 지중해 횡
단 파이프라인을 통한 수입량을 늘려 2023년부터 2024년까지 연간
90억m^3의 가스를 확보할 예정이다. 또한 ENI는 2022년에 이집트 서
부 사막의 멜레이하(Meleiha) 광구에서 새로운 석유와 가스를 발견
하여 이를 유럽, 특히 이탈리아로 수출을 촉진하기 위해 이집트가스
공사(EGAS)와 가스를 생산·수출 극대화에 합의했다.

아프리카, 코카서스와의 천연가스 파이프라인 확충

이탈리아는 천연가스 파이프라인망이 잘 갖추어져 있다. 튀니지, 리비아, 알제리 등의 아프리카 국가들 그리고 아제르바이잔과 파이프라인이 연결되어 있어 장차 수송량이 비약적으로 증가할 것으로 기대된다. 이 파이프라인들을 하나씩 소개해 보자.

첫 번째는 지중해 횡단 파이프라인이다. 이 파이프라인은 알제리에서 튀니지까지 연결된 트랜스 사하라 파이프라인을 연장한 것으로, 시칠리아섬을 경유하여 이탈리아까지 이어진다. 두 번째는 갈시(GALSI) 파이프라인이다. 튀니지와 알제리의 국경에서 사르데냐섬을 경유하여 이탈리아 본토로 이어진다. 세 번째는 그린스트림 파이프

▶ 도표 6-12 스페인, 이탈리아와 북아프리카의 파이프라인

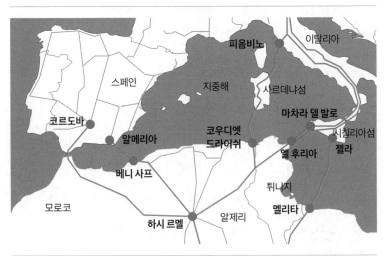

출처: 필자 작성

288

라인이다. 리비아의 멜리타에서 이탈리아 시칠리아섬의 젤라까지 연결되어 있다. 네 번째는 아드리아해 횡단 파이프라인이다. 아제르바이잔에서 그리스를 통과하여 알바니아와 아드리아해를 지나 이탈리아까지 이어진다.

이처럼 이탈리아에는 큰 가스전을 보유한 아프리카와 아제르바이잔으로부터 여러 파이프라인이 연결되어 있어 러시아 외에도 천연가스 수입처가 있다는 것이 독일과 다른 점이다. 실제로 러시아 천연가스 수입이 줄고 알제리와 아제르바이잔의 천연가스 수입이 늘고 있다.

이탈리아의 지구온난화 대책

이탈리아는 지구온난화 대책의 일환으로 2017년 11월에 〈국가 에너지 전략(SEN 2017)〉을 발표하고 2020년 1월에는 〈국가 에너지·기후변화통합계획(PNIEC)〉을 책정했다. 이 계획은 유럽 집행위원회

지구온난화 대책

· 이탈리아도 EU 방침에 준하도록 국내 정책을 추진 중이다.
· 2017년 11월에 탈탄소화 정책을 담은 〈국가 에너지 전략(SEN 2017)〉을 발표했다.
· 2020년 1월에는 〈국가 에너지·기후변화통합계획(PNIEC)〉을 책정했다.
  유럽 집행위원회가 2016년에 발표한 〈모든 유럽 시민을 위한 청정에너지 패키지〉와 2019년에 발표한 〈유럽 그린딜〉의 내용을 반영한 계획으로, 2050년 목표 달성 전의 중간 지점인 2030년까지의 에너지 분야 방침을 명기했다.

가 2016년에 발표한 〈모든 유럽 시민을 위한 청정에너지 패키지〉와 2019년에 발표한 〈유럽 그린딜〉의 내용을 반영한 계획으로, 2050년 목표 달성 전의 중간 지점인 2030년까지의 에너지 분야 방침을 밝히고 있다.

향후 이탈리아의 에너지 전략은 탈러시아 실현을 위한 천연가스 확보와 더불어, 지구온난화 대책과 탈러시아의 일석이조 효과를 낼 수 있는 재생가능에너지 비율 증대를 어떻게 이루어낼 것인가가 중요해질 것이다.

05 스페인

스페인의 일차에너지

스페인의 일차에너지 구성비의 특징은 석유가 44%로 매우 높은 비율을 차지하고 있다는 점이다. 그 외 천연가스 24%, 재생가능에너지 20%, 원자력 10%이다. 자급률은 2001년에 27%였지만 2008년에 21%로 떨어졌다. 그 후 회복하여 2014년에 30%를 넘었다가 2019년에는 28%가 되었다. 2001년부터 대략 20%대에서 움직이고 있다. 2020년 수입량 중 러시아산 비율은 석유 1.8%, 천연가스

날씨에 영향받는 재생에너지

· 2021년 여름 유럽의 약한 바람으로 각 나라의 풍력발전이 일제히 저조해지고 풍력발전 의존도가 높은 스페인에 큰 영향을 주었다.
· 전력 도매가격은 현물 계약으로 1메가와트당 평균 185.3유로(약 25만 원)로 1년간 4배 가까이 상승했다. 발전량이 날씨에 좌우되기 쉬운 재생에너지에 과도하게 의존하면 심각한 전력 부족에 빠질 위험이 있다.

10.4%로 러시아 의존도는 낮은 편이다.

재생가능에너지의 구성을 보면 1990년부터 2020년까지 원자력과 수력이 비교적 높은 비율을 차지했다. 특징적인 것은 2000년 이후 풍력 비율이 커져 2020년에는 원자력과 비슷한 비율인 약 33%에 이르렀다는 점이다.

스페인의 재생가능에너지가 안고 있는 리스크를 함께 살펴볼 필요가 있다. 2021년 여름, 유럽의 바람이 약해 각 나라의 풍력발전이 일제히 저조해졌는데 그중에서도 풍력발전 의존도가 높은 스페인은 큰 영향을 받았다. 전력 도매가격은 현물 계약으로 형성되는데, 1메가와트당 평균 185.3유로(약 25만 원)로 1년간 4배 가까이 올랐다. 이러한 사례는 발전량이 날씨에 좌우되기 쉬운 재생가능에너지에 과도하게 의존하면 심각한 전력 부족에 빠질 리스크가 있다는 전형적인 선례가 되었다.

또한 스페인은 화석연료 자원이 거의 없어 석유와 천연가스 등은 수입에 의존한다. 1970년대 석유 파동을 계기로 원자력발전, 에너지 절약, 국내 탄광개발을 추진했다. 그러나 1979년 미국의 스리마일 섬 사고, 1986년 우크라이나 체르노빌 사고의 영향으로 원자력 신규 개발은 정지되었다. 다만 현 정부는 기존에 건설한 원자력발전소는 계속 가동할 방침을 표명하고 있어 앞으로도 일정 수준을 유지할 것으로 예상된다.

정부는 지구온난화 대책과 에너지 안전보장을 위해 석유와 국내산 석탄에서 가스로의 연료 전환 및 재생가능에너지 개발을 추진하고 있다. 그러나 전력회사는 거액의 적자를 불러일으킨 원인으로 정부가 설정한 규제 요금을 지목하고 있다. 또한 태양광과 태양열 버블을 불러일으킨 잘못된 재생에너지 도입 정책의 책임이 정부에 있다면서 이것이 국가 경쟁력을 잃게 했다고 비판했다. 이처럼 스페인에는 정부와 전력회사의 관계 악화라는 문제가 존재한다.

천연가스와 LNG 공급

스페인의 천연가스 파이프라인과 LNG 터미널 현황은 다음과 같다. 우선 천연가스 파이프라인으로는 나이지리아에서 알제리까지 연결된 사하라 횡단 파이프라인이 연장된 두 개의 파이프라인이 있다.

첫 번째는 마그레브 유럽 파이프라인으로, 사하라 횡단 파이프라인을 연장한 파이프라인이 모로코를 경유해 스페인으로 이어진

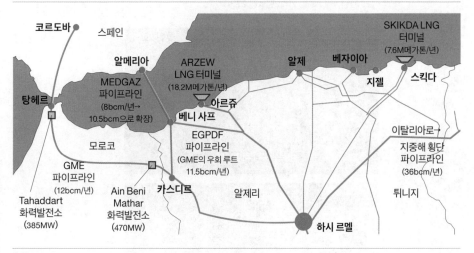

출처: JOGMEC

다. 두 번째인 메드가즈 파이프라인은 알제리의 베니 사프항을 경유하여 스페인까지 연결되어 있다.

파이프라인망 덕분에 스페인 천연가스 수입의 40% 이상이 나이지리아산이며 러시아 의존도는 제한적이다. 그러나 2021년 11월 1일에 모로코와의 관계 악화를 이유로 알제리가 마그레브 유럽 가스 파이프라인을 통한 스페인으로의 천연가스 수출을 정지했다. 그 후 양국 관계는 더욱 악화하여 공급이 재개될 기미가 보이지 않는다.

참고로 알제리는 아프리카 최대이자 세계에서 손꼽히는 천연가스 생산국 및 수출국으로, 생산된 가스 대부분이 파이프라인을 통하거나 액화된 LNG 형태로 유럽으로 수출된다. 프랑스로 직결되고

(2021년 1월 27일, 2022년 1월 27일)

출처: JOGMEC

그 후 독일로 이어지는 파이프라인도 구상 중이다.

다음으로 LNG 터미널을 살펴보자. 스페인 국내에는 유럽 전체 3분의 1에 해당하는 6개의 LNG 터미널이 있다. 2022년 1월과 전년도 동월의 LNG 터미널 부근의 선박 수를 도표 6-14 위성 사진으로 확인하면 약 3배 가까이 선박 수가 증가했음을 알 수 있다. 그 이유는 마그레브 유럽 가스 파이프라인이 정지된 영향이 큰데, 2021년 3월에는 미국에서 수입하는 양이 나이지리아에서 수입하는 양을 넘어섰다.

이처럼 스페인은 아프리카와 연결된 파이프라인과 LNG 터미널이 있으므로 러시아 의존도가 낮고 러시아 외에도 천연가스를 수입할 공급처가 있는 것이 특징이다.

스페인의 지구온난화 대책

스페인은 지구온난화 대책으로 2020년 11월에 〈탈탄소화 장기 전략 2050〉을 발표했다. 또한 2021년 3월에는 〈국가 에너지·기후변화통합계획(PNIEC) 2021~2030〉을 채택했다. 이 계획에는 2050년 목표의 중간 지점인 2030년까지의 에너지 분야 방침이 기재되어 있다.

〈탈탄소화 장기 전략 2050〉에서는 2050년까지 탄소중립을 달성하는 것을 목표로 크게 3가지 대응책을 제시했다. 첫 번째, 1990년

지구온난화 대책

· 스페인 정부는 2020년 11월에 2050년까지 탄소중립 달성을 목표로 설정하고 〈탈탄소화 장기 전략 2050〉을 발표했다.

· 대응책
 1. 온실가스 배출량이 1990년 대비 90% 줄어들었다.
 2. '배출 부문의 50% 전기화', '재생가능에너지 발전 설비 2050GW 신규 설치' 등을 통해 최종 에너지 소비에서 재생가능에너지가 차지하는 비율을 2020년의 20%에서 97%로 확대했다.
 3. 에너지 효율화와 행동 변화, 순환형 경제로 일차에너지 소비의 약 50% 절약했다.

· 2021년 3월에는 향후 10년의 중간 목표로 〈국가 에너지·기후변화통합계획(PNIEC) 2021~2030〉을 채택했다.

대비 온실가스 배출량 90% 감축이다. 두 번째, 배출 부문의 50%를 전기화하고 재생가능에너지 발전 설비를 2,050GW 신규 설치하여 최종 에너지 소비에서 재생가능에너지가 차지하는 비율을 2020년의 20%에서 97%로 확대하는 것이다. 세 번째, 에너지 효율화와 행동 변화, 순환형 경제로 일차에너지 소비의 약 50%를 줄이는 것이다.

앞으로 스페인의 에너지 전략은 아프리카와 미국에서 천연가스를 확보하는 것 외에도 안정적인 에너지 공급과 지구온난화를 동시에 공략할 수 있는 재생가능에너지 비율 확대를 어떻게 달성할지가 중요해질 것이다.

06 네덜란드

네덜란드의 지구온난화에 대한 위기의식

국토의 4분의 1이 간척지이며 해수면보다 낮은 네덜란드에 지구온난화로 인한 해수면 상승은 매우 심각한 문제이다. 네덜란드는 해수면으로부터 국토를 지키기 위해 제방을 건설하고 있는데, 1932년에 완성한 '대제방(아프슬라위트다이크)'이나 1997년에 완성한 '거대 가동식 방조제(마에슬란트케링)'가 유명하다. 최근 네덜란드에서는 해

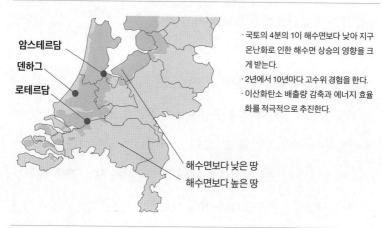

암스테르담
덴하그
로테르담

· 국토의 4분의 1이 해수면보다 낮아 지구 온난화로 인한 해수면 상승의 영향을 크게 받는다.
· 2년에서 10년마다 고수위 경험을 한다.
· 이산화탄소 배출량 감축과 에너지 효율화를 적극적으로 추진한다.

해수면보다 낮은 땅
해수면보다 높은 땅

출처: 일본 국토교통성

수면 상승을 염려하는 국민들이 지구온난화에 대한 관심이 높아져 정부에 보다 강력한 지구온난화 대책을 요구하고 있다.

　2019년에 한 환경 NGO가 네덜란드 정부를 상대로 2020년 온실가스 배출량 감축 목표를 높이자고 요구하는 소송을 제기했다. 이 재판에서 네덜란드 대법원은 네덜란드 정부에 2020년까지 온실가스를 1990년 대비 25% 감축하도록 명령했다. 즉 사법이 행정의 내용을 명령하는 이례적인 판결이 내려진 것이다.

　이 판결 이후 네덜란드 정부는 낮 시간대 고속도로 제한 속도를 시속 130km에서 100km로 낮추고, 온실가스를 대량으로 배출하는 건설 프로젝트를 중지시키는 등 적극적으로 수많은 대책을 강구했다. 현재는 1990년 대비 2030년까지 49%, 2040년까지 95% 감축한다는 목표를 세우고 경제 성장과 에너지 안전보장을 뒷받침하는 탄소중립 경제로 급속히 이행하려 하고 있다.

네덜란드의 일차에너지

네덜란드의 일차에너지 구성에서는 천연가스와 석유가 가장 높은 비율을 차지하고 있다. 2020년 일차에너지 구성비는 천연가스 45%, 석유 37%, 바이오 연료와 폐기물 7%, 석탄 6%, 풍력·태양광 3%, 원자력 2%, 수력 0.0005%이다. 또한 네덜란드의 2020년 러시아 의존도는 석유 26.5%, 석탄 44.8%, 천연가스 30.3%이다.

네덜란드는 천연자원이 풍부하여 석유와 천연가스를 생산하고 있는데 그중에서도 천연가스는 유럽 최대의 생산국이다. 따라서 천연가스는 국내 최대 에너지 생산원이며 산업 및 건물 난방의 중요한 연료로도 사용된다.

네덜란드 북동부에 있는 흐로닝언 가스전은 세계 최대급 가스전이며 역사적으로 국내 가스의 주요 공급원이었다. 그러나 2018년 1월과 2019년 5월에 흐로닝언 가스전의 채굴 때문에 지진이 발생하여 1만 개가 넘는 건물에 피해가 있었다. 그 결과 흐로닝언 가스 생산을 조기 종료하라는 강한 사회적, 정치적 압박이 생겼다. 결국 네덜란드 정부는 2018년 3월과 2019년 9월에 가스 수요를 줄이고 흐로닝언 외의 공급원을 이용하며, 흐로닝언에서의 가스 생산을 2022년 중반까지 종료하겠다고 발표했다. 이 결정으로 국내 가스 공급과 가스 수출은 급속도로 감소했다.

2013년부터 2018년까지, 국내 가스 생산량은 55% 감소하고 에너지 수입 의존도는 29%에서 72%로 증가했다. 이러한 변화로 네덜란드는 2018년에 처음으로 천연가스 수입국이 되었고, 2020년의 발전은 주로 천연가스(57%), 풍력(13%), 석탄(8%), 석유(1%)로 이루어졌다.

러시아의 우크라이나 침공 이후 흐로닝언의 가스 생산 재개 여부가 주목받고 있는 한편, 2022년에 네덜란드 북동부의 엠스하펜항에 새로 건설한 부유식 LNG 터미널이 완성되었으므로 새로운 천연가스 확보 수단도 관심을 받고 있다.

07 핀란드와 스웨덴

러시아의 우크라이나 침공 후, 그때까지 NATO에 가입하지 않았던 핀란드는 2022년 5월 15일에, 스웨덴은 같은 해 5월 16일에 NATO 가맹을 정식으로 신청했다. 두 나라는 지금까지 NATO 가맹이 이웃한 러시아의 역린을 건드릴 것이라는 불안 때문에 중립적인 자세를 유지했지만 우크라이나 침공을 계기로 NATO에 가입하기로

스웨덴·핀란드의 에너지 자급률 (2016년)

국가	에너지 자급률	원자력	수력	풍력, 바이오 등	석유
스웨덴	71%	34%	11%	25%	24%
핀란드	55%	19%	4%	33%	25%

출처: 일본에너지경제연구소

결심한 것이다. 한편 러시아는 5월 14일부터 핀란드에 대한 전력 공급을 정지하겠다고 발표했다. 핀란드의 전력 수요에서 러시아가 공급하는 비율은 10% 정도이므로 대처 불가능할 정도는 아니지만 갑작스러운 발표에 핀란드는 당황했다.

여기서 눈여겨보아야 할 것은, 러시아 에너지 위협에서 자국을 지켜낸 핀란드와 스웨덴의 에너지 전략이다. 2016년에 핀란드와 스웨덴의 에너지 자급률은 핀란드가 55%, 스웨덴이 71%로 일정 수준 대비가 갖추어져 있었다.

2020년 시점에서 핀란드와 스웨덴의 러시아 의존도는 다음과 같다. 먼저 핀란드는 석유 84.0%, 천연가스 67.4%, 석탄 30.7%이다. 그러나 에스토니아와 공동으로 부유식 LNG 터미널을 계획하여 러시아 천연가스 의존을 탈피하려 하고 있다. 이 숫자만 보면 핀란드가 러시아에 크게 의존하고 있는 것처럼 생각되지만, 일차에너지 공급 전체에서 석유가 24%, 천연가스 7%, 석탄 9%로 실제 러시아 의존도는 그다지 높지 않다. 그 외에 재생가능에너지가 39%, 원자력이

20%로 이 둘의 비율이 높다.

스웨덴의 러시아 의존도는 석유 7.7%, 천연가스 12.7%, 석탄 19.5%이다. 하지만 일차에너지 공급 전체에서 석탄이 차지하는 비율이 21%, 천연가스 3%, 석유 3%로 셋 다 많이 사용되지 않는다. 그 외에 재생가능에너지가 46%, 원자력이 27%로 재생가능에너지와 원자력을 이용한 발전이 대부분을 차지한다.

최근 스웨덴과 핀란드는 원자력발전소에서 나오는 방사성 폐기물의 최종 처분장을 건설하기 위해 적극적으로 움직이고 있다. 스웨덴은 2022년 1월에 최종 처분장 건설 계획을 승인했으며 2030년 초에 실제로 처분이 시작될 예정이다. 여론조사에 따르면 80%에 약간 못 미치는 국민이 원자력을 지지한다. 러시아 인근 국가로서 가진 에너지 안전보장에 대한 높은 문제의식은 물론이고 원자력발전과 관련된 정부와 지자체, 발전 사업자가 지역 주민과 밀접하게 대화하며 작은 사고나 작은 문제에도 즉시 연락하는 등 강력하게 연계한 덕분에 원자력발전이 지지받고 있다고 한다.

핀란드는 2015년에 세계 최초의 최종 처분장인 온칼로 처분장 건설을 승인했고 2025년경부터 가동을 시작할 예정이다. 온칼로는 핀란드어로 동굴이라는 뜻이며 지하 깊숙이 방사성 폐기물을 묻는 '지층 처분' 방식으로 핀란드 남서부 올킬루오토 섬 지하 400~450m에 설치된다.

일본과 프랑스는 재처리한 후 우라늄 등은 다시 사용하고 나머

발전량에서 재생에너지가 차지하는 비율 (2020년)

스웨덴			핀란드		
• 수력	44.16		• 수력	23.00	
• 원자력	30.08		• 원자력	33.78	
• 풍력	16.93		• 풍력	11.51	
• 바이오매스	4.72		• 바이오매스	15.95	
• 폐기물	2.11		• 폐기물	1.29	
• 태양광	0.64	98.64%	• 태양광	0.37	85.90%
• 석탄	1.10		• 석탄	7.96	
• 천연가스	0.07		• 천연가스	5.37	
• 석유	0.21		• 석유	0.39	

출처: IEA

지를 고준위 방사성 폐기물로 처분하고 있지만, 스웨덴과 핀란드는 사용한 연료에서 우라늄과 플루토늄을 뽑아내는 재처리는 하지 않고 사용 후의 연료를 그대로 최종 처분한다. 핵연료 백엔드 단계의 대책으로 참고할 수 있다.

이 두 나라의 사례로, 원자력발전과 재생가능에너지 비율을 늘려 화석연료 비율을 낮추고 러시아 의존도를 낮출 수 있다는 점이 분명해졌다. 재생가능에너지 추진은 안전보장과 국방에서도 중요한 역할을 한다. 이처럼 핀란드와 스웨덴은 에너지 전략을 통해 NATO 가맹을 신청하기까지 에너지 자급 대책을 충분히 준비하여, 만약 러시아에 위협을 당하더라도 에너지 면에서는 문제가 없는 상황을 구축했다는 배경을 이해해 둘 필요가 있다.

08 더욱 중요해지는 튀르키예

주요 파이프라인의 집결

튀르키예는 면적이 한반도의 3.5배, 인구가 약 8,400만 명인 큰 나라이며 수도는 앙카라이다. 유라시아 대륙의 유럽과 아시아를 연결하는 지정학적으로 중요한 지점에 있다. 유럽과 아시아는 튀르키예 국내에 있는 보스포루스 해협을 사이에 두고 마주보고 있다. 이러한 위치 때문에 현재 튀르키예에 파이프라인이 집중되어 있으며 튀르키예 회랑(Corridor)이라고도 불린다. 튀르키예의 파이프라인은 러시아와 카스피해 연안국, 중동의 천연가스를 튀르키예로 수입한 후 다시 튀르키예에서 유럽으로 보낸다. 따라서 튀르키예는 러시아와 유럽, 카스피해 연안국과 유럽, 중동과 유럽을 잇는 에너지 허브이다.

튀르키예와 러시아의 관계

튀르키예는 오랜 NATO 회원국이지만 러시아에 우호국으로 취급되며 EU 등의 대러시아 경제 제재에 참가하지 않는 독특한 입장을 취하고 있다. 2022년 6월에 열린 튀르키예와 러시아의 외무장관 회담에서는 기업 이전 관련 협의가 이루어져, 가스프롬과 올리가르히 등 43개 러시아 기업이 유럽 거점을 튀르키예의 이스탄불로 이전한다고 보도되었다. 유럽 국가에 남을 수 없게 된 러시아 기업이 튀

튀르키예

- 면적 780,576㎢(한반도 3.5배) 인구: 8,361만 명(2020년) 수도: 앙카라
- 튀르키예는 유라시아 대륙의 유럽과 아시아를 직결하는 중요한 지점이다.
- 튀르키예 회랑(Corridor)은 러시아와 카스피해 연안국, 중동의 천연가스 생산지와 유럽을 포함한 글로벌 시장을 연결하는 '에너지 허브'이다.
- 튀르키예는 NATO 회원국이지만 러시아에 '우호국'으로 취급되며, EU 등의 대러시아 경제 제재에 불참하고 있다.
- 2022년 6월 8일에 열린 튀르키예-러시아 외무장관 회담에서 기업 이전에 관한 협의가 이루어져, 가스프롬과 올리가르히(신흥 재벌) 등 43개 러시아 기업이 튀르키예의 이스탄불로 유럽 거점을 옮긴다고 보도되었다.

르키예의 이스탄불로 유럽 거점을 옮기는 것이다.

러시아와 튀르키예의 사이가 좋은 이유로는 넓은 영토를 들 수 있다. 도표 6-16에 표시된 대로 과거 튀르키예는 북아프리카, 중동, 발칸 반도를 영토로 두었던 광대한 제국이었다. 바로 오스만 제국 시대이다. 러시아도 소련 시절에 매우 넓은 영토를 소유했기에 두 나라는 과거 큰 영토를 가지고 있었다는 공통점이 있다. 또한 코메콘(COMECON) 소속 국가에도 영향력을 행사했다는 점에서도 같다.

튀르키예인인 나의 지인은 오스만 제국 시절 이야기를 자주 하고, 러시아인 지인은 소련 붕괴를 굉장히 안타까워한다. 둘이 만나면 크림 전쟁에서 적대한 역사에도 불구하고 지금은 서로 응원하는 모양이다.

러시아에서 튀르키예로 연결된 파이프라인인 남부 가스 회랑에 대해 알아보자. 앞에서 러시아를 다루면서 러시아에서 유럽으로 연

▶ 도표 6-16 제1차 세계대전 이전 오스만 제국

출처: https://www.ch-ginga.jp/feature/ottoman/background/

결되는 파이프라인도 설명한 바 있다. 러시아와 독일을 직결하는 파이프라인인 노르트스트림, 러시아와 우크라이나를 잇는 드루즈바 파이프라인은 우크라이나 침공 이후 기능을 상실했다. 이런 상황에서 러시아가 유럽에 가스를 수출하려면 튀르키예를 경유할 수밖에 없다. 바로 도표 6-17에 있는 블루스트림과 남부 회랑으로, 러시아에서 튀르키예로 향하는 파이프라인이다. 지금의 러시아가 유럽에 천연가스를 수출할 때는 이 파이프라인들을 거쳐야 한다.

도표 6-17의 ①, ②가 노르트스트림인데, 이는 거의 기능을 상실했다. ③, ④도 마찬가지다. 특히 우크라이나의 파이프라인인 드루즈바(우정)는 전쟁 중인 지금 가동된다고는 생각하기 힘들다.

▶ **도표 6-17 러시아에서 튀르키예로 향하는 파이프라인과 남부 회랑**

· 우크라이나 침공 이후, 주력이 우크라이나에서 튀르키예로 전환되는 중이다.

	명칭	수송능력(10억m³/년)	현 상태
①	노르트스트림	55	60% 감소
②	노르트스트림2	55	동결
③	야말-유럽	33	일부 지장
④	드루즈바(우정)	142	일부 지장
⑤	터키스트림	31	증량 중
⑥	블루스트림	19	증량 중
⑦	남부 회랑(SCP, TANAP, TAP)	86	증량 중

출처: Energy Geopolitics Limited of Japan

⑤는 터키스트림, ⑥은 블루스트림이다. 이 둘은 러시아에서 유럽으로 수출하는 천연가스를 튀르키예로 경유시키는 파이프라인으로, ①, ②, ③, ④가 기능을 상실했기 때문에 ⑤, ⑥을 통과하는 천연가스가 많이 늘어났다.

⑦은 카스피해 연안국과 중앙아시아에서 튀르키예를 경유하여 유럽으로 이동한다. 아마도 ⑦이 없었다면 중앙아시아 국가나 카스피해 연안국은 러시아를 경유하여 유럽으로 수출해야 했을 텐데, 튀르키예를 경유함으로써 탈러시아에 성공할 수 있었다.

그 양상을 도표 6-18과 함께 짚어보자. 우선 튀르키예로 오는 가스는 주로 카스피해 연안국인 아제르바이잔, 투르크메니스탄, 카

▶ 도표 6-18 주변국에서 튀르키예로 향하는 가스 동향

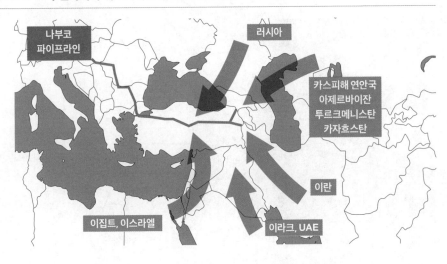

나부코
파이프라인

러시아

카스피해 연안국
아제르바이잔
투르크메니스탄
카자흐스탄

이란

이집트, 이스라엘

이라크, UAE

출처: JOGMEC

자흐스탄 등에서 생산된다. 그리고 이란에서 튀르키예까지도 튀르키예 국내 소비용으로 가스 파이프라인이 연결되어 있다. 이라크와 아랍에미리트의 천연가스도 튀르키예로 향하고 이집트, 이스라엘의 천연가스도 마찬가지로 북쪽으로는 러시아와 연결되어 있다.

카스피해 연안국은 튀르키예로 파이프라인이 연결되지 않았던 시대에는 수출할 때 모두 러시아를 통과해야 했기 때문에 러시아에 통행료를 갈취당하기도 했는데, 소련 붕괴로 별개의 국가가 된 것 등의 이유로 튀르키예 루트를 이용해 유럽으로 수출하게 되었다.

그리고 도표 6-19 왼쪽에 둥글게 표시된 나부코와 TAP, ITGI를 보자면, 나부코는 오스트리아로 연결되며 TAP과 ITGI는 이탈리아

출처: JOGMEC

로 연결되어 있다. 튀르키예를 경유하여 이탈리아, 오스트리아, 발칸 반도, 그리스 등으로 이어진다. 발칸 반도와 이탈리아에는 튀르키예를 경유하는 이 파이프라인이 새로운 에너지 전략의 폭을 넓혀주는 수단으로써 중요성을 가진다.

튀르키예를 통한 탈러시아

튀르키예 관련 탈러시아와 탈석탄 현황을 구체적으로 살펴보자.

도표 6-20에서 가장 큰 원그래프가 이탈리아로 이탈리아는 천연가스의 31%를 러시아에서 수입한다. 이 부분은 튀르키예와 연결

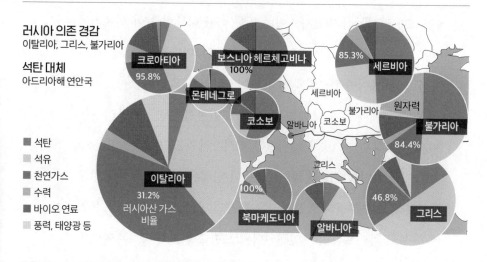

▶ 도표 6-20 남유럽 에너지 수요국: 발칸 반도의 탈러시아, 탈석탄

러시아 의존 경감
이탈리아, 그리스, 불가리아

석탄 대체
아드리아해 연안국

■ 석탄
■ 석유
■ 천연가스
■ 수력
■ 바이오 연료
▒ 풍력, 태양광 등

크로아티아 95.8%

보스니아 헤르체고비나 100%

85.3% 세르비아

몬테네그로

코소보

알바니아 코소보

원자력

불가리아 84.4%

이탈리아 31.2% 러시아산 가스 비율

100%

북마케도니아

알바니아

46.8% 그리스

세르비아

불가리아

그리스

(주) 이탈리아와 그리스는 2019년, 그 외는 2018년 데이터, 원그래프의 크기는 어림잡은 값
출처: IEA 통계, BP 통계, GazpromExport 통계 기반으로 작성. JOGMEC

된 파이프라인을 통해 탈러시아 추진이 가능하다고 생각된다. 이탈리아에는 그 외에도 북아프리카와 연결된 파이프라인이나 LNG 등 천연가스를 조달할 수단이 있지만 튀르키예 경유 파이프라인의 존재는 매우 클 것이다.

오른쪽 아래는 그리스다. 그리스는 석유가 절반이며 천연가스도 상당한 비율을 차지하고 있다. 이 천연가스 중 46.8%가 러시아산이다. 그리스는 이 46.8%의 러시아 의존을 튀르키예 경유 파이프라인을 이용하여 탈피하려는 계획을 세우고 있다.

불가리아는 천연가스 중 84.4%가 러시아산이며 탈러시아를 위해 튀르키예와 연결된 파이프라인이 반드시 필요하다. 세르비아는 85.3%가 러시아산 천연가스이며 또한 석탄 비중이 높아 튀르키예 경유 파이프라인이 매우 중요하다. 북마케도니아도 천연가스는 러시아산이 100%이며 튀르키예 경유 파이프라인은 필수이다.

튀르키예에서 수입하는 천연가스 현황을 보면, 이탈리아는 2020년 12월부터 수송을 개시했다. 러시아의 우크라이나 침공을 예측한 것은 아니겠지만 이 파이프라인이 완성된 것은 이탈리아에 행운이었다. 또한 루마니아, 불가리아, 헝가리, 오스트리아 그리고 독일에 나부코 파이프라인이 연결되어 있으며 그리스와 세르비아에도 파이프라인이 이어져 있기 때문에 튀르키예를 통한 수입으로 이들 국가는 탈석탄, 탈러시아를 꾀할 수 있게 되었다.

이처럼 튀르키예를 경유하는 파이프라인은 남유럽의 이탈리아나 그리스 등 대형 국가의 수요가 있고 발칸 반도 국가에도 탈러시아, 탈석탄 추진상 중요한 의미가 있다.

러시아는 우크라이나 경로, 독일 직결 경로를 사용할 수 없게 된 지금 유럽에 수출하려면 튀르키예를 경유할 수밖에 없다. 그리고 아제르바이잔, 카자흐스탄, 투르크메니스탄 등 카스피해 연안국 입장에서는 러시아를 통하지 않고 유럽으로 수출하려면 튀르키예를 경유해야 한다. 이란, 이라크도 튀르키예를 통과해야 하므로 튀르키예로 천연가스가 점점 더 결집되고 있다.

이처럼 튀르키예 및 튀르키예 회랑의 존재 의의는 매우 커졌다.

존재감을 더해 가는 튀르키예 회랑

● **튀르키예로의 수입 경로**
  · 러시아의 우크라이나 우회 경로
  · 아제르바이잔, 카자흐스탄, 투르크메니스탄 등 카스피해 연안국의 러시아 우회 경로
  · 이란(국내 소비용), 이라크

● **튀르키예에서 수출**(유럽, 발칸 반도의 탈러시아, 탈석탄)
  · 이탈리아(남부 회랑(SGC) 2020년 12월 수송 개시)
  · 루마니아, 불가리아, 헝가리, 오스트리아, 독일(나부코 파이프라인)
  · 그리스와 세르비아로도 수출

● **튀르키예 회랑은 용량이 기존 우크라이나 경로에 거의 필적할 만한 규모로 성장**

용량으로 따졌을 때 튀르키예 회랑은 기존 우크라이나 경로에 거의 필적하는 규모로 성장했다. 그리고 앞으로 용량은 더욱 늘어날 전망이다.

제7장

인도

세계 1위의 인구와 경제 성장을 지탱할
에너지 확보가 과제

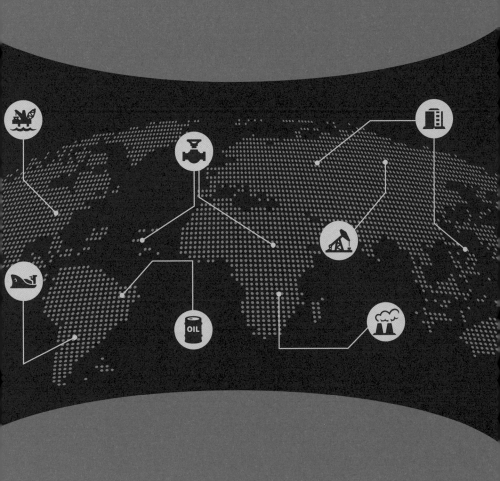

01 인도의 기본적 정보

먼저 세계 속 인도의 위치를 알아보자.

인도는 중국이 주재하는 상하이협력기구의 일원이자 미국, 일본, 인도, 호주가 모인 쿼드(QUAD)의 구성원으로 양 진영 모두에 참가하는 미묘한 입장이다. 러시아의 우크라이나 침공 후에도 인도는 미국, 유럽, 일본 등이 참여한 러시아 경제 제재에 참여하지 않고 계속해서 러시아 원유를 구입하고 있다. 인도와 중국이라는 두 대국이 러시아 자원을 계속 구입하고 있으니 러시아 제재의 실효성이 크게 떨어질 수밖에 없다. 인도는 중국과 긴장 관계에 있지만, 미국과도 반드시 양호한 관계라고는 할 수 없다. 일각에서는 강한 반미 감정을 표출하고 있기도 하다. 안전보장을 오랫동안 러시아에 의지해 왔으며 러시아제 군수품을 많이 사용하고 있다. 세계 최대 인구를 가진 인도에 있어 러시아의 가스는 안전보장뿐 아니라 국민 생활, 지구온난화 대책에도 커다란 존재인 것이다.

세계 인구 1위

2022년 7월 유엔 발표에 따르면, 인도 인구는 14억 1,200만 명이고 중국은 14억 2,600만 명이다. 그러나 중국의 인구가 감소세로 돌아선 것을 감안하면 2023년에는 인도 인구가 중국을 넘어 세계 1위

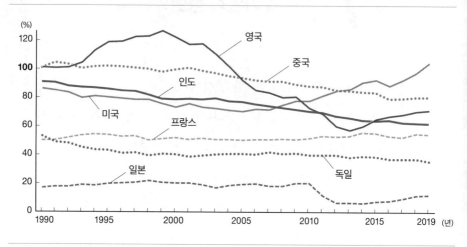

출처: IEA

가 될 것으로 전망된다. 또한 2022년 국내 자동차 판매 대수는 전년 대비 25.7% 증가한 472.5만 대로, 5.6% 감소하여 약 420만 대였던 일본을 제치고 중국, 미국에 이어 세계 3위가 되었다. 그러므로 지금 의 청년 세대는 앞으로 세계에 영향을 미치는 인도의 경제 성장과 함 께 살아간다고 해도 과언이 아닐 것이다.

이러한 인도의 중요성을 인지하면서 에너지 전략을 살펴보자.

인도의 화석연료에 대하여

도표 7-1은 주요국의 에너지 자급률 추이를 나타낸 것이다. 보다 시피 인도의 자급률은 매년 떨어지고 있다. 이는 인도의 경제 성장이 가속되는 가운데 그에 상응하는 에너지를 자급하지 못하고 있기 때

▶ 도표 7-2 인도의 석유·석탄 수입 상황

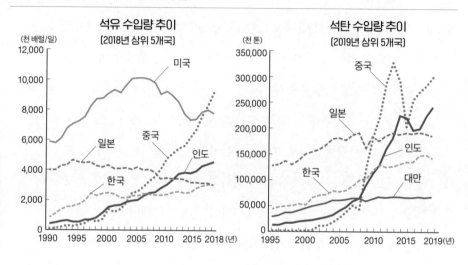

석유 수입량 추이
(2018년 상위 5개국)
(천 배럴/일)
12,000
10,000 — 미국
8,000
6,000 — 일본 / 중국
4,000 — 한국 / 인도
2,000
0
1990 1995 2000 2005 2010 2015 2018 (년)

석탄 수입량 추이
(2019년 상위 5개국)
(천 톤)
350,000
300,000 — 중국
250,000
200,000 — 일본
150,000 — 인도
100,000 — 한국 / 대만
50,000
0
1995 2000 2005 2010 2015 2019(년)

출처: UNCTAD

문이다. 인도에서는 이것이 큰 과제이다.

도표 7-2의 왼쪽 그래프는 각국의 석유 수입량 추이이다. 굵은 실선이 인도의 석유 수입량인데 계속해서 늘고 있다. 이 그래프에 따르면 인도와 중국의 수입량은 증가하고 있으며 미국, 일본, 한국 등은 하락 추세이다. 도표 7-2의 오른쪽 그래프는 각국의 석탄 수입량 추이이다. 상위 5개국 중 굵은 실선이 인도이다. 점선으로 표시된 중국도 늘고 있지만, 인도도 급속하게 증가하고 있다. 2013년에는 인도가 일본의 석탄 수입량을 제치고 2위로 올라섰다.

석유 소비량과 생산량을 비교하면 석유 소비량이 점점 느는 반면 생산량은 오히려 줄어들어 차이가 점점 벌어지고 있다. 석탄 생산

량은 소비량보다 많아 석탄은 자급 중이다. 그러나 석탄화력발전량
이 계속해서 증가하고 있기 때문에 현 상황을 언제까지 유지할 수 있
을지는 알 수 없다. 천연가스는 소비량이 현저하게 늘고 있는 반면 생
산량은 오히려 줄어들고 있다.

도표 7-3은 인도의 석유 수입 상대국이다. 인도는 이라크, 사우
디아라비아, 아랍에미리트, 미국, 나이지리아, 쿠웨이트, 멕시코, 오
만 그리고 러시아에서 석유를 수입한다. 양으로는 역시 가깝기도
한 중동산이 많아서 이라크, 사우디아라비아, 아랍에미리트의 비율
이 높다. 미국산 수입도 의외로 많은 점이 눈길을 끈다. 러시아산 수
입은 2021년 1월부터 2022년 1월까지는 변화가 별로 없지만 그 후
2022년 6월이 가까워지면서 증가했다. 이는 아마도 러시아 석유에
대한 세계의 금수조치 흐름을 보고 인도가 남는 물량을 받았기 때
문일 것이다. 이에 대해 저가로 거래했다는 보도가 있었다.

인도의 천연가스 수입도 간단히 살펴보면 수입량이 꾸준히 늘어
나고 있으며 수입 상대국은 카타르, 앙골라, 나이지리아, 아랍에미리
트, 미국 순이다.

인도 전력 정책의 과제

인도 전력 공급의 심각한 문제로 송배전 손실이 거론되고 있
다. 전력 송배전에서 30% 가까이 손실을 보고 있는데 이는 일본의
4.7%, 중국의 7%와 비교하면 확연히 큰 수치이다. 송배전 시스템 보

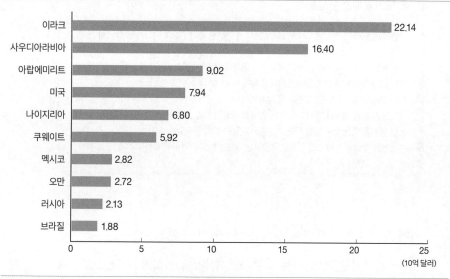

출처: 인도 상공부

수, 정비 등의 기술적인 문제도 있지만 요금을 내지 않으려고 계량기를 개조하는 등의 불법 행위가 많이 발생하기 때문이다. 이에 인도는 2015년 이후 〈국가 전력 계획〉을 실시하여 계량기 불법 개조를 방지하기 위한 스마트 계량기 도입, 배전 시스템의 IT화, 도전(盜電) 행위 방지를 위한 인구 밀집 지대의 배전선 지중화 사업 등을 하고 있다.

또한 농민에게 낮은 가격으로 전력을 공급하는 우대 정책도 인도의 전력정책 과제라고 여겨진다. 왜냐하면 인도는 농민 비율이 굉장히 높음에도 불구하고 낮은 요금을 책정함으로써 전력회사가 희생하고 있기 때문이다. 전력 개발을 위한 투자금 회수 측면에서 농민

인도의 송배전 손실 문제

· 인도의 송배전 손실은 약 28%로 일본의 4.7%, 중국의 7%와 비교하면 확연히 큰 편이다.
· 송배전 시스템 보수와 정비 등 기술적인 문제도 있지만 전력 계량기 개조 등의 불법행위나 요금 미납에 의한 손실이 존재하기 때문이다.
· 2015년 이후 〈국가 전력 계획〉을 실시했다.
  계량기 불법 개조를 방지하기 위한 스마트 계량기 도입, 배전 시스템 IT화, 도전(盜電) 행위 방지를 위한 인구 밀집 지대의 배전선 지중화 사업 등이다.
· 농민에게 낮은 가격으로 전력을 공급하는 우대정책도 전력정책의 과제이다.

에게 제공하는 가격 우대 정책은 병목현상이 되고 있다.

정리하자면, 인도에는 넓은 국토 전역에 전력망을 깔고 도전을 방지하며 송배전 손실을 줄이고 모든 사람에게 전기요금을 제대로 징수한다는 과제가 남아 있다.

02 재생가능에너지

다음으로 인도의 재생가능에너지 현황을 알아보자.

도표 7-4는 1990년부터 2019년까지의 인도 에너지 공급률 추이이다. 2019년 기준으로 석탄 45%, 석유 25%, 바이오매스 20%, 천

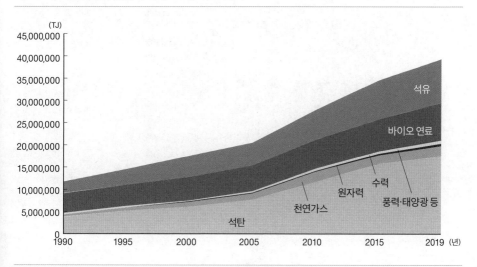

출처: IEA

연가스가 6%를 차지한다. 1990년부터의 추이를 보면 석탄 및 석유 공급량이 늘어난 반면에 바이오매스 비율은 감소했음을 알 수 있다. 이는 기본적으로 지구 환경 시대에 역행하는 움직임이다.

　수력, 풍력, 태양광 등 재생가능에너지를 이용한 발전량 및 발전 비율은 증가 경향을 보이기는 하지만 아직 3%에 불과하다. 그리고 석탄 45%, 석유 25%, 천연가스 6%이므로 화석연료가 75%를 차지한다.

인도의 태양광발전

태양광발전 생산량은 인도 전체 발전량에서 차지하는 비율은

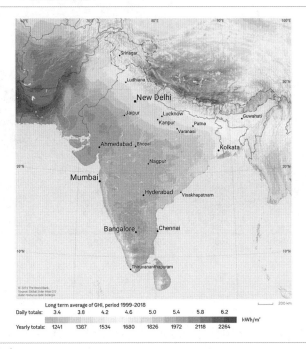

출처: Solargis

낮지만 전 세계 태양광발전량에서는 7%를 차지하여 중국, 미국, 일본에 이은 4위이다. 따라서 태양광의 잠재력은 매우 높은 나라라고 평가된다. 도표 7-5를 보면 파키스탄, 아프가니스탄이 태양광발전에 적합한 지대임을 알 수 있다. 그리고 인도의 뭄바이 지역이나 뉴델리 북쪽, 벵갈루루와 첸나이가 태양광발전에 적합한 장소이다.

한 가지 짚고 넘어갈 점은 인도가 태양광발전 설비를 중국에 의존하고 있다는 것이다. 인도의 태양광발전 입찰에서는 kWh당 2루

발전 설비의 중국 의존도

● 인도 태양광발전 안건 입찰은 2루피/kWh(≒30원)라는 파격적인 가격에 낙찰이 잇따랐다.
  · 중국의 저렴한 태양광발전 관련 제품 이용이 전제이다.
  · 태양광발전의 설치 비용은 세계 주요국 중 가장 저렴(일본의 3분의 1)하다.
  · 중국과 비교해도 낮은 발전 원가이다.
● 지금까지 인도의 태양광발전 도입 목표는 저렴한 중국제 수입품 이용이 전제였다.

중국 의존으로부터 탈피

· 2020년 이후 국경 문제를 계기로 중국과 관계가 악화되자 모디 정권은 중국 의존에서 탈피할 것을 결정했다.
· 발전 모듈부터 관련 기기에 이르는 태양광발전 산업의 국산화 정책을 추진했다.
· 2020년 8월부터 태양광 셀, 모듈, 인버터에 관세 도입, 같은 해 말에는 입찰 단계부터 국내 제품 사용을 전제로 할증 요금(2.92루피/kWh)을 적용한 안건의 입찰을 시작했다.
· 태양광발전공사 및 인도재생에너지개발청(IREDA)에 약 3억 달러의 보조금 지급, 태양광발전 도입을 위한 환경 정비를 급속도로 추진했다.

피라는 파격적인 가격에 낙찰이 잇따르고 있다. 이는 중국에서 저렴한 태양광발전 관련 제품을 공급받는다는 전제이다. 인도의 태양광발전 설치 비용은 일본의 3분의 1로 세계 주요국보다 가장 저렴하고 발전 원가는 중국과 비교해도 낮은 가격이다.

그런데 문제는 2020년 이후 국경 문제를 계기로 중국과의 관계가 악화되었다는 점이다. 이에 모디 정권은 중국 의존에서 탈피하기 위해 발전 모듈부터 관련 기기에 이르기까지 태양광발전 산업을 국산화하는 정책을 추진하고 있다.

2020년 8월에는 태양광셀, 모듈, 인버터에 관세를 도입했고 2020년 말에는 입찰 단계부터 국내 제품을 사용하는 것을 전제로 할증된 요금을 적용하는 안건도 입찰에 들어갔다. 태양광발전공사 및 인도재생가능에너지개발기구에 약 3억 달러의 보조금을 지급하기로 발표하고, 태양광발전 도입을 위한 환경 정비를 급격한 속도로 추진하고 있다.

앞서 제5장에서 설명했듯이, 태양광발전과 풍력발전 관련 설비의 세계 점유율은 중국이 단연 세계 1위이다. 인도는 중국의 값싼 설비를 이용하여 저렴하게 전기를 생산해 왔으나 모디 정권은 중국 의존에서 탈피하기 시작했다.

인도 태양광발전의 예로 라자스탄주의 태양광발전이 있다. 뭄바이의 북서쪽, 파키스탄 가까이에 있는 지역이 라자스탄주다. 인도는 연평균 300일이 맑아 일조 시간과 일사량이 일본의 1.5배 가까이 된다. 라자스탄주의 사막에는 사막 일대를 뒤덮는 약 1,000만 개의 태양광 패널이 설치되어 있는데, 이처럼 인구가 적은 사막 지대를 효과적으로 활용하여 재생가능에너지 발전량을 늘리고 있다. 시설에는 태양광 패널의 모래나 먼지를 제거하는 로봇을 도입했고 모니터링 요원도 수백 명을 투입했다.

인도의 풍력발전

인도의 풍력발전은 전 세계 생산량의 5%를 차지한다. 중국, 미국, 독일에 이은 4위지만 태양광 정도의 잠재력은 없다고 평가된다. 그러나 인도 정부는 적극적으로 추진 중으로, 2017년에 발전차액지원제도에서 경쟁 입찰로 전환했다. 지금까지 도입된 시설은 전부 육상 풍력이며 해상 풍력 도입 실적은 전무하다. 이는 국내 공급망이나 인프라 부족이 원인이다.

타밀나두주 풍력발전의 예를 살펴보자. 타밀나두주는 스리랑카 건너편에 있는 인도 최대의 풍력발전 집적지이다. 주 정부는 재생가능에너지의 중요성과 필요성을 인식하고 1985년에 타밀나두 에너지 디벨롭먼트 에이전시라고 불리는 등록 조합을 독립기관으로 설립했다. 현재 타밀나두주는 인도 풍력발전의 리더 역할을 하고 있다. 또한 타밀나두주에 있는 무판달 풍력발전소는 총 용량이 1,500MW이며 인도 최대의 풍력발전소로 알려져 있다.

인도의 수력발전

세계 전체 생산량의 4%를 차지하는 인도의 수력발전은 중국, 브라질, 캐나다, 미국, 러시아에 이어 6위이다. 수력발전은 2000년대에 중요하게 여겨져 석탄 화력과 가스 화력을 대체할 재생가능에너지로 기대를 모았다. 정부는 야심에 찬 수력발전 계획을 책정하고 민간 분야는 그 계획을 실행하는 데 주력한 결과, 2007년에는 수력발전 능력의 성장률이 전체 발전 능력의 성장률을 넘어섰다.

그러나 현재는 수력발전의 중요도가 서서히 감소하고 대신 태양광발전과 풍력발전에 대한 주목도가 높아지고 있다. 이는 인도에서 수력발전을 위한 토지 취득이 어렵고 완성 기간과 재무 비용이 불안

수력발전

· 2000년대에는 수력발전을 석탄 화력과 가스 화력을 대체할 재생가능에너지로 취급한다.
· 정부는 야심에 찬 수력발전 계획을 책정하고 민간 분야는 그 계획을 실행하는 데 주력하여, 2007년에는 수력발전 능력의 성장이 전체 발전 능력의 성장을 능가했다.
  - 수력발전은 에너지 안전보장 논의에서 서서히 자취를 감추고 태양광발전과 풍력발전 프로젝트의 주목도가 높아졌다.
  - 수력발전 분야에서는 토지 취득 문제, 완성 기간과 재무 비용의 불확정성, 저렴한 전력 단가 문제 등이 있어 가까운 미래에는 축소 예측도 존재한다.

정하다는 문제가 있기 때문이다. 또한 수력발전소의 건설 비용을 회수하려고 해도 전기요금을 제대로 징수할 수 있을지에 대한 염려가 있다. 게다가 앞서 설명한 대로 농민에게는 매우 저렴한 전기요금만 받을 수 있다. 이러한 경영상의 장애물이 많은 탓에 수력발전의 비율은 줄어들고 있다. 그러므로 앞으로는 그다지 늘어나지 않을 것이라고 예상된다.

인도의 바이오매스 발전

아래 박스에 바이오매스 이용 상황을 정리했다. 바이오매스에서는 가축 배설물, 쇠똥, 사탕수수 찌꺼기를 연료로 활용하는 사례가 눈에 띈다. 인도는 물소 등 소 사육두수가 많아 예전부터 소 배설물에서 발생하는 메탄가스를 조리용 가스 등의 연료로 활용했다. 또한 메탄가스를 활용한 바이오가스 발전으로 생산한 전기를 조명이나 지하수를 퍼 올리는 동력원으로 이용했다. 참고로 에너지로 활용한 후 남은 배설물 찌꺼기는 건조하여 밭의 비료로 사용한다.

바이오가스에 포함되는 메탄가스는 온실 효과가 매우 강력하므로 적절한 활용은 유효한 지구온난화 대책이 된다. 즉 메탄가스를 사용하면 공기 중에 배출되지 않으므로 아주 효과적이라는 뜻이다. 한편 밀짚 등을 야외에서 태워 대기 오염을 악화시키는 문제도 있다.

바이오매스의 용도는 휘발유에 20%의 에탄올을, 경유에 5%의 바이오 경유를 혼합하는 것이 목표이다. 2030년까지 달성이 목표였으나 에탄올은 그보다 이른 2025년까지 달성할 전망이다. 또한 2023년까지 국내에 5,000개의 바이오가스 공장을 설치할 예정이다. 전력부는 전력 시설에서 바이오매스를 5% 혼합 연소하는 것을 의무화하고 2022년 10월부터 시행했다. 일부 발전소는 2023년부터 혼합

바이오매스 이용 상황

· 바이오매스 에너지 이용에서는 가축 배설물이나 사탕수수 찌꺼기를 연료로 사용하는 사례가 두드러진다.
· 인도는 물소를 비롯한 소 사육두수가 많아, 일찍부터 소 배설물에서 발생하는 메탄가스를 조리용 가스 등 연료로 활용했다.
· 메탄가스를 사용한 바이오가스 발전으로 만든 전기를 조명이나 지하수를 퍼 올리는 동력원으로 이용한다.
· 에너지를 이용한 후 남은 배설물 찌꺼기도 건조하여 밭의 비료로 사용한다.
· 바이오가스에 포함되는 메탄가스는 온실 효과가 매우 강하기 때문에 적절하게 활용할 시 지구온난화 대책에 유효하다.
· 한편 밀짚 야외 연소가 대기 오염을 악화한다.

바이오매스 이용 용도

1. 에탄올 등: 〈바이오 연료 국가 정책 2018〉에서 '2030년까지 휘발유에 20%의 에탄올 혼합, 경유에 5%의 바이오 경유 혼합'을 목표로 세웠다.
   ※ 에탄올은 상기 목표 기한을 '2025년까지'로 앞당겼다.
   ※ 가드카리 도로교통부 장관에 따르면 인도 대법원에 필요한 허가를 받은 후 자동차 제조사에 대해 플렉스 연료 엔진 생산을 의무화할 방침이다.
2. 바이오가스: 2023년까지 국내에 5,000개의 압축 바이오가스 공장을 설치할 예정이다.
3. 바이오매스 혼합 연소: 전력부는 '바이오매스 5% 혼합 연소'를 의무화하고 2022년 10월부터 시행했다.
   일부 발전소는 시행 1년 후부터 혼합률을 7%로 끌어올려야 한다.

률을 7%로 올려야 한다. 이처럼 인도는 바이오매스를 적극적으로
활용하는 정책을 채택하고 있다.

인도의 원자력발전

현재 인도에서 가동 중인 원자력발전소는 그다지 많지 않다. 가
동 중인 원자력발전소가 많은 나라는 역시 미국과 프랑스이다. 그러
나 건설 중인 원자력발전소의 경우 중국이 단연 1위지만 인도도 중
국 다음으로 많은 6기를 건설하고 있다.

03 성장하는 인도 경제

지금까지 인도의 화석연료와 재생가능에너지 상황을 살펴보았
다. 이번에는 성장하고 있는 인도 경제에 대해 알아보자.

인도 경제의 미래

도표 7-6은 인도의 인구구성과 중국의 인구구성을 비교한 것
으로, 인도에 젊은 인구가 매우 많다는 것을 알 수 있다. 반면 중국은
그래프에서 보여지듯 고령화가 진행되고 있다. 물론 중국의 경제 성

▶ 도표 7-6 인도와 중국의 인도 구성 비교

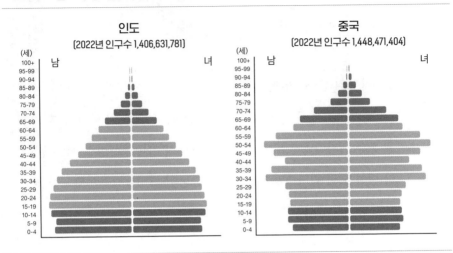

출처: UN

장은 위세가 좋지만 인도에는 젊은 인구가 많으므로 앞으로의 성장을 뒷받침할 추진력이 될 것이다. 프라이스워터하우스쿠퍼스(PwC)의 〈2050년 세계〉라는 보고서에 따르면, 2050년까지 인도의 GDP는 미국을 제치고 세계 2위가 될 것으로 보인다. 1위 중국, 2위 인도, 3위 미국, 4위 인도네시아, 5위 브라질, 6위 러시아, 7위 멕시코, 8위 일본, 9위 독일, 10위 영국이다. 이처럼 향후 인도 경제는 크게 성장할 것으로 전망된다.

인도의 경제 성장을 지탱할 에너지 확보

이번 장의 초입에서 보았듯이 인도의 자급률은 낮아지는 추세이

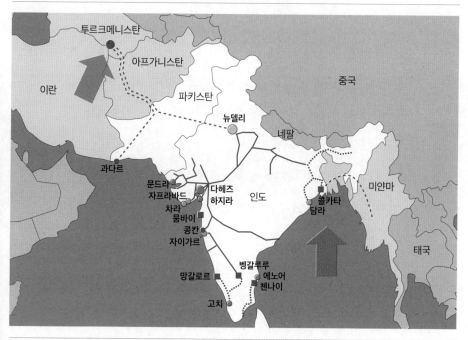

출처: EIA 자료를 기반으로 작성

다. 그렇다면 인도는 경제 성장을 뒷받침할 에너지를 어떻게 안정적으로 확보할 생각일까?

도표 7-7은 인도의 LNG 터미널 및 국내 천연가스 파이프라인 구축에 관한 그림이다. ●로 표시된 것이 현재 가동 중인 LNG 수입 기지이다. 기본적으로는 서해안에 있으며 동해안에는 1개만 존재한다. ○는 건설 계획 중인 터미널이며 동해안에 1개, 서해안에는 3개가 있다. 동해안은 동남아시아, 서해안은 중동의 LNG 수입에 주로

이용된다. 동해안과 서해안의 경제 교류망이 완전히 다르다는 점을 기억해 두자.

참고로 IT로 유명한 벵갈루루라는 마을은 남쪽 중앙에 ■로 표시된 곳이다. 고지대에 있는 이 도시는 인도의 실리콘밸리 같은 존재로, 매우 수준 높은 대학과 연구소가 모여 있고 세계로 기술자를 파견한다.

파이프라인 구축을 나타낸 도표 7-7에 두 군데 화살표 표시가 있다. 먼저 오른쪽 화살표부터 살펴보자. 미얀마에서 인도로 연결된 파이프라인이다. 미얀마는 이미 중국과는 연결되어 있었는데, 미얀마에서 방글라데시와 인도를 가로지르는 파이프라인도 계획 중이다. 그리고 왼쪽 화살표가 있는 지역에는 투르크메니스탄의 거대한 가스전이 있다. 중국에도 대량으로 천연가스를 공급하지만, 투르크메니스탄에서 아프가니스탄을 거쳐 파키스탄과 인도를 통과하는 프로젝트도 예정되어 있다. 이 프로젝트가 실현되면 인도로서는 큰 에너지 공급원을 확보하게 된다. 하지만 인도와 파키스탄의 외교 관계를 고려하면 쉽게 성사되기는 어려울 것이고 아프가니스탄과의 교섭도 쉽지는 않을 것으로 보인다.

해저 가스 파이프라인 구상도 존재한다. 가스 생산 능력이 높은 이란에서 인도로 해저 파이프라인을 연결한다는 계획이다. 이란뿐 아니라 오만에서 출발하는 경로도 있다. 이 구상들이 실현되면 중동과 인도가 외교상의 문제를 유발하는 파키스탄을 거치지 않고 해저로 연결되므로 에너지의 안정성이 대폭 올라간다. 경제 성장을 위해서도 인도가 꼭 실현하고 싶은 계획일 것이다.

또한 인도 동해안에서는 미얀마와 말레이시아가 가깝다. 따라서 인도는 동해안에서 미얀마를 비롯한 동남아시아의 산유국 및 가스 생산국과 연계를 강화할 것으로 예상된다.

04 인도의 지구온난화 대책

인도의 이산화탄소 배출량은 현재 세계 3위이다. 그리고 앞으로 경제가 성장하면서 더 늘어날 것으로 예상된다. 글래스고에서 열린 COP26에서 인도의 모디 총리는 2070년까지 온실가스 배출량을 실질적인 0으로 만들겠다고 발표했다. 인도가 넷제로(Net Zero, 배출하는 이산화탄소량과 제거하는 이산화탄소량을 더했을 때 순 배출량이 0이 되는 것)를 달성할 구체적인 시기를 언급한 것은 이번이 처음이다. 그러나 다른 나라들은 대부분 2060년 또는 2050년을 목표로 삼은 가운데 2070년이라는 숫자를 두고 무조건 칭찬하기는 힘들다.

글래스고 합의에는 세계 평균 기온 상승을 산업혁명 전과 비교하여 1.5도 이내로 억제하는 노력을 추구하자는 내용이 담겼는

COP26 인도의 행보

· 인도의 모디 총리는 2070년까지 온실가스 배출을 실질적인 0으로 만들겠다고 발표
 했다.
· 인도가 넷제로 목표 시기를 구체적으로 밝힌 것은 이번이 처음이다.
· 글래스고 합의에는 세계 평균 기온 상승을 산업혁명 전과 비교하여 1.5도 이내로 억제
 하는 노력을 추구하자는 내용이 담겼다.
· 최대 쟁점이 된 석탄화력발전에 대해 합의문 초안의 '단계적 폐지(phase-out)'라는 표
 현을 인도와 중국이 반대하여 '단계적 감축(phase-down)'이라고 표현을 완화하여 합의
 했다.

데, 최대 쟁점은 석탄화력발전이었다. 합의문 초안의 '단계적 폐지
(phase-out)'라는 표현을 두고 인도와 중국이 반대했기 때문이다. 결
국 '단계적 감축(phase-down)'이라고 표현을 완화하여 합의에 이르
렀다. 이것이 현재 기후변화 대응의 큰 틀이 되는 새로운 목표이다.

모디 총리는 COP26 연설에서, 인도 국내의 비화석 연료를 이용
한 발전 용량이 과거 7년간 25% 늘었고 전체 발전 용량에서 차지하
는 비율이 40%에 달했다고 소개했다. 재생가능에너지와 바이오매
스를 가리켜서 한 말이다. 또한 인도는 세계 인구의 17%를 차지하는
반면 배출량은 5%라고도 주장했다. 이처럼 2015년 파리협정에서 세
운 목표를 달성하기 위하여 인도는 착실히 계획을 이행했다고 강조
했다. 또한 인도는 다섯 가지 새로운 목표를 구체적으로 제시했다.

  1. 비화석 연료를 이용한 발전 용량을 2030년까지 500GW로 끌
    어올린다.

2. 총 전력의 50%를 2030년까지 재생가능에너지로 충당한다.

3. 지금부터 2030년까지 예상되는 온실가스 배출량 중 10억 톤을 감축한다.

4. 2030년까지 인도 GDP당 이산화탄소 배출량을 45% 이상 감축한다.

5. 2070년까지 넷제로를 달성한다.

이에 모디 총리는 목표 달성을 위해서는 선진국의 자금과 기술 지원이 필요하다고 피력했고 선진국에 1조 달러의 자금 지원을 요구하며, 기후변화 목표뿐 아니라 이러한 재무적 지원도 진척 상황을 관리해야 한다고 주장했다. 모디 총리가 넷제로 목표 기한을 2070년으로 정한 것을 두고 일본, 미국, EU 등이 목표로 설정한 2050년이나 중국, 러시아가 설정한 2060년에 비해 10년에서 20년 늦다는 점에 대해서는 비판의 목소리가 있다. 산업계는 이번 모디 총리의 선언이 도전적이면서도 실질적인 내용이라고 평가하는 한편, 실제 목표를 달성하려면 선진국의 지원을 포함해 대규모 투자가 필요하다는 목소리도 있다.

인도가 지금 끌어안고 있는 과제로는 원유 가격 급등으로 인한 무역 적자, 차량 보급이 주요 원인인 대기 오염이 있는데, 이에 대한 주요 해결책으로 인도는 전기자동차 추진을 고려하고 있다. 구입 보조금이나 생산장려제도 등을 도입하여 관련 산업을 촉진하고 2030년까지 전기자동차 보급률을 30%로 늘릴 계획이다.

여기까지 설명한 내용을 토대로 인도의 에너지 전략에서 무엇이 가장 중요한지를 생각해 보자. 인도에 지구온난화 대책이 우선이라고 보기는 힘들다. 아마도 탈중국이나 급격한 성장에 필요한 에너지의 안정적 확보, 에너지 경제성의 우선순위를 높게 잡고 있을 것이다 (에너지 자원의 3E(56p) 참조).

이번 장에서는 세계 속 인도의 위상, 재생가능에너지, 인도 경제의 성장, 지구온난화 대책을 설명했다. 인도는 2050년에 세계 2위의 경제 대국이 될 것으로 예상되는데, 청년 세대에게 2050년은 한창 사회에서 활약하고 있을 시기일 것이다. 그때를 위해서라도 성장하는 인도 경제를 지탱하는 에너지 전략에 대해 제대로 이해할 필요가 있다.

제8장

동남아시아, 호주, 브라질

에너지 안전보장을 지탱하는 파트너

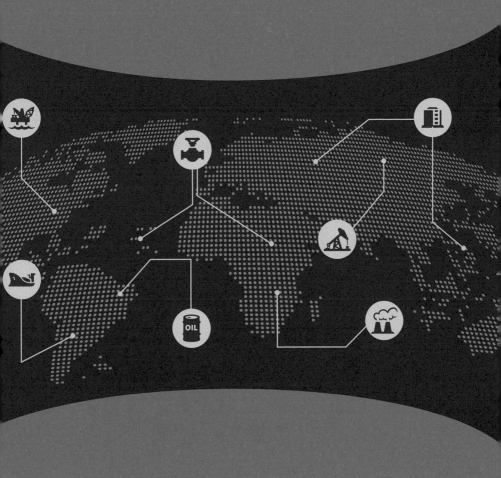

01 아세안(ASEAN)

이번 장에서는 아세안(동남아시아국가연합), 한국, 호주, 브라질에 대해 살펴보자.

아세안의 기본적 정보

동남아시아국가연합인 아세안은 경제·사회·정치·안전보장·문화에서 지역 협력을 추구하는 10개국의 모임이다. 1967년에 인도네시아, 말레이시아, 필리핀, 싱가포르, 태국의 5개국으로 시작했고 그 후 브루나이, 베트남, 라오스, 미얀마, 캄보디아가 추가되어 10개국으로 확대되었다. 아세안은 높은 잠재력으로 주목받고 있다. 인구가

ASEAN(Association of South·East Asian Nations)

· 동남아시아국가연합(동남아시아 10개국의 경제·사회·정치·안전보장·문화에 관한 지역협력기구)

년도	
1967	아세안 설립(가맹 5개국: 인도네시아, 말레이시아, 필리핀, 싱가포르, 태국)
1984	브루나이 가맹
1995	베트남 가맹
1997	라오스, 미얀마 가맹
1999	캄보디아 가맹, 현 ASEAN 10개국

출처: 일본 외무성

아세안의 큰 잠재력

인구가 많고 GDP 총액은 상대적으로 작은 아세안은 잠재력이 크다.

	가맹국 수	인구(명)	GDP 총액(10억 달러)
ASEAN	10	**6.0억**	1,865
EU	27	5.0억	16,242
NAFTA	3	4.5억	17,138
MERCOSUR	5	2.7억	2,812

NAFTA(북미자유무역협정): 미국, 캐나다, 멕시코

MERCOSUR(남미공동시장): 아르헨티나, 브라질, 파라과이, 우루과이, 베네수엘라

(준 가맹국: 칠레, 볼리비아, 페루, 에콰도르, 콜롬비아, 가이아나, 수리남)

출처: IMF World Economic Outllok Databases

많은데 GDP 총액은 상대적으로 작아서 성장의 여지가 크기 때문
이다.

EU는 27개국에 인구 5억 명, 나프타(NAFTA, 미국, 캐나다, 멕시코)
는 인구 4.5억 명, 메르코수르(MERCOSUR, 남미 국가들)는 인구 2.7억
명인 데 비해 아세안은 6억 명이다. 그리고 아세안의 인구는 앞으로
도 계속 늘어날 전망이다. 반면 아세안의 GDP 총액은 1조 8,650억
달러다. EU나 나프타와 비교하면 자릿수가 다르고 남미의 메르코수
르와 비교해도 훨씬 적다.

또한 아세안은 지역 통합을 추진하고 있다. 1992년에 아세안은
아세안자유무역협정(AFTA)을 준비하기 시작해 2010년경에 가맹
5개국 간의 관세를 거의 폐지했다. 2015년에는 아세안 10개국 내 관

세가 철폐되며 아세안경제공동체(AEC)가 출범했다. 덕분에 동남아시아 전체의 국제 경쟁력이 비약적으로 향상되었다.

예를 들면 어떤 부품은 태국에서 만들고 어떤 부품은 말레이시아, 어떤 부품은 인도네시아에서 만든 후 캄보디아에서 조립할 경우 각각 관세가 부여되면 가격이 비싸진다. 그러나 AEC 출범으로 한 국가 내에서 만든 것처럼 인도네시아와 태국, 말레이시아의 부품을 모아 캄보디아에서 조립할 수 있게 되었다. 이러한 이유로 동남아시아 전체의 국제 경쟁력이 올라갔고 또한 외국 자본으로서도 아세안 각 나라에 진출하기 쉬워져 아세안의 지역 통합은 큰 의미가 있다.

아세안은 2015년까지 경제뿐 아니라 정치·안전보장 공동체 그리고 사회·문화 공동체의 세 부문에서 아세안 공동체 실현을 추진해 왔다. 이러한 다방면의 통합을 통해 14억 인구 규모의 인도나 중국에 현재 6억 인구를 가진 아세안 전체가 필적하려는 의도이다.

아세안은 2035년까지 경제 규모는 3배, 인구는 25% 증가할 전망이다. 6억 명에서 25%가 증가하면 7억 5,000만 명이 된다. 인구 증가와 더불어 에너지 수요도 80% 이상 증가할 것으로 내다보고 있다. 이러한 아세안의 성장은 중국, 인도와 더불어 세계 에너지 시장의 중심을 아시아로 이동시키는 거대한 동력으로 작용할 것이다.

아세안의 에너지 사정

아세안은 에너지 자원이 있는 나라와 없는 나라가 섞여 있다. 인구의 많고 적음과 종교의 차이도 있어 지극히 다양한 국가들로 구성되어 있다.

도표 8-1은 아세안 각국의 특징을 나타낸 것이다. 세로축은 자원의 풍부함으로, 가로축은 인구의 많고 적음으로 나누어 간단하게 정리했다. 오른쪽 위는 인도네시아, 베트남, 미얀마로 자원이 풍부하고 인구도 많은 나라이다. 오른쪽 아래는 자원은 적지만 인구가 많은 태국과 필리핀이다. 왼쪽 위는 자원이 풍부하지만 인구는 적은 말레이시아와 인구가 극단적으로 적은 브루나이이며, 왼쪽 아래에는 인구도 적고 자원도 부족한 싱가포르, 캄보디아, 라오스가 들어간다.

아세안의 인구 피라미드의 특징은 젊은 인구가 많다는 것이다. 젊은 층이 적은 중국과는 대조적이다. 인도네시아는 인구가 2억 7,000만 명이면서 젊은 층이 매우 높은 비율을 차지하고 있다. 필리핀과 베트남도 인구가 1억 명 정도지만 젊은 인구가 많다. 태국은 인

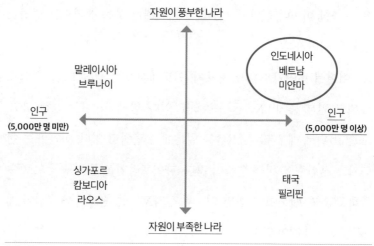

구가 7,000만 명 정도인데 젊은 층이 줄어들고 있어 선진국 같은 인구 피라미드를 보인다. 아세안 인구는 6억 명에서 7억 5,000만 명으로 늘어날 것으로 예상되는데 젊은 인구가 증가한다는 특징이 있다.

에너지원별로 본 동남아시아의 일차에너지 총 수요를 2000년과 2017년으로 비교하면 모든 에너지원의 수요가 증가했다. 석탄이 4배, 천연가스가 2배로 늘었으며 석유와 자연에너지도 각각 50% 정도 증가했다.

먼저 아세안의 석탄 사정을 알아보자. 주목할 점은 인도네시아의 석탄 생산이 세계 3위, 석탄 수출에서는 세계 1위라는 것이다. 또한 베트남은 석탄 생산에서 13위, 수출에서 20위, 수입에서 6위이다.

과거 베트남은 석탄 수출국이었으나 국내 경제가 성장하면서 석탄을 수출할 여력이 없어지고 수입에 의지해야 하는 상황으로 변하고 있음을 의미한다.

이어서 천연가스를 살펴보자. 인도네시아는 생산 12위, 수출도 12위로 일본 등에 LNG를 수출하고 있다. 말레이시아는 생산 11위, 수출 10위로 매우 많은 LNG를 일본에 수출하고 있다. 미얀마는 천연가스 생산량에 비해 수출이 많다. 파이프라인을 통해 중국으로 수출하고 있기 때문이다. 반면 태국과 싱가포르는 천연가스 수입이 매우 많다는 특징이 있다.

도표 8-2는 인도네시아를 비롯한 동남아시아 지도이다.

나는 공무원 재직 시절에 천연가스가 채굴되는 수마트라섬과 인구가 많고 에너지를 수입하는 자와섬을 잇는 천연가스 파이프라인 건설 사업에 관여한 적이 있다. 외환 위기를 맞아 인구가 많은 자와섬의 에너지 기반을 정비하면서 지구온난화 대책을 추진하고 수입을 줄여 외화를 절약하는 프로젝트에 일본이 경제 협력을 한 것이다. 향후 인도네시아의 경제가 더욱 성장하면 LNG 수출 여력이 없어지는 사태도 예상할 수 있다.

그리고 지도의 중앙 부분은 말레이시아의 영토인데, 점으로 표시된 곳이 빈툴루라는 곳이다. 이 빈툴루에 말레이시아의 LNG 기지가 있다. 말레이시아에서 LNG를 수출한다고 하면 말레이반도를 상상하는 사람이 많겠지만 사실은 브루나이와 가까운 칼리만탄섬의

출처: 료코노토모, ZenTech

빈툴루에서 LNG를 생산하고 있다.

　　마지막으로, 아세안 국가들의 발전원 구성을 간단히 설명해 보자. 먼저 브루나이는 자국에서 채굴되는 천연가스로 전력을 확보하고 있다. 이어서 캄보디아는 석탄과 수력 중심이고, 수력은 기본적으로 자급한다. 인도네시아는 반 이상의 전력을 석탄으로 충당하고 있으며 세계 1위의 석탄 수출국이기도 하다. 나머지 전력은 석유, 천연가스, 수력, 지열로 생산하고 있다. 라오스는 수력을 주로 이용하며 말레이시아는 석탄과 천연가스 그리고 수력으로 전력을 공급한다.

> **아세안 국가들의 자원 특색**
>
> · 말레이시아 : 일본에 LNG 수출
> · 인도네시아 : 세계 1위의 석탄 수출국, 지열발전
> · 베트남 : 수력
> · 미얀마 : 천연가스를 파이프라인으로 중국에 수출, 수력(상류에 중국이 대규모 댐 건설)
> · 필리핀 : 지열 발전
> · 태국 : 해상 유전, 바이오매스 발전
> · 브루나이 : 천연가스를 자급
> · 캄보디아 : 석탄과 수력, 수력은 자급
> · 라오스 : 수력발전(상류에 중국이 대규모 댐 건설)
> · 싱가포르 : 천연가스

미얀마는 천연가스와 수력이 중심이다. 단, 수력발전의 경우 수원(水源)의 상류에서 중국이 댐을 건설하고 있어 이전과 똑같이 전력을 공급할 수 있을지 불안한 상황이다. 필리핀은 석탄을 이용한 발전이 절반이고 천연가스와 수력, 그리고 지열의 비율이 높다는 특징이 있다. 더불어 풍력과 태양광도 개발하고 있다. 싱가포르는 천연가스를 주로 사용한다. 태국은 천연가스가 매우 높은 비율을 차지하지만 바이오 에너지 비율도 높은 것이 특징이다. 베트남에서는 수력발전이 높은 비율을 차지하고 있으며 석탄과 천연가스가 뒤를 잇는다.

중국의 메콩강 개발 영향

중국의 메콩강 개발에 대해 짚고 넘어가자. 중국은 큰 댐을 몇 개 건설했는데 완공된 것도 있으나 건설 중이거나 향후 건설할 예정

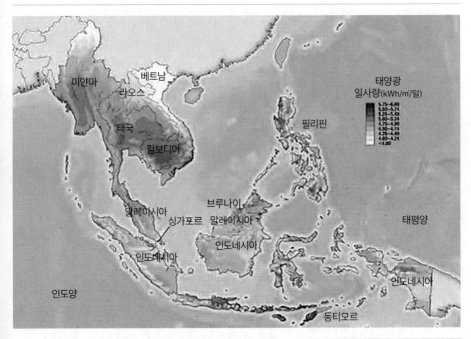

출처: 미국 국제개발처(USAID) 및 국립 재생가능에너지 연구소(NREL) 〈Exploring Renewable Energy Opportunities in Select Southeast Asian Countries〉

인 것도 있다. 그중에는 메콩강 상류에서 개발 중인 댐도 있다. 메콩 강 하류에는 미얀마의 수력발전 시설과 라오스의 수력발전 시설이 가동되고 있어 향후 어떤 영향이 있을지 우려하고 있다. 또한 생태계 파괴와 어획량 감소도 염려된다.

아세안에는 화석연료가 풍부한 나라도 있지만 그렇지 않은 나라도 있다. 재생가능에너지 중 특히 태양광과 풍력은 중동, 북미, 남미, 유럽과 비교하면 적합한 지대가 부족하다. 다만 태양광 자원의 잠재력이 매우 큰 지역도 있어 향후 개발에 이목이 모이고 있다. 풍력 자원은 필리핀, 캄보디아, 베트남, 태국, 미얀마 등의 잠재력이 크다고 평가된다. 앞으로의 개발이 기대되는 대목이다.

02 한국

한국의 에너지 전략

한국은 1970년대부터 조선 등 중화학공업을 기간 산업으로 삼 았고, 1980년대부터 1990년대까지는 고부가가치산업 육성으로 성 장을 이루었다. 현재는 반도체, 자동차, 조선, 철강이 주요 산업이다. 1970년부터 급속한 경제 성장과 함께 에너지 소비량도 비약적으로 증가했다.

한국의 자원별 일차에너지 공급 구성에서는 석유와 석탄이 가 장 높은 비율을 차지한다. 2020년 기준으로는 석유 37%, 석탄 27%, 천연가스 18%, 원자력 15%, 바이오 연료 2%, 풍력·태양광 1%, 수력 0.1%로 일차에너지 공급의 82%를 화석연료에 의존하고 있다. 그리 고 2018년에는 IEA 가맹국 중 에너지 공급에서 재생가능에너지가 차지하는 비율이 가장 낮은 나라였다.

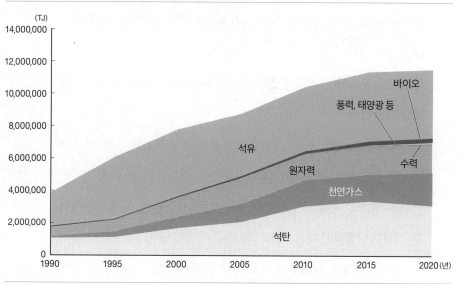

출처: IEA

2019년 기준 석유의 주요 수입처는 사우디아라비아 27%, 미국 14%, 쿠웨이트 14%로 중동 의존도는 68%이다. 또한 2019년 LNG 주요 수입처는 카타르 27%, 호주 19%, 미국 14%, 말레이시아 12% 이다. 석탄 현황을 보면 한국은 중국, 인도, 일본에 이은 주요 석탄 수입국이다. 2019년에는 호주에서 35%, 인도네시아에서 21%, 러시아에서 20%를 수입했다. 한국은 화석연료 매장량이 매우 적어 에너지 공급 대부분을 수입에 기대고 있다.

2020년에 문재인 대통령은 2050년까지 온실가스 배출량을 실질 0으로 하는 탄소중립을 실현하겠다고 말했고, 2021년에 한국 정부는 온실가스 배출량을 2030년까지 2018년 대비 40% 감축하겠다는 목표를 정식으로 발표했다. 그러나 윤석열 대통령은 문재인 전 대통령의 탈원전 방침에서 노선을 전환하여, 전체 발전량에서 원자력발전이 차지하는 비율을 2030년에 30% 이상으로 만들겠다는 목표를 내걸었다.

또한 2022년에 한국 산업통상자원부는 국무회의에서 〈새정부 에너지정책 방향〉을 의결했다고 발표했다. 실현 가능하고 합리적인 에너지 믹스의 재정립을 목표로 하면서 원자력발전, 재생가능에너지, 석탄화력발전에 대해서도 아래와 같이 언급했다.

원자력발전은 신한울 3·4호기 건설 재개와 안전성 확보를 전제로 한 계속 운전 추진 등을 통해 2030년 전체 전력량 중 원자력발전의 비율을 30% 이상으로 확대하는 것이 목표이다. 재생가능에너지에 관해서는 태양광, 해상 풍력 등의 특성을 고려하여 합리적으로 재생가능에너지 비율을 높여갈 예정이다. 석탄화력발전은 수급 상황이나 계통 부하를 신중히 고려하여 합리적으로 감축해 나간다.

이처럼 한국은 화석연료에 의존하고 있기 때문에 에너지 자원의 해외 의존도가 높다. 그 구조에서 탈피하기 위하여 석탄화력발전의 축소나 재생가능에너지의 확대 등에 뛰어들고 있다.

03 호주

호주와 일본의 관계

호주는 자원 대국이며 석탄 수출은 인도네시아에 이은 세계 2위이고, 천연가스 수출은 세계 5위이다. 호주와 일본은 자원 무역에서 서로에게 중요한 존재이다.

일본이 호주에서 수입하는 자원을 보면, 석탄 총 수입량의 약 60%가 호주산이고 LNG는 총 수입량의 40%가 호주산이다. 이처럼 일본은 석탄과 LNG를 호주 수입에 크게 의존하고 있다.

그렇다면 호주에서 본 일본은 어떨까? 호주의 석탄 수출처는 일본 1위, 중국 2위, 한국 3위이다. 또한 호주의 LNG 수출처는 중국에

자원 대국 호주

세계 석탄 수출량 상위 5개국 (2020년)			세계 천연가스 수출량 상위 5개국 (2020년)		
순위	나라	수출량 (천 톤)	순위	나라	수출량 (백만㎥)
1	인도네시아	459,136	1	러시아	256,305
2	**호주**	**392,934**	2	미국	131,852
3	러시아	217,510	3	카타르	126,750
4	미국	85,062	4	노르웨이	110,144
5	남아프리카	78,597	**5**	**호주**	**100,460**

출처: EIA

이어 일본이 2위이며 수출량은 호주 수출 전체의 약 37%로 높은 비율을 차지한다. 뒤에서 설명하겠지만, 호주와 중국의 관계 악화로 중국으로 수출하는 양이 감소하고 있어 일본 수출의 상대적 지위가 올라갈 것으로 예상된다.

이처럼 일본과 호주는 서로에게 대단히 중요한 나라라고 할 수 있다.

호주와 중국의 관계

앞에서 잠깐 언급한 호주와 중국의 자원 무역에 대해 알아보자.

2021년 외교 문제로 호주에서 중국으로 가는 석탄 수출이 일시 정지되고 LNG 수출도 감소하는 사태가 발생했다. 2015년부터 2021년까지 중국의 석탄 수입을 보면 호주와 인도네시아에서 수입하는 양이 일관되게 많은데, 2021년에는 호주에서 수입하는 양이 갑자기 0이 된다. 이는 2020년 코로나19의 발생원을 두고 호주가 독립 조사를 요구한 것에 중국이 반발하여 호주산 수입을 비공식적으로 금지했기 때문이다. 그 후 2022년에는 서서히 수출을 재개했으나 향후 호주에서 중국으로의 석탄 및 LNG 수출의 귀추가 주목된다.

호주의 생산 거점

호주의 석탄 생산 거점과 LNG 생산 거점을 알아보자.

석탄은 주로 호주 동쪽에 있는 퀸즐랜드주의 보웬 분지와 뉴사우스웨일스주의 헌터밸리라는 두 지역에서 생산된다.

호주에는 일본 기업의 주도로 이루어지는 대규모 LNG 개발 프로젝트가 몇 가지 있다. 먼저 다윈 근해에 있는 이크시스 가스전이다. 이곳에서부터 890km 길이의 해저 파이프라인으로 가스를 운반하여 그 가스를 다윈에서 LNG로 변환한다. 개인적으로 구상 단계에 참여한 바 있는 이 프로젝트는 일본 기업인 인펙스(Inpex)가 주도했다. 다음으로 노스웨스트 셸프 가스전이다. 이크시스 남서쪽에 있는 노스웨스트 셸프는 해저 가스전에서 채굴한 가스를 파이프라인을 통해 육지의 카라타로 옮겨 LNG로 가공한다. 미쓰비시상사, 미쓰이물산이 출자하여 구성한 MIMI라는 조인트벤처가 개발을 진행하고 있는 프로젝트이다.

자원으로는 지도 왼쪽 아래의 퍼스라는 도시도 유명하다. 골드러시로 성장한 도시이며 인도네시아나 싱가포르와 매우 가깝다. 호

▶ 도표 8-5 호주의 석탄·LNG 생산 거점

● **석탄 생산의 2대 거점**
· 퀸즐랜드주 보웬 분지
· 뉴사우스웨일스주 헌터밸리

● **일본 기업이 주도하는 대규모 LNG 개발**
· 이크시스 가스전을 개발하여 가스·콘덴세이트를 채굴, 북서부 다윈에서 LNG로 변환한다.

● **웨스턴오스트레일리아주 퍼스**
· 금, 철광석, 다이아몬드 등의 광물 자원이 풍부하다.
· 골드러시로 도시가 성장했다.

출처: 필자 작성

주는 역사적으로 멜버른이나 시드니, 애들레이드 등 동쪽을 중심으로 발전했다. 반면 현재는 아세안과 호주의 결합이 깊어지는 가운데 철광석, 보크사이트, 다이아몬드 등의 자원을 채굴할 수 있는 퍼스를 중심으로 결속을 강화하고 있다.

04 브라질

브라질의 기본적 정보

브라질은 인구가 2.1억 명, 면적이 851만*km*², 수도는 도표 8-6에 검은 동그라미로 표시된 브라질리아이다. 1973년 제1차 석유 파동, 1979년 제2차 석유 파동이 일어난 당시에 브라질은 석유의 90%를 수입에 의존하고 있었다. 그 결과 석유 수입액이 크게 늘었고 1980년 대부터는 심각한 인플레이션에 시달렸다. 1980년대 전반의 물가 상승률은 약 100%였다.

물가 상승률 100%란, 올해 1,000만 원에 살 수 있었던 물건을 내년에는 2,000만 원을 주고 사야 한다는 뜻이다. 1985년에는 200%를 넘어서 올해 1,000만 원이었던 물건을 사려면 다음해에는 3,000만 원을 내야 했다. 90년대가 되자 물가 상승률은 300% 가까이 달했고 1993년에는 1,900%, 1994년에는 2,000%가 되었다. 대략 이 정도 수치가 하이퍼 인플레이션이라고 불리는 상태이다.

이 하이퍼 인플레이션이었던 1991년부터 1994년 시기에 나는 브라질리아에 체류하고 있었기에 당시의 어려움들이 생생히 기억난다. 날이 갈수록 돈의 가치가 뚝뚝 떨어져서 급기아 현금을 물건으로 바꾸어야만 했다. 금전 문제로 인간관계가 얼마나 망가질 수 있는지를 똑똑히 목격했다.

1993년에는 누적 채무 상환이 시작되었다. 브라질 정부가 누적 채무를 상환하지 않으면 해외에서 새로운 자금을 유치할 수 없다는 나의 설득이 효과를 발휘했던 것이다. 당시 누적 채무 상환을 중지한 브라질 의회에 나는 "브라질의 축구는 세계의 공통 규칙을 따르면서 이기는 것이다. 금융도 마찬가지다. 세계의 공통 규칙을 따라야만 한다"라고 호소했고 무사히 설득해 냈다. 브라질 상원의원 81명 중 43명에게 찬성을 받고 나머지는 기권한 결과 43대 0으로 누적 채무 상환이 가능해졌다.

당시의 재무장관이었던 카르도주는 국제 금융계와의 협의를 거쳐 〈헤알 플랜〉을 발표했다. 그 후 물가 상승률은 66%, 16%, 7%, 3%

▶ 도표 8-6 브라질

- 인구: 2.1억 명
  면적: 851.2만㎢(한반도의 약 39배)
  수도: 브라질리아
- 제1차 석유 파동(1973년), 제2차 석유 파동(1979) 당시에는 석유의 90%를 수입에 의존, 석유 수입액이 크게 증가
- 80년대부터 심각한 인플레이션
  ① 1980년 90%, 1985년 226%
  ② 1990년 2948%, 1993년 1927%(누적 채무 상환 개시, 헤알 플랜 시작), 1994년 2076%
  ③ 1995년(카르도주 대통령 취임) 66%, 1996년 16%, 1997년 7%, 1998년 3%
- 19992년 리우에서 유엔환경개발회의(지구정상회의) 개최

출처: 일본 외무성 등

로 가라앉았다. 헤알 플랜의 성공으로 그는 1995년에 대통령 자리에

올랐다. 다만 이 성공에는 국제 금융계와의 협력에 더불어 뒤에서 설

명할 석유 수입국에서 수출국으로의 변화 또한 영향을 미쳤다.

　브라질은 지구온난화 대책 관련 국제회의를 주최한 경험도 있

다. 1992년 리우데자네이루에서는 제1회 유엔환경개발회의(지구정상

회의)가 개최되었다. 시간이 흘러 글래스고에서 26번째 회의가 열렸

을 즈음 큰 틀이 정해졌는데, 그 시작은 1992년 브라질의 리우데자

네이루였다.

　도표 8-7은 제1장에서 언급했듯이 1992년 지구정상회의에 참석

했을 당시의 사진이다. 그리운 추억이다.

브라질의 에너지 사정

도표 8-8은 브라질의 에너지 공급량 구성을 1990년부터 2019년까지 대강 나열한 것으로 바이오매스 비율이 매우 높다는 특징이 있다. 2019년에는 풍력과 태양광이 낮은 비율이나마 등장했고, 수력도 바이오매스에 버금가는 큰 비율을 차지하고 있어서 재생가능에너지 비율이 높은 것이 브라질의 특징이다. 1990년대부터 비교해 보면 천연가스 비율도 늘어나고 있으며 적은 양이지만 원자력발전도 존재한다. 브라질은 경제 규모가 매년 커지고 있는데도 재생가능에너지 대국이라는 뜻이다.

도표 8-9에는 브라질의 바이오 연료 현황을 간단히 정리했다.

▶ **도표 8-8 브라질의 에너지 공급량 구성** (1990~2019년)

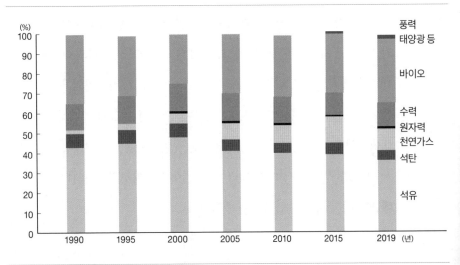

출처: IEA

358

▶ 도표 8-9 바이오 연료

· 브라질은 미국에 이어 에탄올 연료 생산 세계 2위, 수출 세계 1위이다.
· 사탕수수(미국은 옥수수) 등이 연료이다.
· 석유 파동을 계기로 1975년 브라질 정부는 〈프로알쿨 프로그램〉을 추진하여 휘발유의 대체 연료로서 연료용 에탄올 생산기술 개발과 생산·이용을 확대했다. 그 결과 알코올 자동차를 보급했다.
· 연료 효율은 휘발유보다 20~30% 떨어진다.
· 가격은 휘발유의 약 60%이다.
· 휘발유보다 이산화탄소 배출량이 적어서 친환경적이다.
· 플렉스 연료차는 휘발유와 에탄올을 혼합한 것이다.
· 유럽 E10을 의무화(브라질에서는 E20이 기본)했다.

©AFP

브라질은 미국에 이어 세계 2위의 에탄올 연료 생산국이자 1위 수출국이다. 브라질은 사탕수수를, 미국은 옥수수를 원료로 해서 바이오 에탄올을 만든다. 바이오 연료 개발은 브라질에서 매우 중요한 정책인데, 석유 파동을 계기로 1975년 브라질 정부가 추진한 〈프로알쿨 프로그램(Program Proalcool)〉이 그 시작이었다. 즉 휘발유의 대체제로서 연료용 에탄올 생산기술의 개발, 생산 및 이용 확대를 추진한 것이다. 미국에서는 휘발유와 혼합하는 용도로 개발했지만 브라질에서는 대체하는 용도로 개발했다. 그 이유는 석유 파동으로 인해 크게 오른 석유 대금 지불이 인플레이션으로 이어졌다는 반성이 있었기 때문이다. 결과적으로 브라질에서는 연료가 알코올 100%인

자동차도 보급되었다. 나 역시 브라질에 거주했을 때는 알코올 차를 운전했다.

도표 8-9의 사진은 브라질의 주유소 모습이다. 잠시 샛길로 새자면, 브라질에서는 알코올과 휘발유가 병설된 주유소가 기본이며 잘못 넣으면 큰 문제가 발생한다. 만약 바꾸어 넣었을 때는 직원들이 씻어내는 작업에만 매달려야 했다. 이렇게 일단 씻어내고 나면 차량은 문제없이 움직인다. 바이오 연료의 연료 효율은 휘발유보다 20~30% 떨어지지만 가격은 휘발유의 약 60% 정도이다. 그리고 환경 면에서는 휘발유보다 이산화탄소 배출량이 적으므로 더 친환경적인 연료이다.

지구온난화 대책과 탈탄소화라는 근래의 흐름 속에서 등장한 플렉스 연료차는 브라질에 매우 좋은 기회이다. 플렉스 연료차란 휘발유와 에탄올을 혼합해서 달리는 엔진을 장착한 자동차로, 유럽에서는 휘발유에 10%의 에탄올을 혼합한 E10을 의무화했다. 반면 브라질은 20% 혼합이 기본이다. 세계가 휘발유에 바이오 연료를 섞어 화석연료 비율 저하와 이산화탄소 배출량 감축을 시도하는 가운데 브라질은 1970년대부터 이 제도를 실시했으므로 확실한 비교우위를 가진다.

브라질의 석유 수입량과 수출량 추이는 다음과 같다. 브라질은 2006년에 석유 자급을 달성했다. 먼저 도표 8-10의 1990년 그래프를 보자. 당시는 수입만 하고 수출은 하지 않았다. 1995년이 되면 미

▶ 도표 8-10 브라질의 석유 수입량과 수출량 추이

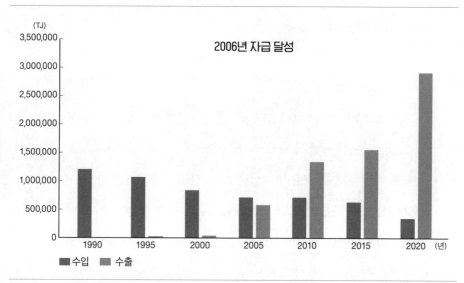

출처: IEA

약하게 수출이 발생한다. 그 후로는 해가 지날수록 수입은 줄고 수출이 늘었다. 브라질이 1970년대 석유 파동에서 얻은 교훈을 살려 자국에서 석유를 개발하려고 필사적으로 노력한 것이 결실로 나타난 것이다.

또한 미국의 바이오 에탄올은 옥수수를 원료로 사용하는데 이는 에너지 정책적인 측면과 더불어 농업 정책, 특히 농가 지원의 색채를 같이 띤다. 즉 식량으로 팔 때보다 에너지 원료로 팔 때 옥수수 매입 가격이 높아져서 농가 수입이 늘어나기 때문에 바이오 에탄올을 추진한다는 것이다. 그러나 미국의 정책 방향성은 옥수수 가격을 높여 아프리카의 빈곤 문제나 세계 식량 안전보장 문제를 야기한다는 점도 눈여겨볼 필요가 있다.

페트로브라스

페트로브라스라는 브라질의 국영석유회사에 대해 알아보자. 페트로브라스는 신 세븐시스터즈의 일원으로, 고도의 심해(deep sea) 탐광 및 개발 기술을 보유하고 있다. 먼저 심해는 수심 4,000m에서 5,000m를 뜻한다. 그리고 초심해(ultra deep sea)는 수심 6,000m에서 1만 1,000m이다. 페트로브라스는 이러한 바다 깊은 곳에서의 탐광과 개발 기술을 보유하고 있으며 세계적으로도 특출나다. 리우데자네이루 근해의 캄포스 유전, 산토스 해저 분지 등에 매장량이 풍부한 심해, 초심해 유전이 있는데 이 또한 페트로브라스가 발견한 것이다.

초심해 유전 중 프리살이라고 불리는 유전이 있는데 암염층 밑에 있는 유전으로 개발하기가 매우 힘들다. 그러나 페트로브라스는 발견했을 뿐만 아니라 개발까지 하고 있다. 이에 더해 페트로브라스는 해상 시추에도 본격적으로 뛰어들고 있는데, 큰 배를 지반 삼아 심해로 드릴을 꽂는 방식으로 채취한 자원은 근해에서 저장하고 운송한다. 그러기 위해서는 부유식 원유 생산·저장·하역 설비(FPSO)라는 다소 긴 이름의 장치가 필요한데, 이 분야에서도 페트로브라스는 세계를 선도하고 있다. FPSO를 이용한 시추가 본격화되면 브라

페트로브라스

브라질의 국영석유회사(신 세븐시스터즈)
- 고도의 심해(수심 4,000~5,000m), 초심해(수심 6,000~1만 1,000m) 탐광 및 개발 기술을 보유하고 있다.
- 리우데자네이루 근해의 캄포스 유전, 산토스 해저분지 등에서 매장량이 풍부한 심해, 초심해 유전(프리살(암염층 밑) 포함)을 연달아 발견했다.
- 부유식 원유 생산·저장·하역 설비(FPSO)를 이용한 시추를 본격적으로 개시했다.
  → 브라질에서는 석유 생산량이 향후 비 OPEC 2위까지 급증할 것으로 예상된다.
- 앙골라, 나이지리아 근해의 심해 유전 개발에 진출했다.
- 석유 정제 판매, 석유화학에서도 성공했다.

질의 석유 생산량은 앞으로 비 OPEC(OPEC) 회원국 가운데 2위가 될 것이라고 브라질은 예상하고 있다. 비 OPEC 회원국에는 미국과 러시아도 포함되므로 브라질은 미국이나 러시아를 제치겠다는 포부를 품었다는 뜻이다. 또한 브라질은 국내에 그치지 않고 앙골라, 나이지리아 등 아프리카 근해에 있는 심해 유전 개발에도 진출했다. 석유 생산 외에도 석유 정제와 판매, 혹은 석유화학 분야에서도 세계적으로 점유율 획득에 성공했다.

1998년에 볼리비아의 산타크루즈에서 브라질의 포르투 알레그리까지 이어진 천연가스 파이프라인이 완성되어 최빈국 볼리비아에 활로가 열렸다. 그러나 당시는 브라질이 볼리비아에서 파이프라인으로 천연가스를 수입했지만, 브라질 국내 생산이 증가한 데다 브라질 각지를 잇는 국내 파이프라인이 완비되어 볼리비아산 천연가스 수요가 감소했다. 셰일가스 개발을 추진한 아르헨티나에서도 마찬가지로 볼리비아산 천연가스 수요가 감소했기 때문에 판매처를 잃은 볼리비아에서 페루의 태평양 쪽 해안으로 파이프라인을 연결하는 LNG 프로젝트가 계획되고 있다. 이처럼 브라질의 석유와 천연가스 개발은 주변국의 에너지 전략에도 크게 영향을 미치고 있다.

브라질의 재생가능에너지

브라질의 재생가능에너지 발전량은 중국, 미국에 이어 세계 3위이다. 브라질의 재생가능에너지는 수력발전과 바이오매스 발전이 주를 이루며 바이오 에탄올 생산은 세계 1위로 평가된다. 브라질은 에너지 전체에서 재생가능에너지가 차지하는 비율이 1990년대부터 높았는데, 그 안에서는 수력과 바이오매스에 더해 풍력과 태양광이 증가하고 있다. 수력발전량은 세계 2위이며 풍력발전은 세계 7위이다.

또한 아마존은 '지구의 허파'라고도 불린다. 세계 선진국이 이산화탄소를 대량으로 배출하는 가운데 아마존의 삼림이 이산화탄소를 흡수하므로 아마존은 지구상의 이산화탄소를 흡수하는 허파라는 뜻이다. 그런데 《네이처 클라이메이트 체인지》라는 논문지에서는 아마존의 이산화탄소 배출량이 흡수량을 넘어섰다고 지적했다. 지난 10년간 대기 중에 방출된 이산화탄소는 흡수된 이산화탄소의 양보다도 20% 가까이 많다는 계산 결과를 내놓았다. 이는 삼림 화재나 불법 벌채의 여파로 보이며, 브라질 정부는 아마존의 삼림 벌채

▶ 도표 8-11 지구의 허파는 환상인가

● **지구의 허파**
· 아마존은 남미에 있는 세계 최대 열대 우림이다(전체 면적 600만 700㎢).
· 이산화탄소를 대량으로 흡수하고 산소를 배출하는 역할을 하고 있다.

● **2010~2019년 아마존 전체의 균형이 역전되었다(《네이처 클라이메이트 체인지》).**
· 이산화탄소 배출량은 166억 톤인데 이산화탄소 흡수량은 139억 톤에 그친다.
· 10년간 대기 중으로 방출된 이산화탄소의 양이 흡수된 양보다도 20% 가까이 많다.
· 삼림 화재나 불법 벌채의 영향이다.

출처: 일본 외무성 등

감시나 화재 방지를 위해 더욱 노력해야 한다는 지적을 받고 있다. 당시 브라질 보우소나르 대통령은 아마존의 보전과 아마존의 지구 환경 속 역할에 대해 굉장히 소극적이라는 평가를 듣기도 했다.

어쨌든 브라질은 지구정상회의를 개최한 나라이기도 하므로 아마존 보전에 좀 더 힘을 기울여주었으면 한다는 개인적 소망이 있다. 한편 브라질 정부는 외국인이 브라질 정책에 대해 고압적으로 발언하는 행위는 참을 수 없다고 주장한다. 물론 지구의 허파인 아마존은 중요하지만, 브라질의 독립성을 배려할 필요도 있다는 말이다. 브라질의 입장은 이해하지만 그래도 브라질 정부가 지구 환경 대책의 리더로 다시 복귀하기를 염원한다.

제9장

중동

자립을 강화하고 러시아·중국과 연계하는 세계 최대의 유전 지대

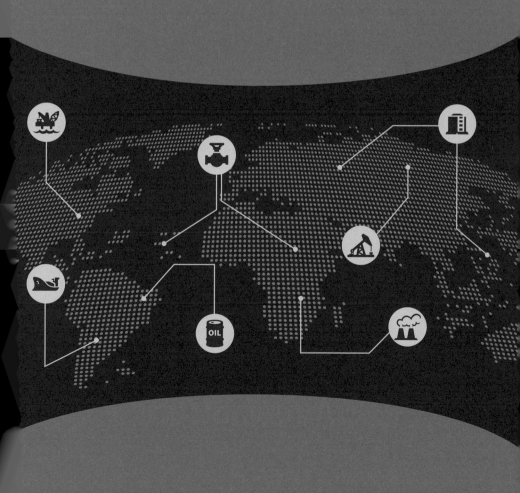

01 중동의 기본적 정보

　도표 9-1은 중동 지도이다. 중동에는 사우디아라비아, 이란, 이라크, 아랍에미리트(UAE), 카타르, 쿠웨이트, 오만 등의 산유국과 가스 생산국이 있는가 하면 바레인, 요르단, 이스라엘, 팔레스타인, 예멘, 레바논, 시리아 등 석유나 천연가스를 별로 생산하지 못하는 나라도 있다. 그래도 중동이라는 장소는 전 세계의 에너지 공급원으로서 굉장히 중요한 역할을 하는 지역이다. 그러나 한편으로 정세 불안을 품고 있는 지역이기도 하다. 이라크 전쟁, 이스라엘과 팔레스타인

▶ **도표 9-1 중동**

- 산유국과 가스 생산국은 사우디아라비아, 이란, 이라크, 아랍에미리트, 쿠웨이트, 오만 등이 있다.
- 석유나 가스를 생산하지 못하는 나라는 바레인, 요르단, 이스라엘, 팔레스타인, 예멘, 레바논, 시리아 등이 있다.
- 중동은 전 세계의 에너지 공급원이다.
- 이라크 전쟁, 이스라엘과 팔레스타인 문제, 이란 핵 개발 등 정세 불안을 품고 있다.
- 대다수가 이슬람교이고 아랍어를 사용한다.

출처: https://icsdulp.blogspot.com/2021/03/blog-post_367.html

문제, 이란의 핵 개발 의혹 등 많은 문제가 존재한다.

종교는 이슬람교가 대부분이고 언어는 보통 아랍어를 사용한다. 다만 이란은 페르시아어, 이스라엘은 유대교, 히브리어 국가이다. 또한 이슬람교 내에서 수니파와 시아파라고 불리는 종파 차이가 국가 간의 단교로 이어질 정도로 큰 영향을 미치고 있다.

근래 있었던 큰 사건들을 되돌아보면, 2016년에는 종교 문제를 계기로 사우디아라비아(수니파)와 이란(시아파)이 국교를 단절했고, 이 듬해인 2017년에는 이란과 과도하게 가까워지려고 한 카타르가 사우디아라비아를 중심으로 한 페르시아만 연안국과 이집트 등 아프리카 대륙의 이슬람 국가 일부로부터 국교 단절을 선언당했다.

게다가 최근에는 미국의 중동 지역에 대한 관여가 줄어들면서 종전의 미국(+사우디아라비아) vs 이란에 가까웠던 대립 구도가, 사우디아라비아(+미국) vs 이란의 형태로 변화했다. 거기에 이스라엘의 존재가 또 큰 영향을 미치고 있다. 그리고 친 이스라엘 성향을 강하게 드러낸 트럼프 정권에 의해 이스라엘+미국 vs 아랍 국가들이라는 구도도 나타나고 있다. 걸프 전쟁 후 이란 지역에 주둔한 미군의 존재는 이란 정부에 최대의 위협이 되고 있다. 2023년 현재 미국은 쿠웨이트, 이라크, 바레인, 카타르, 요르단, 아랍에미리트, 이집트, 사우디아라비아, 시리아, 오만, 이스라엘 국가에 여러 형태의 기지를 보유하고 있는데 앞으로 어떻게 변할지 혹은 변하지 않을지 주목된다.

부시 정권에서 오바마 정권으로 넘어가면서 미국이 중동 관여

수니파와 시아파

● 수니파와 시아파는 이슬람교의 2대 종파이다.
● 무함마드의 후계자 다툼으로 둘로 나뉘어졌다.

● A.D 632년 이슬람교의 창시자인 무함마드 사망
　· 수니파(다수파·전체의 90%) → 최고 지도자는 혈통이 아닌 능력으로 정해야 한다.
　· 시아파(소수파·전체의 10%) → 최고 지도자는 무함마드의 자손만 될 수 있다.

● 같은 모스크에서 예배하는 등 사이가 나쁘지는 않다.
● 최근에는 자신이 수니파인지 시아파인지 모르는 사람도 있다.

를 줄이자 중동의 대립 구도에도 변화가 나타났다. 예를 들어 지금까지 미국의 그림자에 숨어 있던 사우디아라비아는 중동 지역에서 미국이 수행하던 역할을 일부 대체하게 되었다. 한편 사우디아라비아와 카타르의 국교 단절처럼 아랍 국가 간에도 대립이 존재한다. 이처럼 종교와 분쟁으로 혼란스러운 정세가 중동 지역의 특징이다.

자원이 풍부한 중동

　도표 9-2에서 세계 각국의 석유 관련 통계를 확인할 수 있다. 석유 매장량 상위 10개국 중 5개국이 중동 지역에 있는데 바로 사우디아라비아, 이란, 이라크, 쿠웨이트, 아랍에미리트이다. 생산량 순위에도 사우디아라비아, 이라크, 아랍에미리트, 이란, 쿠웨이트가 포함되어 상위 10개국 중 절반이 중동이다. 그리고 수출에서도 상위 10개국 중 5개국이 중동이며 1위가 사우디아라비아이다. 3위 이라크,

▶ 도표 9-2 세계 각국의 석유 매장량, 생산량, 수출량

세계 석유 매장량 상위 10개국 (2020년)			세계 석유 생산량 상위 10개국 (2020년)			세계 석유 수출량 상위 10개국 (2020년)		
순위	국가	매장량 (백만 배럴)	순위	국가	생산량 (천 톤)	순위	국가	수출량 (천 배럴/일)
1	베네수엘라	303,806	1	미국	712,729	1	사우디아라비아	7,341
2	사우디아라비아	297,527	2	러시아	524,404	2	러시아	5,196
3	캐나다	168,088	3	사우디아라비아	519,583	3	이라크	3,976
4	이란	157,800	4	캐나다	252,187	4	캐나다	3,177
5	이라크	145,019	5	이라크	202,038	5	아랍에미리트	2,427
6	러시아	107,804	6	중국	194,769	6	이란	2,231
7	쿠웨이트	101,500	7	아랍에미리트	165,622	7	미국	2,048
8	아랍에미리트	97,800	8	브라질	159,191	8	나이지리아	1,889
9	미국	68,757	9	이란	142,736	9	쿠웨이트	1,838
10	리비아	48,363	10	쿠웨이트	130,147	10	카자흐스탄	1,532

출처: BP, EIA

5위 아랍에미리트, 6위 이란, 9위 쿠웨이트이다. 2위가 러시아이기는 하지만 중동이 상위 10개국 중 5개국을 차지하며 전 세계 수출량 중 상당량을 책임지고 있다.

다음으로 천연가스 매장량도 살펴보자. 도표 9-3을 보면 상위권에 이란, 카타르, 사우디아라비아, 아랍에미리트가 자리 잡고 있다. 생산량에서는 상위 10개국에 이란, 카타르, 사우디아라비아 3개국이 들어가 있다. 수출은 카타르가 3위이며 다른 중동 국가는 없다. 이는 중동이 인접국과 파이프라인이 연결되어 있지 않아 수출하지 못하는 것이 큰 원인이 된다. 또한 이란이나 사우디아라비아 등이 LNG를 생산하지 않기 때문이기도 하다.

▶ 도표 9-3 세계 각국의 천연가스 매장량, 생산량, 수출량

순위	세계 천연가스 매장량 상위 10개국 (2020년) 국가	매장량 (조㎥)	순위	세계 천연가스 생산량 상위 10개국 (2020년) 국가	생산량 (백만㎥)	순위	세계 천연가스 수출량 상위 10개국 (2020년) 국가	수출량 (백만㎥)
1	러시아	37.39	1	미국	914,621	1	러시아	256,305
2	이란	32.1	2	러시아	638,490	2	미국	131,852
3	카타르	24.67	3	이란	250,786	3	카타르	126,750
4	투르크메니스탄	13.6	4	중국	194,014	4	노르웨이	110,144
5	미국	12.62	5	카타르	171,319	5	호주	100,460
6	중국	8.4	6	캐나다	165,195	6	캐나다	76,094
7	베네수엘라	6.26	7	호주	142,516	7	네덜란드	42,828
8	사우디아라비아	6.02	8	사우디아라비아	112,100	8	알제리	42,667
9	아랍에미리트	5.94	9	노르웨이	111,454	9	투르크메니스탄	38,224
10	나이지리아	5.47	10	알제리	81,456	10	말레이시아	35,979

출처: BP, EIA

앞에서 언급했듯이, 일본은 원유 수입의 중동 의존도가 88.3%이다. 사우디아라비아, 아랍에미리트, 카타르, 쿠웨이트, 이란, 바레인, 오만, 이라크 등에서 수입한다. 한마디로 일본은 중동 없이 살아갈 수 없다는 뜻이다. 천연가스에서는 수입 상대국 중 세 번째로 수입이 많은 카타르에 아랍에미리트와 오만을 더해도 중동 의존도는 21%에 그친다. 석탄은 중동 의존이 없는 대신 호주 의존도가 70%이다. 이처럼 일본은 석유와 천연가스, 특히 석유를 중동에 의존한다.

중동 의존 문제에서 빠지지 않고 거론되는 주제가 초크 포인트 리스크이다. 중동에는 호르무즈 해협, 수에즈 운하, 바브엘만데브 해협 등의 초크 포인트가 있다. 바브엘만데브 해협은 생소할 수 있는데

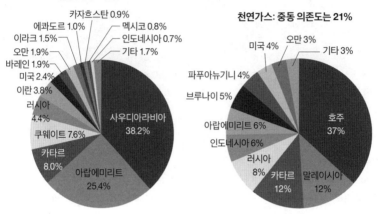

원유: 중동 의존도 88.3%

카자흐스탄 0.9%
에콰도르 1.0%
이라크 1.5%
오만 1.9%
바레인 1.9%
미국 2.4%
이란 3.8%
러시아 4.4%
쿠웨이트 7.6%
카타르 8.0%
아랍에미리트 25.4%
멕시코 0.8%
인도네시아 0.7%
기타 1.7%
사우디아라비아 38.2%

천연가스: 중동 의존도는 21%

미국 4%
오만 3%
기타 3%
파푸아뉴기니 4%
브루나이 5%
아랍에미리트 6%
인도네시아 6%
러시아 8%
카타르 12%
말레이시아 12%
호주 37%

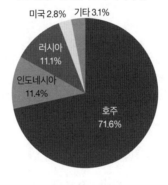

석탄: 중동 의존 없이 호주에서 수입

미국 2.8%
기타 3.1%
러시아 11.1%
인도네시아 11.4%
호주 71.6%

출처: 일본 경제산업성 〈자원·에너지 통계 연보〉 2018년 데이터, 재무성 〈일본무역통계〉 2018년 데이터

예멘과 에리트레아, 지부티 사이에 있는 해협이다. 이 해협을 통과하지 않으면 수에즈 운하를 지날 수 없고, 수에즈 운하에서도 바브엘만데브 해협을 지나지 않으면 인도양으로 나갈 수 없다. 따라서 중동에서 수입한다는 것은 유사시에는 공급이 끊길 위험을 안고 있다는 뜻

이다(도표 1-3(65p) 참조).

참고로 국가별 이산화탄소 배출량은 이란이 6위, 사우디아라비아가 9위이다. 그리고 1인당 이산화탄소 배출량 순위에는 상위 10개 국 중 중동 국가가 7개나 들어가 있다. 그중에서도 카타르 1위, 쿠웨이트 2위, 아랍에미리트 3위, 바레인 4위이다. 이러한 나라들은 인구도 적어 1인당으로 계산하면 이산화탄소 배출량이 매우 많다.

중동 산유국의 슈퍼메이저로부터의 자립과 OPEC 창설

OPEC(석유수출국기구)을 이해하려면 먼저 산유국이 그전까지 불리한 조건으로 슈퍼메이저에 이익을 편취당했다는 배경을 알아둘 필요가 있다.

당시 슈퍼메이저와 산유국 간 계약은 독자적으로 개발할 기술이나 인재가 없는 산유국에 불리한 조건으로 맺어졌다. 컨세션(concession, 양허 계약)이라 불리는 이 계약은 슈퍼메이저가 일정 금액을 지불한 후에는 생산하면 생산할수록 이익을 얻는 메커니즘으로, 산유국에 이익을 분배하지 않았다. 또한 가격 결정권도 슈퍼메이저가 차지하여 가격 인상도 산유국이 원하는 대로 할 수 없는 상태였다.

이러한 상황에서 1945년에 아랍권의 정치적 협력 기구로서 아랍 연맹이 창설되었다. 국제석유회사, 즉 슈퍼메이저에 대한 산유국의 의사를 통일하고 산유국의 석유 정책을 조정하는 국제기구를 수립하는 것이 목적이었다. 1959년 2월에 슈퍼메이저가 산유국의 동의 없이 원유 공시가격 인하를 발표하자, 이에 강한 불만을 품은 산유국은 아랍 연맹 경제위원회의 주최로 1959년 4월에 제1회 아랍석유회의를 카이로에서 개최했다. 이 회의에는 비 아랍 석유 대국인 베네수엘라와 이란 대표도 참관인으로 초대받았다(참고로 이란은 중동 지역에 있고 종교도 이슬람교이지만 언어가 페르시아어이기 때문에 아랍이 아니다).

1960년 8월에 슈퍼메이저가 산유국의 동의 없이 또다시 가격을 인하하자, 결국 그다음 달에 산유국의 이익을 지키기 위해 사우디아라비아, 베네수엘라, 이라크, 이란, 쿠웨이트 5개국이 바그다드에 모여 빈에 본부를 두는 OPEC을 설립했다. 1970년대에는 세계 최대의 생산국 사우디아라비아가 OPEC의 주도권을 쥐고 석유 가격 결정권을 슈퍼메이저로부터 빼앗아 석유 파동을 두 차례 일으키기에 이르렀다.

제2차 석유 파동의 전개를 살펴보면, 1978년 10월에 대형 산유국인 이란에서의 정세 악화로 인해 석유 가격이 상승하자 OPEC도 10% 가격 인상을 결정했다. 그 후 1979년 1월의 이란 혁명과 미국의 석유 수요 급증으로 유가는 더욱 폭등했다. 이에 OPEC은 가격을 조정하려고 했으나 매일 가격이 폭등하는 상황에서 통일된 가격을 유지하기가 불가능하여 합의에 실패한 결과 원유 가격은 끝없이 올라갔다. 이것이 제2차 석유 파동이다. 이 사태는 1980년까지 이어졌고 그 후로도 고유가는 계속되었다.

▶ 도표 9-5 OPEC

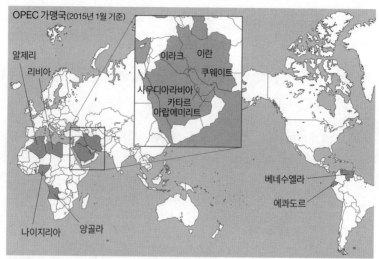

OPEC 가맹국(2015년 1월 기준)

알제리
리비아
이라크
이란
쿠웨이트
사우디아라비아
카타르
아랍에미리트
나이지리아
앙골라
베네수엘라
에콰도르

· 다른 말로 석유수출국기구라고 하며, 석유메이저 등으로부터 산유국의 이익을 지키기 위해 1960년에 설립되었다.
· 생산량 조정 등으로 원유 가격에 큰 영향력을 미치는 존재이다.

출처: Library.com의 데이터를 토대로 필자 작성

산유국의 지위 향상

1970년 리비아에서 사상 처음으로 산유국이 원유 가격 재설정에 성공하면서 다른 산유국으로 그 움직임이 퍼져나갔다. 또한 1972년 리야드 협정은 석유 채굴사업 권리 자체를 슈퍼메이저로부터 산유국으로 이양하도록 촉구하는 합의였다. 이러한 사건들로 원유 가격 결정권이 서서히 슈퍼메이저에서 산유국으로 이동하기 시작했다.

OPEC이 완전히 석유 가격 결정권을 쥐게 된 시기는 1973년의

제1차 석유 파동이었다. 1973년 10월에 이스라엘과 아랍 간에 제4차 중동 전쟁이 시작되자 OPEC이 원유 가격 상승에 나선 결과 원유 가격이 10월 이전에 비해 약 4배로 올랐다. 이 사건으로 전 세계에 OPEC의 존재감을 확립했다. 1979년부터 일어난 제2차 석유 파동에서는 이란 혁명이나 이란·이라크 전쟁, 그리고 세계적인 수요 증대까지 더해지며 석유 가격이 대폭 상승하여 세계 경제에 큰 혼란을 일으켰다.

이처럼 산유국의 교섭력이 비약적으로 향상되었기 때문에 석유 계약의 내용도 대폭 변경되었다. 석유 파동 이후 산유국은 유전, 송유관, 정유 설비의 국유화를 추진하여 메이저의 영향력을 더욱 배제했다. 이 때문에 중동 산유국에서는 슈퍼메이저의 철수가 잇따랐고 외국 자본 없이 국영석유회사가 개발을 직접 담당하게 되었다.

이 흐름은 OPEC 외의 산유국에도 영향을 미쳐 주된 계약의 형태가 생산물 분배 협정(PS 계약)이나 서비스 제공 계약으로 바뀌었다. 생산물 분배 협정은 인도네시아에서 시작되어 구 소련권과 아프리카에서 주로 체결된다. 석유회사가 개발 비용과 보수에 해당하는 금액을 산유국으로부터 생산물(원유)로 받는 계약으로, 탐광하고 개발한 석유 생산이 약속한 일정 생산량에 도달하지 못하면 석유회사는 이익을 얻을 수 없는 구조이다. 서비스 제공 계약은 베네수엘라에서 시작하여 이라크나 이란에서 체결되며, 개발 작업 단계에서 일정의 보수를 지불하는 계약이다. 따라서 개발에 성공해도 큰 이익은 얻지 못한다.

OPEC+를 통한 러시아와의 연계

현재 OPEC의 가맹국은 13개국(원 가맹국 5개국+리비아, 아랍에미리트, 나이지리아, 알제리, 앙골라, 가봉, 적도기니, 콩고)이다. 설립 당시에는 압도적이었던 세계 점유율이 2019년에는 41.5%까지 떨어져 영향력에 적신호가 켜졌지만, 2019년에 OPEC+가 설립되어 새로운 10개국(러시아, 아제르바이잔, 카자흐스탄, 멕시코, 바레인, 오만, 말레이시아, 브루나이, 수단, 남수단)이 기존의 OPEC 가맹국과 연계하여 석유 시장에 힘을 행

▶ 도표 9-6 OPEC+ 멤버로서의 러시아

· **OPEC+**
러시아는 석유수출국기구 (OPEC)와 비가맹 주요 산유국으로 이루어진 OPEC+의 멤버로 OPEC+ 전체 생산량 중 23%를 차지한다.

· **사우디아라비아의 러시아 지지 표명**
OPEC+ 멤버인 러시아를 지지하고 OPEC+의 분열을 회피하려는 자세이다.
2022년 5월 5일, 사우디아라비아와 러시아가 주도하는 OPEC+ 각료회의에서 결정된 6월 생산량은 소폭 증산 방침을 유지(미국과의 관계가 미묘해짐)했다.

■OPEC ■Non-OPEC

Russia 25.82% 10.01million b/d	Iraq 10.26% 4.31million b/d	Kuwait 6.07% 2.55million b/d
	UAE 6.83% 2.87million b/d	Iran 5.95% 2.50million b/d
Saudi Arabia 23.68% 9.95million b/d	Other OPEC members 13.95% 5.86million b/d	Other non-OPEC members 9.45% 3.97million b/d

출처: S&P Global Platts

사하게 되었다. 세계 석유 생산 점유율 20%를 차지하는 10개국이 추가되면서 최소 60%의 점유율을 가지게 되어 다시금 세계 석유 생산의 과반을 손에 넣었다. OPEC+ 중 사우디아라비아와 러시아의 생산량이 많아서 OPEC+ 설립 이후로 사우디아라비아와 러시아가 세계 석유 가격을 결정하는 조직의 리더가 되었다.

02 이란

이제부터 중동의 주요국을 하나씩 살펴보자. 첫 번째는 이란이다.

제재로 고통받는 이란

이란은 국토가 넓으며 인구가 8,399만 명으로 중동에서는 압도적으로 인구가 많은 나라이다. 1979년에 일어난 이란 혁명으로 원래 이란을 통치하던 팔레비 국왕을 추방하고 이슬람 원리주의에 기반한 국가가 되었다. 수도는 테헤란이며 언어는 아랍어가 주인 중동에서는 드물게 페르시아어를 사용한다.

이란과는 내가 경제산업성에서 근무하던 시절 아자데간 유전개발 교섭 등으로 자주 접했는데, 역사가 길고 문화도 융성한 나라지만 근래 서방과의 관계에서는 말 그대로 고립 상태가 계속되고 있다. 핵 개발 의혹으로 제재를 받고 있기 때문이다.

이란과 카타르의 국경선에는 대형 가스전이 존재한다. 카타르 쪽을 노스필드, 이란 쪽은 사우스파스라고 부른다. 이란의 매장량은 세계 2위이고 카타르가 3위인데 이웃한 가스전이 매장량의 원천이다. 카타르는 LNG를 활발하게 수출하고 있으나 만약 이란에 대한 제재가 없어지고 이 가스전을 개발할 수 있게 되면 카타르와 마찬가지로 크게 성장할 수 있을 것이다.

이란이 제재를 받게 된 경위는 다음과 같다.

클린턴 정권 시절이었던 1996년에 미국에서 이란·리비아 제재법이 제정되었다. 이란이 대량살상무기를 취득하거나 국제 테러 조직을 지원했다는 의혹 때문에 만들어진 것으로, 이란의 석유 정제와 관련되거나 은행 거래를 하는 기업을 제재하는 법률이다. 이 법률은 2001년에 부시 정권에서도 연장되었다. 오바마 정권은 2010년에 포괄적 이란 제재법을 통과시켜 제재를 더욱 강화했다.

제재의 원인이 된 이란의 핵 개발 의혹은 원자력발전을 가동할 때 필요한 수준 이상의 고농축 우라늄을 제조하여, 이를 핵무기에 쓰려고 한 것이 아닌가 하는 의심이다. 만약 이란이 핵무기를 보유하면 사정거리 내인 이스라엘이나 사우디아라비아 등 주변 국가들이 매우 불안해진다. 그렇기에 2005년 유엔 안보리에서 제재가 결정되어

· 인구 : 8,399만 명, 면적 : 1,648,000㎢
· 1979년 이란 혁명 이란·이슬람 공화국
· 수도 : 테헤란, 언어 : 페르시아어
· 1996년 미국 클린턴 정권은 이란·리비아 제재법을 제정했다.
· 2010년 오바마 정권 포괄적 이란 제재법을 통과시켜 더욱 강화했다.

· 이란의 핵 개발 문제(고농축 우라늄 제조 의혹) 때문이다.
· 2005년 유엔 안보리에서 제재를 결정해 핵기술·물질의 이전을 금지하고 금융 자산을 동결했다.
· 2015년 영국, 미국, 프랑스, 러시아, 중국, 독일과 〈포괄적 공동행동계획〉을 합의 후 제재 해제, IAEA(국제원자력기구) 사찰을 받기로 했다.
· 2018년 트럼프 대통령은 〈포괄적 공동행동계획〉을 탈퇴했다.
  제재 부활 → 이란도 탈퇴
· 2021년 미국 바이든 정권 핵 합의 복귀 의사를 표명했고, 이란도 교섭을 시작했다.
· 2022년 이란이 핵 시설에 설치된 감시 카메라를 제거했다.

출처: 일본 외무성, JOGMEC 등

핵기술·물질 이전 금지와 금융 자산 동결이 집행된 것이다. 2015년에는 영국, 미국, 프랑스, 러시아, 중국, 독일과 이란이 포괄적 공동행동계획에 합의했다. 이에 따라 유엔은 제재를 해제했고 동시에 행동계획이 준수되는지를 담보하기 위해 이란이 국제원자력기구(IAEA)의 사찰을 받는다는 조건이 붙었다.

그러나 트럼프 대통령이 공동행동계획에서 탈퇴하고 이란에 대한 제재를 가해 문제가 재발했다. 미국이 탈퇴하니 당연히 이란도 탈퇴해 대혼란이 발생했다. 트럼프 대통령은 예루살렘으로 미국 대사

- 호르무즈 해협은 페르시아만과 오만만 사이에 있는 해협이다.
- 세계 석유 소비량의 20%가 이곳을 통과(해상 수송의 30% 이상)한다.
- LNG 생산의 30%가 이곳을 통과(일본 수입량의 14%)한다.
- 이란은 지금까지 수차례 영국이나 미국, 사우디아라비아 등의 '적대국'에 대해 호르무즈 해협을 봉쇄하겠다고 위협했다.

출처: JOGMEC

관을 이전하는 등 매우 친이스라엘적인 외교를 펼친 대통령이었으며 그 때문인지 이란에는 대단히 엄격한 태도를 보였다.

바이든 정권으로 바뀐 후 2021년에 미국은 핵 합의에 복귀하겠다는 의사를 표명했고 이란도 이를 받아들여 핵 합의 복귀를 두고 교섭을 시작했다. 그러나 2022년에 IAEA(국제원자력기구)가 이란에 대한 비난 결의안을 채택하며 교섭은 그다지 진전되지 않았다. 이란이 핵 시설에 설치된 감시 카메라를 제거한 데 대한 비난 결의안이었는데, 이란도 미국이 복귀 의사가 있다고 말하면서도 제재를 해제하지 않았다고 주장하여 쌍방의 대립이 계속되고 있다. 이처럼 이란은 석유와 천연가스 매장량이 많은 나라이면서도 제재로 인해 생산이나 수출이 불가능한 상태에 있다.

호르무즈 해협 봉쇄 위기에 대해서도 알아보자. 호르무즈 해협은 페르시아만과 오만만 사이에 있는 해협이다. 세계 석유 소비량의 20%, 해상 수송의 30% 이상이 이곳을 지나며 세계 LNG 생산량의 30%가 이곳을 통과한다. 예를 들어 일본 LNG 수입량의 14%도 이곳을 지나는 등 그야말로 중요한 초크 포인트이다. 이란은 때때로 영국이나 미국, 사우디아라비아 등의 적대국에 대해 호르무즈 해협을 봉쇄하겠다는 위협을 가해 왔다.

러시아와 이란의 관계

이란은 철도와 도로 등 국내 인프라 정비에 힘을 쏟고 있어 전국에 철도를 3,300km 구축할 예정이다. 2022년에는 카스피해와 페르시아만을 연결하는 4차선 고속도로를 개통했다. 이 고속도로로 러시아와 이란이 연계되며 러시아는 유럽을 경유하지 않는 새로운 수송 경로를 확보했다. 이란은 아시아와 러시아, 유럽을 연결하는 운송 허브가 될 가능성을 품고 있다. 2002년에 러시아, 인도, 이란의 3개국은 인도에서 이란과 아제르바이잔을 경유하여 러시아까지 도달하는 '국제남북운송회랑(INSTC)' 구상을 실현하자고 합의했다. 우크라이나 침공 후 러시아는 이란과의 연계를 강화했고 2022년 7월에는 푸틴 대통령이 이란을 방문하여 남북 회랑 중 이란 북부의 라슈트와 아제르바이잔의 아스타라를 연결하는 철도를 정비할 필요성에 동의했다.

또한 이란 석유부는 2022년 9월에 러시아로부터 하루 $900\,m^3$의 천연가스를 아제르바이잔 경유로 수입한다고 발표하여 가스프롬과 460억 달러 규모의 에너지 협력 양해 각서를 체결했다. 거기에 드론 등의 이란제 무기가 러시아의 우크라이나 침공에 사용되는 등 군사면에서의 연계가 깊어지고 있다.

일본과 이란의 관계

닛쇼마루 사건은 일본과 이란의 관계를 논할 때 반드시 회자되는 사건이다. 1951년에 이란이 석유 국유화를 선언하자 영국계 석유 메이저인 앵글로이라니안(현 BP)이 엄청난 손실을 입을 것으로 예상되었다. 이를 우려한 영국은 중동 지역에 해군을 파견하여 이란산 석유의 국외 반출을 방해했다. 선진국인 영국이 호르무즈 해협을 봉쇄하여 이란의 석유 수출을 막은 것이었다.

그런 상황에서 일본의 석유화학회사 이데미츠코산이 영국을 비롯한 세계 각국 몰래 자사 유조선 닛쇼마루를 파견했고, 영국 해군

닛쇼마루 사건(1953년)

· 1951년 이란이 석유 국유화를 선언하자, 영국계 석유메이저 앵글로이라니안(현 BP)의 손실을 우려한 영국은 중동 지역에 해군을 파견하여 이란산 석유의 국외 반출을 방해했다.
· 일본 회사 이데미츠코산이 영국과 세계 각국의 눈길을 피해 자사 유조선 '닛쇼마루'를 이란에 파견하여 영국 해군의 봉쇄를 뚫고 이란산 석유를 실어 일본으로 귀항하는 데 성공했다. 이는 '영국 해군에 도전한' 사건으로 전 세계에 알려졌다.
· 이 사건으로 이란 정부와 국민의 일본에 대한 인상이 매우 좋아졌다.

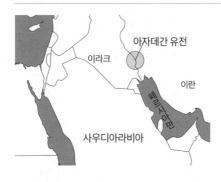

- 세계에서 손꼽히는 규모이다.
- 국제 입찰 없이 일본이 우선 교섭권을 취득했다.
- 2004년에 일본이 정식으로 개발권을 취득했다.
- 핵 개발에 따른 경제 제재로 철수했다.
- CNPC가 개발권을 취득했지만 개발을 이어가지 못하고 권리를 몰수당했다.
- 경제 제재 해제로 다시 각국이 주목하고 있다.

출처: JOGMEC

의 봉쇄를 피해 이란산 석유를 실어 일본으로 돌아갔다. 이는 영국 해군에 도전한 사건으로 전 세계에 알려졌다. 하지만 이란 정부와 국민에게 일본에 대한 감정이 극도로 좋아지는 계기가 되었다. 이 사건은 《해적이라 불린 남자》라는 소설과 영화로도 만들어졌다.

나는 이란에 수십 번 방문하면서 실제로 이란이 굉장히 친일본적인 국가임을 체감했다. 이란 정부뿐 아니라 거리 어디에서도 이란 사람들은 일본인에게 매우 친절했다. 그리고 또 한 가지, 일본과 이란의 에너지 역사에서 중요한 것이 도표 9-9의 아자데간 유전으로, 이란과 이라크의 국경 가까이에 있는 세계에서 손꼽히는 규모의 유전이다. 2002년 이 유전 개발의 우선 교섭권을 일본이 국제 입찰을 거치지 않고 획득했다. 당시 나는 경제산업성 자원에너지청의 석유천연가스 과장으로 교섭을 담당했다. 내 보직은 2002년에 바뀌었지만

2004년에 일본이 정식으로 개발권을 취득했다. 그러나 핵 개발 의혹에 대한 경제 제재로 개발에서 철수할 수밖에 없게 되어 굉장히 아쉬울 따름이다. 그 후에는 중국의 CNPC(중국석유천연가스그룹)가 개발권을 취득했지만, 마찬가지로 제재 때문인지 개발을 진행하지 못하고 권리를 잃었다.

이처럼 이란은 석유뿐 아니라 천연가스 매장량도 세계에서 손꼽히게 풍부하지만 거듭되는 제재로 개발과 생산을 이어가지 못해 수출도 늘리지 못하고 있다.

03 이라크

정식 명칭은 이라크 공화국이며 인구는 약 3,965만 명, 면적은 43만㎢, 수도는 바그다드이다. 현 이라크의 국토는 역사상 메소포타미아 문명이 번영했던 땅과 거의 일치한다는 특징이 있다. 언어는 아랍어와 쿠르드어가 공용어지만 아랍어가 더 많이 사용된다. 현재 정치 체제는 의원내각제이며 국가 원수인 대통령은 의회에서 선출된다. 행정을 통솔하는 총리는 대통령이 임명하는 형태이다.

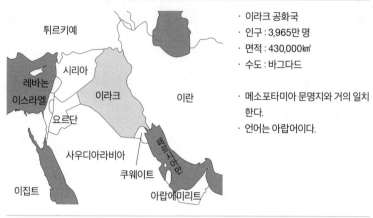

이라크 전쟁

이라크 전쟁에 대해 짚고 넘어가자. 이라크 전쟁이라는 명칭 대신 전쟁이 발발한 경위를 따져서 제2차 걸프 전쟁이라고 부르기도 한다. 이라크 전쟁은 미국과 영국 등 연합군이 2003년 3월 20일에 대량살상무기 보유금지 의무위반을 이유로 이라크를 침공하면서 시작된 군사 개입이다. 정규군 간의 전투는 2003년 중에 종료되었으나 미군이 완전히 철수하고 이라크 전쟁이 종식된 것은 2011년 12월 14일이었다. 다만 전쟁 종결로 미국이 철수한 후로도 반란은 계속되어 이라크는 여전히 정치적 불안정으로 고통받고 있다.

이라크 전쟁

· 2003년 3월 20일
  미국을 중심으로 영국, 호주, 폴란드 등이 이라크를 침공하며 군사 개입이 시작되었다.
  대량살상무기 보유금지 의무위반을 이유로 침공했다.
· 2003년 5월 1일
  부시 대통령의 '주요 전투 종결선언'이 나왔으나 대량살상무기는 발견하지 못했고 전투
  는 속행했다.
· 2010년 8월 31일
  오바마 대통령에 의해 다시금 '전투 종결'과 '이라크 자유 작전' 종료가 선언되었고 다음
  날부터 미군 철수 후 이라크가 단독으로 치안을 유지하는 것을 목표로 하는 '새로운 새
  벽 작전'이 시작되었다.
· 2011년 12월 14일
  미군의 완전 철수로 오바마 대통령이 이라크 전쟁의 종결을 정식으로 선언했다.

이라크의 석유

이라크의 주요 유전으로 키르쿠크 유전이 있다. 이라크 북부의
키르쿠크 유전은 티그리스강 중류의 북동쪽에 있는 이라크 최대 유
전이다. 터키석유회사(Turkish Petroleum Company:TPC, 1929년 이라크석
유회사Iraq Petroleum Company:IPC로 개명)가 발견하여 1934년에 생산
을 개시했다. 키르쿠크 유전에서 생산되는 석유는 이라크 석유 수출
의 거의 절반을 차지하며, 튀르키예 남부의 제이한항과 연결된 키르
쿠크·제이한 송유관을 통해 수출된다.

이라크의 석유 매장량은 1,431억 배럴로 세계 3위이며 OPEC 창
설국 중 하나이다. 이라크는 1990년 쿠웨이트 침공 후 받은 제재로
1996년까지 석유 수출을 금지당했다. 이 조치로 제1차 걸프 전쟁 후

수년간 석유 생산량이 85% 감소하기에 이르렀다. 2003년 미국이 주도한 침공에서 사담 후세인이 사살될 때까지 제재는 계속되었다.

사담 후세인이 정권을 잡은 1979년 이래 석유를 그다지 많이 뽑아내지는 않았지만, 2003년 사담 후세인의 사망과 2014년 종교 분쟁 고착화로 석유 생산이 확대되었다. 시일이 지난 2018년에 유엔은 석유가 이라크 수익의 99%를 차지하며 2021년 시점에 석유 부문이 외화 수익의 약 92%를 차지할 것으로 추정했다. 이라크는 앞으로 수년간은 석유와 가스로 얻는 이익을 극대화하려 할 것이다.

04 카타르

카타르는 인구 288만 명, 면적은 1만 1,570만km^2로 한국의 10분의 1 정도밖에 되지 않는 작은 나라이다. 수도는 도하, 정치 체제는 군주제이다. 일시적이기는 하지만 1996년부터 2009년까지 이스라엘의 무역대표부가 도하에 설치되는 등 중동 아랍 국가 중에서는 특이한 존재이다.

카타르에서 일어난 중요한 사건으로는 2017년의 카타르 외교 위기가 있다. 카타르가 이란과 과도하게 가깝고 무슬림형제단 등 과격

- 인구 : 288만 명 면적 : 11,570㎢
- 정치 체제 : 군주제
- 수도 : 도하
- 2017년 카타르 외교 위기는 사우디아라 비아, 아랍에미리트, 바레인, 이집트와 국교 단절이다.
- 2021년 국교를 회복했다.
- 2022년에 월드컵을 개최(중동 최초 개최)했다.
- 카타르 항공이 유명하다.

출처: JOGMEC

한 테러 집단을 지원한다는 이유로 사우디아라비아, 아랍에미리트, 바레인, 이집트가 카타르와의 국교 단절을 선언했던 것이다. 그러나 2021년 쿠웨이트의 중재로 국교를 회복했다.

2022년에는 중동 최초로 카타르에서 월드컵이 개최되었다. 무더운 날씨로 인해 개최가 위태로웠기 때문에 통상 6~7월에 열리는 월드컵을 11~12월로 변경했다.

카타르 항공도 유명한데 전 세계에 많은 노선을 보유하고 활발하게 활동하고 있다. 아랍에미리트의 에미레이트 항공이나 에티하드 항공과는 경쟁 관계이다.

급성장하는 카타르

카타르의 급격한 성장에 대해 알아보자.

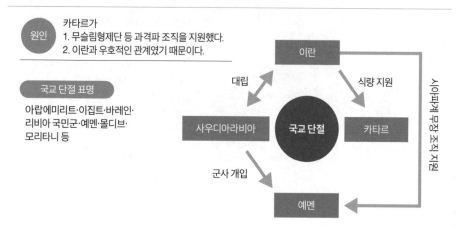

2017년 6월, 사우디아라비아를 중심으로 페르시아만 연안국과 이슬람 국가 일부가 카타르와의 국교 단절을 발표했다. 국경을 봉쇄하고 육상, 해상, 항공 교통 모두 단절했다.

출처: 필자 작성

카타르는 세계 3위의 천연가스 매장량을 자랑하며 천연가스 수출량에서는 이미 세계 1위이다. 그러나 LNG의 역사는 짧아서 1990년대에 생산을 시작했다. 그리고 오늘날 세계 1위가 된 것이다. 카타르의 LNG 생산 개시에는 일본의 전력회사 추부전력과 상사 미쓰이물산, 마루베니가 크게 공헌했다고 볼 수 있다. 당시 카타르에서 생산된 LNG는 추부전력에 수출할 용도로 개발되었던 탓도 있어 일본이 수출에서 큰 비중을 차지했으나, JERA(도쿄전력, 추부전력)과의 장기 계약이 갱신되지 않고 끝나면서 최근에는 유럽으로의 수출이 증가하고 있다. 이러한 LNG 수출 덕분에 카타르의 1인당 GDP는 세

· 세계 3위의 천연가스 매장량으로 LNG 수출량에서는 세계 최고이다.
· LNG는 1990년대에 생산 개시했다(천연가스 매장량이 카타르보다 많은 이란은 LNG를 생산하지 못하고 있다(제재 때문)).
· 1인당 GDP가 세계 최고 수준(국토는 대한민국의 약 10%)이다.
· 교육에서는 미국과 영국의 명문 대학이 잇달아 진출해 있다(조지타운대, 카네기멜론대, 노스웨스턴대, 런던대 등).
· 중동의 대표 방송국 알자지라(아랍어판 위성방송 '중동의 CNN')가 있다.
· 국가 전략으로서 환경 문제 대응: 2012년 COP 회의를 카타르에서 개최했다. 물 관리, 에너지 대기오염, 기후변화

계 최고 수준이다. 국토는 대한민국의 약 10%지만 LNG 수출에서는 세계 최상이기 때문에 굉장히 부유하다.

교육 면에서도 풍부한 외화를 바탕으로 서양의 명문대학이 잇달아 진출했다. 예를 들면 조지타운대, 카네기멜론대, 노스웨스턴대, 런던대, 코넬대 등으로 덕분에 카타르의 국민은 세계 최고의 교육을 받을 수 있다. 중동 국가뿐 아니라 세계 각국에서 카타르 유학이 활발하게 이루어지고 있다. 또한 알자지라 방송국이 매우 유명한데, 전 세계에 아랍어로 위성방송을 하고 있으며 중동의 CNN이라고 불린다.

카타르를 세계 최대의 천연가스 수출국으로 만들어준 가스전은 도표 9-14의 노스필드이다. 노스필드는 카타르 북부 근해의 페르시아만 대륙붕에 있는 세계 굴지의 대형 가스전으로, 1971년 영국의

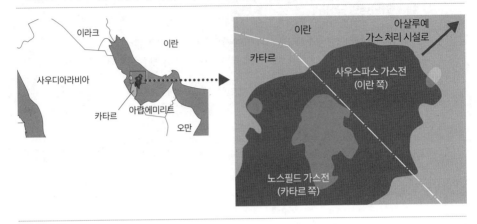

출처: JOGMEC

셸이 발견했다. 1988년에 개발이 시작되어 국내 수요 및 액화천연가스(LNG) 수출용으로 가스가 생산되고 있다. 자세히 보면 이란과 카타르의 국경선으로 이 가스전이 나뉘어 있다. 카타르 쪽을 노스필드라고 부르고, 이란 쪽을 사우스파스라고 부른다. 세계 2위 이란의 매장량과 세계 3위 카타르의 매장량이 이웃한 가스전에서 나온다는 뜻이다. 만약 이란 제재가 없어지고 사우스파스를 개발할 수 있게 된다면 이란도 카타르와 마찬가지로 빠르게 성장할 수 있을 것이라고 생각된다.

05 사우디아라비아

사우디아라비아 인구는 3,481만 명, 면적은 약 215만km^2, 수도는 리야드이다. 정치 체제는 군주제이고 사우디아라비아의 대표적인 유전은 가와르 유전이다. 가와르 유전은 사우디아라비아의 수도 리야드에서 동쪽으로 약 200km 떨어진 내륙 사막에 있는 세계 최대의 유전이다.

사우디아라비아의 국영석유기업 사우디아람코의 전신인 아람코가 1948년에 발견했고 1951년에 생산이 개시되었다. 생산된 원유는 가와르 유전 북쪽에 있는 아브카이크 집유 기지로 보내져 처리된 후, 라스타누라항에서 아라비안라이트(AL) 원유로 출하된다.

사우디아라비아의 특징은 석유 수출은 세계 1위지만 LNG는 수출하지 않는다는 것이다. 앞으로 사우디아라비아가 LNG 수출을 개시할 때가 오면 그 여파가 매우 클 것으로 예상된다. 또한 원자로도 16기를 건설할 계획인데 중국, 프랑스, 한국과의 협력을 비롯한 동향이 주목된다.

2017년에 취임한 빈살만 왕세자는 강력한 리더십을 발휘해 국가 발전을 이끌고 있다. 2030년까지 사우디아라비아 사회의 탈석유화, 더 나아가 산업의 다각화를 추진하고 있다. 석유 수출량, 석유와 천연가스를 합친 확인매장량과 생산량이 세계 최고이면서도 석유에

▶ 도표 9-14 사우디아라비아 왕국

- 인구 : 3,481만 명, 면적 : 214만 9,600㎢
- 수도 : 리야드
- 정치 체제 : 군주제
  2017년 빈살만 왕세자가 취임했다.
  '2030년까지 사우디 사회의 탈석탄화와 산업 다각화를 추진'하고 있다.
- 석유 수출량이 세계 최고이다.
- 석유와 천연가스를 합친 확인매장량과 생산량이 세계 최대이다.
- 2022년 5월 사우디아람코의 주가가 애플을 넘어 세계 1위(시가총액 약 2조 4,300억 달러)이다.
- 카슈끄지 사건
  (2018년 튀르키예 이스탄불의 사우디아라비아 총영사관에서 사우디아라비아 반체제파 언론인이 살해된 사건)

출처: JOGMEC

의존하는 국가 구조를 바꾸어나가려 하고 있다. 중동 국가 중에서 카타르가 먼저 해낸 월드컵 개최에도 의욕을 보이고 있다.

2017년 카타르와의 국교 단절도 있었고, 또한 불행한 사건도 있었다. 2018년 10월, 튀르키예 이스탄불의 사우디아라비아 총영사관에서 사우디아라비아 반체제파 언론인 자말 카슈끄지가 살해당한 사건이다. 빈살만 왕세자의 관여를 의심하는 보도에 소송도 발생했다. 트럼프 대통령은 이 사건과 관계없이 밀접한 관계를 유지했으나, 2020년에 당선된 바이든 대통령은 빈살만 왕세자에게 책임이 있다고 보아 2022년 7월에 사우디아라비아 방문 당시 빈살만 왕세자와의 회담 자리에서 그 뜻을 밝혔다. 바이든 정권의 태도도 영향을 미쳐서, 러시아의 우크라이나 침공 후 에너지 가격 상승을 막기 위한 석유 증산 요청에 사우디아라비아는 소극적인 태도를 보였다. 한편 2022년 11월에 바이든 정권은 빈살만 왕세자의 국가 수반으로서의 면책 특권을 인정했고 관련 소송은 기각되었다.

러시아, 중국과의 관계

1945년 2월 14일, 미국의 루즈벨트 대통령과 사우디아라비아의 압둘아지즈 초대 국왕은 회담을 통해 미국이 사우디아라비아의 안전을 보장하는 대신 사우디아라비아가 미국에 적정한 가격으로 석유를 제공한다(결제는 달러)는 약속을 맺었다. 그러나 최근 사우디아라비아는 러시아, 중국과의 연계를 강화하고 있다. 러시아와는 OPEC+라는 조직을 함께 이끌며 세계 석유 가격을 조정하고 있다.

또한 중국과도 깊은 관계를 맺으려 하고 있다. 2022년 12월 7일부터 10일까지 시진핑 국가주석은 사우디아라비아를 방문했다. 주 지사가 맞이한 7월의 바이든 대통령 방문 때와는 대조적으로 파이살 외교부 장관이 나서서 맞이했고, 공중에서는 제트기가 중국 국기의 빨간색과 노란색 연기를 뻗어내며 환영했다. 중국과 아랍 국가들은 유럽과 미국이 주도하는 인권 문제에서 비판의 대상이 되고 있으며 그 비판에 반발한다는 점에서 같은 입장이다.

8일에 열린 정상회담 후 발표한 공동성명에서는 내정 상호 불간섭과 석유와 원자력발전을 비롯한 에너지 분야에서의 협력 등 포괄적인 전략 동반자 협정을 맺었다고 발표했다. 시진핑 국가주석은 원유 무역의 규모 확대, 원유 탐사·개발에서의 협력 강화, 중국 국영기업의 사우디아라비아 유전 개발 참여 의사를 밝혔다. 또한 중국의 원유 수입에서의 중동 의존도는 50%인데, 위안화 결제를 추진하겠다는 뜻도 강조했다. 세계 최대 산유국과 세계 최대 석유소비국 간의 연계에 이목이 쏠린다. 아마도 위안화로 사우디아라비아에 석유 대금을 지불하게 되면 탈달러 움직임이 가속화될 것이다.

신 세븐시스터즈의 중심 사우디아람코

신 세븐시스터즈에 대해 알아보자. 과거 엑슨, BP, 셸, 토탈 등의 슈퍼메이저가 세븐시스터즈라고 불리던 시절도 있었지만, 지금은 산유국 또는 가스 생산국의 국영석유회사가 신 세븐시스터즈라고 불린다.

그중에서도 사우디아라비아의 국영회사 사우디아람코는 중심적인 역할을 하고 있다. 세계 석유 생산량의 10%를 사우디아람코가 오롯이 책임지고 있다. 2022년 5월 상장 시 사우디아람코의 주가는 애플을 넘어 세계 시가총액 1위를 차지했다.

나머지 신 세븐시스터즈를 간단히 나열하자면 말레이시아 페트로나스, 브라질 페트로브라스, 러시아 가스프롬, 중국 CNPC, 이란 국영석유회사, 베네수엘라 국영석유회사가 신 세븐시스터즈의 구성원이다. 말레이시아의 페트로나스는 일본에 LNG를 수출하고 있다.

사우디아람코

- 1988년 11월 8일
  사우디아라비아 정부가 구 아람코의 조업권과 자산 등을 인수하여 국영석유회사 '사우디아라비안오일컴퍼니(사우디아람코)'를 설립했다.
- 1993년 7월 1일
  국영기업 사마렉을 흡수했다.
  국내 석유 정제와 석유 제품 판매를 사업에 추가했다.
- 2022년 5월 11일
  주가는 과거 최고치 가까이 상승했다.
  시가총액이 약 2조 4,300억 달러(약 3,117조 원)로 애플을 넘어 세계 최대 기업에 등극했다.

신 세븐시스터즈

- 신흥국의 석유메이저(국영석유자본) 7사의 총칭
- 석유 생산량 세계 시장 점유율(2020년)
  1. 사우디아람코(사우디아라비아) 10%
  2. 페트로나스(말레이시아) 2.4%
  3. 페트로브라스(브라질) 2.6%
  4. 가스프롬(러시아) 8.71%
  5. CNPC(중국) 1.7%
  6. 이란 국영석유회사(이란) 5%
  7. 베네수엘라 국영석유회사(베네수엘라) 2.7%
- 이전까지 세계 시장을 이끈 미국과 유럽의 석유메이저를 뛰어넘을 기세다.

출처: 각 회사 홈페이지를 토대로 작성

브라질의 페트로브라스는 세계에서도 최고 수준의 심해, 초심해 굴착 기술과 노하우를 가진 기업이다. 신 세븐시스터즈는 미국과 유럽의 슈퍼메이저를 능가할 기세를 보이고 있다.

06 아랍에미리트연합국(UAE)

　아랍에미리트의 인구는 989만 명, 면적은 8만 3,600㎢, 수도는 아부다비이다. 정치체제는 7개의 토후국(에미리트)에 의한 연방제이며 이러한 정치체제 때문에 아랍에미리트연합국이라고 불린다. 2021년에 건국 50주년을 맞이했고, 토후국 중에서는 아부다비와 두바이 두 군데가 굉장히 유명하다. 또한 푸자이라와 샤르자는 전 세계에서 비행기가 이착륙하는 장소이다. 그 외에 아즈만, 라스 알카이마, 움 알 콰인을 포함한 7개 토후국으로 구성되어 있다. 아랍에미리트는 일본 입장에서는 두 번째로 큰 원유 수입처이며 LNG 수입에서는 여섯 번째이다. 아랍에미리트의 주요 유전은 자쿰 유전이다.

　자쿰 유전은 아랍에미리트의 수도 아부다비에서 북서쪽으로 약 80km 떨어진 페르시아만 대륙붕(수심 12~18m)에 있으며 아랍에미리트의 최대 유전이다. 1963년 ADMA(Abu Dhabi Marine Areas)가 발견했고 1967년에 하부층, 1982년 말에 상부층의 원유 생산이 시작되었다. 자쿰 유전은 하부층과 상부층이 별개로 개발되어 각각을 하부 자쿰(Lower Zakum Oil Field: 로워 자쿰 유전), 상부 자쿰(Upper Zakum Oil Field: 어퍼 자쿰 유전)이라고 부르기도 한다.

　생산된 원유 중 하부 자쿰에서 나온 것은 페르시아만 다스섬으로, 상부 자쿰에서 나온 것은 페르시아만 지르쿠섬으로 각각 해저

▶ 도표 9-15 아랍에미리트연합국(UAE)

· 인구 : 989만 명
· 면적 : 83,600㎢
· 수도 : 아부다비
· 정치 체제 : 7개 토호국에 의한 연방제
  아부다비, 두바이, 아즈만, 푸자이라, 샤르자,
  라스 알 카이마, 음 알 콰인
· 일본의 원유 수입 상대국 2위이다.
· 일본의 LNG 수입 상대국 6위이다.
· 바라카 원자력발전소(한국)가 가동 중이다.
· MIT, 뉴욕대, 소르본대, 런던비즈니스스쿨 등
  의 대학이 진출했다.
· 에미레이트 항공, 에티하드 항공이 세계에 네
  트워크를 가지고 있다.

출처: JOGMEC

파이프라인을 통해 운송되어 처리·수출된다. 일본석유개발이라는 회사가 상하부 자쿰 유전 모두에 12%의 권리를 가지고 오랫동안 개발에 참여했다. 또한 아랍에미리트에서는 또 다른 일본 기업인 코스모 석유도 석유 개발 사업에 연관되어 있다. 아부다비의 LNG는 처음 개발 당시 도쿄전력에 수출할 용도로 개발되어 일본으로 공급되었으나 해당 장기 계약은 연장되지 않았다.

아랍에미리트는 중동 국가 중에서는 석유와 천연가스 외의 에너지인 재생가능에너지와 원자력발전에도 힘을 기울이고 있어, 현재 바라카 원자력발전소가 가동 중이다. 바라카 원전 입찰에서는 한국 기업이 수주했다. 아랍에미리트는 현재 한국 기업의 협력으로 원전을 가동하고 있다.

▶ 도표 9-16 아랍에미리트의 항공 회사(에미레이트 항공, 에티하드 항공)

©AFP PHOTO/PASCAL PAVANI

©AFP PHOTO/EMMANUEL DUNANT

· 중동을 경유하여 세계로
  축구를 이용하여 세계적으로 인지도를 높
  이는 전략을 쓰고 있다.

· 카타르 항공
  FC 바로셀로나의 스폰서이다.

· 에미레이트 항공
  아스날 등의 스폰서이다.

· 에티하드 항공
  맨체스터시티 등의 스폰서이다.

출처: JOGMEC

한편으로 카타르와 닮은 부분도 있는데, 세계 유명 대학을 유치
했고 세계적인 네트워크를 가진 항공회사도 있다. 교육에서는 MIT
(메사추세츠 공과대학), 뉴욕대, 소르본대, 런던비즈니스스쿨 등의 대학
이 아랍에미리트에 진출했다.

항공회사 중에서는 에미레이트 항공이 두바이를 허브로 세계에
네트워크를 가지고 있으며, 에티하드 항공이 아부다비를 허브로 하
고 있다. 축구를 좋아하는 사람이라면 이 두 회사가 스폰서인 것을
자주 보았을지도 모르겠다.

07 이스라엘

개발 중인 이스라엘의 천연가스

이스라엘은 1948년 건국한 이래 에너지 수입국으로서 에너지를 타국에 의존해 왔다. 따라서 이스라엘의 에너지 수입 의존도는 2016년 기준 63%의 높은 수치이다. 수입 상대국은 북아프리카에서 두 번째로 큰 천연가스 생산국인 이집트로, 아리시-아슈켈론 파이프라인을 통해 2005년부터 15년에 걸쳐 연간 570억 세제곱피트의 천연가스를 수입했다. LNG는 미국에서 수입하는데, 이 두 국가로부터 수입하는 천연가스로 이스라엘 천연가스 수요의 40%를 충당한다.

석유는 2020년 기준으로 아제르바이잔에서 42.6%, 카자흐스탄에서 30.1%, 미국에서 20.7%, 러시아에서 6.25%를 수입하며 거의 전량을 외국에서 수입하여 사용하고 있다.

그러나 2008년에 지중해 연안의 타마르 가스전, 2010년에 리바이어던 가스전을 발견한 것이 이스라엘에 큰 전환점이 되었다. 그 후 2013년에 타마르 가스전, 2019년에 리바이어던 가스전 생산을 개시하여 이스라엘의 가스 공급이 대폭 증가했기 때문에 에너지 수입에 의존하던 체질에서 벗어나 자국 에너지를 이용한 자립을 달성했다. 더욱이 그 후 타닌 가스전과 카리쉬 가스전도 발견되었기 때문에 앞

· 서아시아에 있는 공화정 국가이다.

· 북쪽은 레바논, 동북쪽은 시리아, 동쪽은 요르단, 동쪽과 서쪽은 팔레스타인 자치 구의 요르단강 서안과 가자 지구, 남서쪽은 이집트와 국경을 맞대고 있다.

· 총 인구 950만 명으로 유대인 604만 명 (75.3%), 아랍인 166만 명(20.7%), 기타 32 만 명(4.0%)으로 구성되었다.

출처: 일본 외무성

으로는 중동 지역의 새로운 가스 공급국이 될 것으로 기대된다.

러시아가 우크라이나를 침공한 후인 2022년 6월, 이스라엘과 이집트는 EU에 천연가스를 공급하는 양해각서에 서명하고 이집트와 이스라엘의 해상 가스전에서 산출되는 천연가스를 이집트에서 액화하여 유럽으로 수출하기 시작했다.

이 가스전들의 개발에는 주요 기업이 아닌 이스라엘 현지 기업과 미국의 독립계 기업이 참가했다. 여기에서 개발된 가스는 아랍 가스관이나 동지중해 가스관을 통해 이집트와 요르단으로 수출되고 있다.

이스라엘의 에너지 정책

2020년 이스라엘 정부는 2030년까지 일차에너지 공급에서 재생가능에너지가 차지하는 비율을 30%까지 높이겠다고 약속했다. 이 목표는 2021년의 COP26에서 다시 수정되어, 2025년까지 에너지 생산을 위한 석탄 이용을 단계적으로 폐지하고 2050년까지 탄소 중립을 달성하겠다고 약속했다.

이스라엘 정부는 1990년대 초반부터 모든 새로운 주거용 건물에 태양열 온수난방 시스템을 설치하는 것을 의무화했다. 이로 인해 90% 이상의 가정에서 태양열 온수 시스템이 사용되고 있다. 또 이스라엘 에너지 인프라부는 온수 난방용 태양광 패널이 국가 총 에너지 수요의 4%를 충당한다고 추정했다. 2018년 데이터에 따르면 전력의 70%가 천연가스, 4%가 재생가능에너지로 생산되었으며 그중 95%가 태양광발전으로 생산되었다.

2022년 1월, 이스라엘 국방부는 이스라엘 국내의 에너지 기업과 함께 골란고원 북부에 최대 41기의 풍력 터빈을 설치하여 국내의 수만 세대에 그린 전력을 공급하는 프로젝트를 시작했다. 이러한 흐름은 한층 가속되어 앞으로 이스라엘은 태양광·풍력 등의 비화석 에너지원을 이용하는 방향으로 전환하리라고 전망된다.

미국과 이스라엘의 관계

이스라엘은 현재 중동 지역에 있는 7개의 주요 비(非) 나토 (NATO) 동맹국 중 하나이며 미국의 중동 최대 동맹국이다. 미국 정부는 이스라엘과 미국의 관계를 중동 정책의 중요한 요소로 인식하고 이스라엘과 긴밀하고 협력적인 관계를 유지하는 것을 중요시하기 때문에 이스라엘의 존재는 미국 정책에 큰 영향을 미쳐 왔다.

양국의 관계는 1948년 유대인 조국 건설 지원부터 시작되었다. 처음에는 미국과 이스라엘의 군사적 연계는 크지 않았으나 미국이 중동 지역에 대한 관여를 강화하면서 이스라엘의 경제적, 군사적 미국 의존도는 더욱 심해졌다. 미국의 이스라엘 지원은 주로 해외 원조

이스라엘의 에너지 정책 개요

· 2030년까지 재생가능에너지를 30% 높일 것이다.
· 2025년까지 에너지 생산을 위한 석탄 이용을 단계적으로 폐지한다.
· 2050년까지 온실가스 배출량을 실질 0으로 하겠다고 약속했다.
· 1990년대 초반부터 모든 새로운 주거용 건물에 태양열 온수난방 시스템 설치를 의무화 하여 90% 이상의 가정에서 사용하고 있다.
· 2018년 기준 전력의 70%가 천연가스, 4%가 재생가능에너지이며 그중 95%가 태양광 발전이다.
· 2022년 1월, 골란고원 북부에 최대 41기의 풍력 터빈을 설치했다.
· 앞으로 비화석 에너지원을 더욱 확대하는 방향으로 움직일 것으로 예상된다.

의 형태로 이루어지고 있으며, 2003년 이라크 전쟁 이후 이라크에 뒤처지기 전까지인 1976년부터 2004년까지 이스라엘은 미국 원조의 최대 수혜국이었다.

2016년 미국 대통령 선거에서는 도널드 트럼프 후보가 미국 대사관을 예루살렘으로 이전하는 것을 공약으로 내걸고 당선되었다. 트럼프 대통령 취임 이전에도 대사관 이전은 역대 대통령의 공약으로 등장했으나 긴박해지는 중동 정세를 고려하여 보류되었다. 그러나 2017년 12월 6일에 트럼프 대통령은 기자회견에서 예루살렘을 이스라엘의 수도로 인정하는 방침을 발표하고 미국 대사관을 현재 있는 텔아비브에서 예루살렘으로 이전하겠다고 결정했다. 다음해인 2018년 5월 14일에 미국은 주이스라엘 미국 대사관을 예루살렘으로 이전했고, 트럼프 대통령은 "이스라엘의 전략상, 안전보장상의 중요성 및 지역의 안정을 위해서도 골란고원(이스라엘, 레바논, 요르단, 시리아의 국경이 접하는 고원)이 이스라엘의 영토라고 미국이 완전히 인정할 때가 왔다"라고 발언했다.

이스라엘과 이슬람 국가들 사이의 심각한 긴장 관계는 축구에서도 드러난 바 있다. 이스라엘이 아시아 축구 연맹(AFC)에 속해 있던 1974년까지는 월드컵 예선에서 입국이 거부되는 등 이슬람 국가와의 대결은 성사되기 굉장히 힘들었다. 이스라엘이 아시아축구연맹(AFC)을 탈퇴하고 유럽축구연맹(UEFA)으로 이전한 후에는 완전히 바뀌어 월드컵 아시아 예선이 원활하게 이루어졌고, 중동을 포함한 아시아 축구가 대두되면서 세계 축구는 꾸준히 발전했다.

하이테크 산업 발전

이스라엘의 주요 산업은 관광업이었지만, 1948년 독립 이후에는 하이테크 산업을 중심으로 다양한 분야의 산업을 성장시키며 크게 발전했다. 현재 이스라엘은 마이크로소프트, 구글, 인텔 등 세계적 기업의 연구실과 지사가 자리 잡아 '중동의 실리콘밸리'라고 불린다. 이처럼 이스라엘은 과학 분야 연구에서 세계 최첨단을 달리고 있다. 그리고 이스라엘 국내에는 창업가나 벤처 기업을 지원·육성하는 제도가 잘 갖추어져 있고 이스라엘의 우량 기업은 세계 각국의 투자를 받고 있다.

이스라엘의 하이테크 산업

중동의 실리콘밸리
· 마이크로소프트, 구글, 인텔 등 세계적 기업의 연구실과 지사가 자리 잡고 있다.
· 창업가나 벤처 기업을 지원·육성하는 제도가 잘 갖추어져 있다.
· 이스라엘의 우량 기업에 세계 각국이 투자하고 있다.

제10장

일본

인접국의 위협 속에서 안전보장과
산업 경쟁력을 강화하는 에너지 전략의 필요성

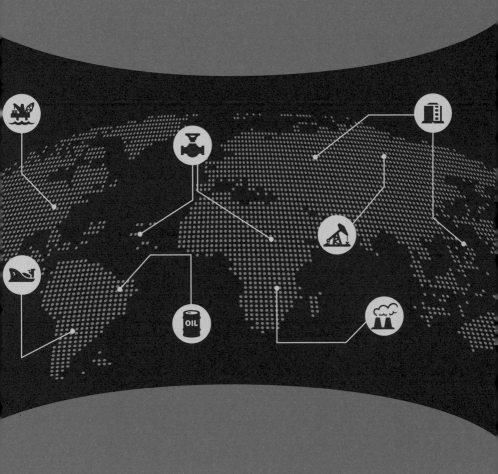

01 일본의 에너지 역사

이번 장에서는 일본의 에너지 전략을 분석하고 공부할 것이다. 먼저 역사적 흐름을 이해하기 위해 일본의 에너지 역사부터 알아 보자.

페리 원정과 에너지

일본 근대사에서 1853년에 있었던 페리 원정은 큰 사건이었다. 매튜 C. 페리 제독이 이끄는 미국 동인도함대가 일본을 찾아가 수교를 압박했고 결국 1854년에 미일 화친조약이 체결되었다. 이 조약에 따라 시모다와 하코다테가 개항되고 일본은 쇄국 정치를 풀게 되었다. 당시 미국은 태평양에서의 포경(捕鯨)과 중국과의 무역을 위해 안전하게 기항할 수 있는 항구가 필요했다. 반면 일본은 대국이라고 믿었던 청나라가 아편 전쟁에서 영국에 패배한 것을 목격하고 구미 열강의 압력을 피하고자 했다.

보통 역사책에서 다루는 부분은 여기까지지만, 사실 미국이 페리 원정에 나선 이면에는 에너지 확보라는 목적이 있었다. 페리 제독이 제시한 3가지 요구사항을 보면 알 수 있다. 1. 미일 간 친교·무역, 2. 일본에서 조난된 선원의 생명과 재산 보호, 3. 미국 상선과 포경선에 석탄, 장작, 물, 식료품을 보급하기 위한 항구의 개항이었다.

다른 배가 아닌 '포경선'에 물자를 보급해 주고 그 보급을 위해 항구를 열어달라는 요구인데 미국은 왜 고래를 잡으려고 했을까? 그 이유는 미국이 에너지로서 경유(鯨油)가 필요했던 것과 관련이 깊다. 당시 미국은 산업혁명 중이었고 기계를 종일 가동하는 공장이 늘어나고 있었기 때문에 야간에 작업하기 위한 조명용 에너지로 경유, 즉 고래기름이 필요했던 것이다. 경유는 그 외에도 기계의 윤활유, 양초, 비누로도 사용되었다.

당시 미국은 남북이 대립하고 있었는데 일본에 원정을 온 페리 제독은 북군 측 인사였다. 미국 남부는 목화 재배로 윤택한 경제에 기반하여 독립하고자 했던 반면, 그에 대치하는 북군은 병력은 우월했으나 경제적으로는 남부 같은 주요 산업이 없어 포경업에 그쳤다. 북부 주에서는 경유 양초 제작이 활발하여 대서양에서 잡는 고래만으로 부족해지자 태평양에도 진출하게 되었고, 포경선의 보급기지로 일본에 눈독을 들였던 것이다.

페리 원정 사건만 보더라도 미국은 1850년대부터 에너지를 확보하기 위해 해외로 이리저리 뛰어다녔다는 것을 알 수 있다. 일본 근대사를 크게 바꾼 이 사건의 이면에는 산업혁명으로 성장하는 미국의 에너지 확보 목적이 있었던 것이다.

또 요구사항 중 포경선에 대한 '석탄 보급'은 일본의 에너지 전략에 큰 영향을 미쳤다. 하코다테에서 석탄을 보급하기 위하여 홋카이도 시라누카초 구시로 탄전에 종전의 노천 채굴과는 달리 일본 최초

▶ 도표 10-1 페리 원정의 숨겨진 목적은 에너지 확보

· 1853년 페리 제독이 우라가로 찾아와 요구한 3가지 사항
  1. 미일 간의 친교·무역
  2. 일본에서 조난된 선원의 생명과 재
     산 보호
  3. 미국 상선과 포경선에 석탄, 장작,
     물, 식료품을 보급하기 위한 항구
     의 개항
· 이러한 요구사항의 이면에는 당시 미
  국에서 기계를 종일 가동하는 공장
  이 늘어 야간작업을 위한 조명용 경
  유(고래기름)가 필요했다는 배경이 존
  재한다.

출처: 일본 외무성 등

로 갱내 채굴을 도입했고 이후 일본 전체의 석탄 생산 확대의 계기
가 되었다. 이처럼 페리 원정은 일본 에너지 전략의 전환점이 되기도
했다.

일본의 근대화와 부국강병을 지탱한 석탄

석탄의 역사를 되돌아보면 일본에서는 1800년대 초부터 지쿠호
와 가라쓰 등에서 채굴된 석탄을 소비하기 시작했고, 1854년에 미일
화친조약이 체결된 후 하코다테에서 석탄을 보급하기 위하여 홋카
이도의 탄광이 개발되었다.

1870년대에 철도가 개통되자 석탄 생산은 전국으로 확산되었으
며 상하이와 홍콩 등으로 수출도 시작했다. 탄광 사고가 많이 발생

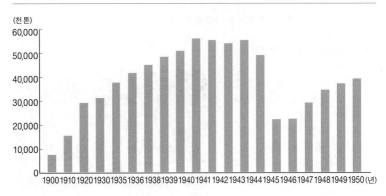

· 1901년 관영 야하타 제철소 조업 이래 경공업뿐 아니라 제철, 조선 등이 발전했다. 석탄은 일본 근대화의 기반이 되었다. 한편 제1차 세계대전 중에 일본 해군 군함의 연료는 석탄에서 중유로 전환되었다. 제2차 세계대전은 석유 확보가 필수였으나 일본은 석유를 자급할 수 없었다.

출처: https://www.enecho.meti.go.jp/about/whitepaper/2018html/1-1-2.html

하자 광산 안전에 관한 규정이 만들어졌고, 사람의 힘이 아닌 기계를 사용한 채굴 기술이 연구 및 개발되었다. 그 결과 1888년에는 200만 톤이었던 국내 석탄 생산량이 1902년에는 1,000만 톤에 달했다. 1901년에 관영 야하타 제철소가 조업을 시작했는데 이 시기와 맞물린다. 관영 야하타 제철소가 건설된 후로 경공업뿐 아니라 제철업과 조선업 등도 석탄을 에너지원 삼아 발전했다.

석탄은 국내에서만 이용되는 데 그치지 않고 무역도 활발했다. 우선 연료탄 용도로는 수입이 70%, 국산이 30% 정도였다. 국내에서 생산된 석탄은 공업용 연료나 일반 선박용으로 사용되었고 비싼 수입 석탄은 군함 원료나 제철에도 사용되었다. 그리고 국내 생산 석탄의 40% 정도는 동남아시아 각국으로 수출되어 1800년대 후반부터 귀중한 외화벌이 수단이 되었다.

여기까지 살펴본 내용을 토대로 기억해 둘 점은, '일본은 자원이 없는 섬나라지만 근면한 국민의 노력으로 성공했다'라는 속설은 적어도 1800년대에는 사실이 아니라는 것이다. 일본의 근대화는 석탄이라는 기간 에너지를 자급할 수 있었기 때문에 가능했다고 말할 수 있다.

러일전쟁, 제1차세계대전 시기의 에너지 전략

다음으로 알아볼 일본의 근대 전쟁사에서도 에너지 전략의 중요한 요소를 배울 수 있다.

러일전쟁(1904~1905) 당시 러시아의 발트 함대를 격파한 일본 함선은 석탄을 동력원으로 운항했다. 그러나 이때는 국산 석탄이 아니라 웨일스의 카디프 석탄을 수입해 사용했다. 배연량이 적어서, 즉 검은 연기가 잘 나오지 않아서 적이 군함의 존재를 확인하기 힘들고 연료 효율이 높아 운행 거리가 길었기 때문이었다.

제1차세계대전(1914~1918)에서는 일본 해군의 연료가 석탄에서 중유로 바뀌었는데, 석탄은 동일 중량에서 발생 열량이 중유의 60% 밖에 되지 않아 배에 싣기도 힘든 반면 중유는 효율적이기 때문이었다. 일본 해군은 군함용 연료가 중유로 전환될 것을 예상하고 석유를 구입하여 비축하기 시작했다. 1909년에는 해군에서 최초로 석유 비축을 위해 국내산 중유 3,700톤을 대량 구매하고 요코스카시에 중유 비축 탱크를 건설했다.

제1차세계대전까지는 아키타현과 니가타현에서 생산하는 국내 원유 연간 약 40만 kl가 국내 수요를 충당해 냈다. 그러나 산업용 내연기관, 어선 엔진, 공장 엔진 등에 더해 가정에서도 난방용 석유 난로와 취사용 석유풍로 등 여러 용도의 민간 사용이 점점 늘어나고 자동차도 보급되기 시작했다. 이로 인해 민간 석유 소비량이 연간 55~60만 kl로 증가하여 국내 생산 원유만으로는 충당할 수 없게 되었고 석유 수입이 시작되었다.

전함도 석탄 보일러에서 석탄과 중유의 혼합 보일러로 개조되었고, 1920년대 후반이 되자 완전한 중유 보일러로 개조되었다. 순수 중유 보일러로 건조된 전함으로 '야마토', '무사시'가 있다. 하지만 태평양 전쟁에서는 이전에 건조된 전함도 사용했는데, 그 이유는 석유를 국내에서 충당하지 못하는 일본이 만에 하나 석유를 확보하지 못할 경우도 상정했기 때문이었다. 제1차세계대전 후 대공황의 충격으로 잠시 석탄 생산에 침체기가 왔으나 1930년대에 군수 산업, 해운업, 전력 수요 증가로 1941년에는 석탄 생산이 5,647만 톤에 달했다.

제2차세계대전 시기의 에너지 전략

제2차세계대전에서 일본은 새로이 전투기를 사용하게 되었다. 전투기는 당연히 석탄이 아닌 석유가 연료였기에 석유 확보가 필수적이었다. 그러나 1910년대 이후 일본은 석유를 자급하지 못했기에 미국산 수입에 80%를 의존했으며, 석유를 비행기용 연료로 정제하는 기술도 미국에 의존했다. 에너지를 수입에 의지하는 이러한 구조는 자연히 재정수지 악화를 불러왔다.

일본은 러일전쟁 때부터 있었던 해군 예산 증대로 재정 지출이 위험한 상태였다. 1921년에 워싱턴 회담에서 맺은 군축 협정으로 지출이 잠시 줄어들긴 했지만, 태평양 전쟁(1941~1945)까지 지속적으로 늘어났다. 당시 일본의 대표적인 수출품은 섬유 제품이었는데, 이 섬유 산업으로 벌어들인 외화로 기계류를 사서 군함을 만들어내는 경제 구조였다. 그리고 전쟁을 계기로 들여온 석유 수입 증가도 가세했다.

석유는 대부분 미국산이었는데 당시 일본의 미국 의존도는 대략 80%로 추정된다. 태평양 전쟁 직전이었던 1939년에는 석유를 비축하고자 실행한 긴급 수입으로 의존도는 90%까지 치솟기도 했다. 기존의 함선 연료 용도에 더해 전쟁대비의 핵심으로 자리 잡아가던 항공기 연료 수요까지 합쳐 대규모의 석유비축 계획을 추진했기 때문이다.

그리고 결국 미국에 의존하는 에너지 전략의 약점은 가시화되었다. 미국은 1939년 7월에 '미일통상항해조약' 파기를 통보했다. 석유 조달이 절실했던 일본은 동맹국인 독일에 패배한 네덜란드의 식민 지배를 받던 인도네시아나 베트남 남부에서 석유를 확보하려 했지만 1941년에 일본에 대한 석유수출 금지가 발표되었다. 같은 해 태평양 전쟁이 시작되자 인도네시아 팔렘방 등에 있던 주요 점령 유전과 제철소의 석유 생산량은 공습으로 인해 급격히 줄어들었다. 또한 유조선이 미군 잠수함에 의해 파괴되어 석유 수송능력도 급속히 떨어졌다. 일본 해군은 전쟁이 시작되고 2년이 지난 1943년 11월에 해상호위총사령부를 설립했지만 해로의 방위력 부족은 너무도 뚜렷이 나타났다.

일본 본토를 향한 공습에서도 석유 관련 시설은 집중적으로 폭격을 맞았다. 석유 시설을 향한 첫 폭격은 1945년 2월의 니혼세키유 요코하마제유소였다. 그 후 시미즈의 도아넨료(3월), 도쿄의 니혼세키유(3월), 도쿠야마의 제3해군 연료창(5월), 오오타케의 고아세키유, 이와쿠니 육군 연료창의 제유소, 저장 탱크, 우베에 있는 데이코쿠넨료코교의 인조석유 공장 등지, 욧카이치의 제2해군 연료창(6월) 등으로 계속되었다. 석유 시설에 대한 폭격은 항복 당일인 8월 15일(아키타의 니혼세키유)까지 계속되었다.

당시의 에너지 전략을 담당한 정부 기구의 구성을 보면, 군함과 항공기 연료로써 석유의 중요성이 커지고 석유 확보가 일본의 최우선 과제가 된 1920년에 해군성 산하 기관으로 군수국이 설립되었다. 해군의 연료 문제를 일원적으로 통괄하는 체제가 만들어졌지만 어디까지나 해군 내부에 그쳤고 정부 전체로 따지면 크게 늦어졌다.

1937년에 석유를 상공성 광산국에서 분리하여 정부 단위로는 처음으로 연료를 종합적으로 관리하는 상공성 연료국을 설치했다. 해군과 육군에서 차출된 부장·과장급으로 구성된 연료국의 첫 과업은 석유를 수입하여 비축하고 확보하는 일이었다. 이 시기에 세계 주요국 중에서 그 정도로 석유를 비축한 나라는 없었기에 그런 의미에서는 일본이 세계 최초로 '전략유 비축'을 시작한 나라라고 할 수 있지만 이미 때는 늦었다.

이처럼 태평양 전쟁은 석유를 자급하지 못한 것이 결정적인 패인의 원인이었다. 지극히 중요한 석유를 멀리 있는 미국이라는 한 나라에 80%를 의존하고 가까운 동남아시아에서 확보하지 못한 것, 그러한 미국과 적대관계가 된 것이 치명적이었다. 따라서 일본의 에너지 전략은 제1차세계대전부터 제2차세계대전에 걸친 석탄에서 석유로의 에너지 트랜스포메이션(EX)에 실패했다고 평가할 수 있다.

일본은 에너지 관련 세계정세 파악에 뒤처지고 그에 맞는 행동을 빠르게 취하지 못해서 실패했다고 볼 수 있다. 당연한 말이지만 여기까지의 설명은 전쟁을 대비하라는 뜻이 아니다. 다만 한 나라의 에너지 자원과 지구 환경 전략을 세우기 위해서는 미래의 에너지 정세를 잘 예측하는 것이 중요하다는 의미이다.

02 세계 속 일본의 위치

일본의 일차에너지 공급

이번에는 일본의 일차에너지 공급 구성의 변천을 살펴보자.

도표 10-3은 1950년대부터 2020년대까지의 일차에너지 공급 구성인데, 석탄이 일관적으로 에너지 공급을 떠받치고 있다는 것을 알 수 있다. 석유는 두 차례의 석유 파동을 계기로 상승세가 꺾였고 최근에는 감소하는 추세이다. 천연가스는 1970년대부터 서서히 늘어나 2000년대 이후로는 높은 비율을 차지하게 되었다. 원자력은 1970년대와 1980년대에 급격히 늘어나 1990년대와 2000년대에는 높은 비율을 차지했다. 그러나 짐작할 수 있겠지만 후쿠시마 원자력 발전소 사고가 일어난 2011년 이후로는 크게 줄어들었고 재생가능 에너지는 서서히 늘어나고 있다. 수력은 꾸준히 일정한 비율을 유지하고 있다.

2020년 현재 발전원 구성 비율은 천연가스 39%, 석탄 31%, 태양광 7.9%, 수력 7.8%, 석유 6.4%, 원자력 3.9%, 바이오 2.9%, 풍력 0.9%, 지열 0.3%이다.

일본 정부는 2021년 제6차 에너지기본계획에서 2030년에는 에너지 절감 등을 통해 발전원 구성을 다음과 같이 바꾸겠다고 밝혔

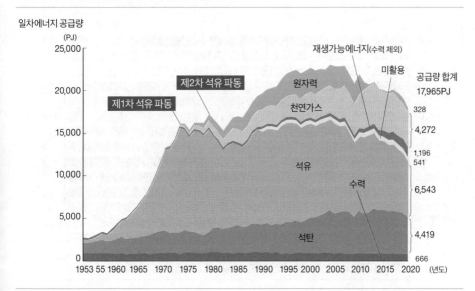

일차에너지 공급량

출처: https://www.ene100.jp/zumen/1-2-3

다. 천연가스는 20%로 대폭 낮추고 석유는 2%, 석탄도 19%로 크게 감축하고, 반면에 재생가능에너지는 36~38%, 원자력은 20~22% 로 대폭 증가시키겠다고 발표했다. 또 수소와 암모니아 비율을 1%로 끌어올리겠다는 계획이다.

도표 10-4는 주요국의 일차에너지 소비량을 비교한 그래프이 다. 일본의 석유는 38%를 차지하여 세계 전체, OECD, EU와 비교해 도 별로 차이가 없다. 또한 천연가스 소비량이 22%인 점도 OECD가 29%, EU가 25%이므로 크게 차이나지 않는다.

반면 일본의 석탄 소비량은 27%이다. 세계 전체는 27%이지만

▶ **도표 10-4 주요국의 일차에너지 소비량** (2020년)

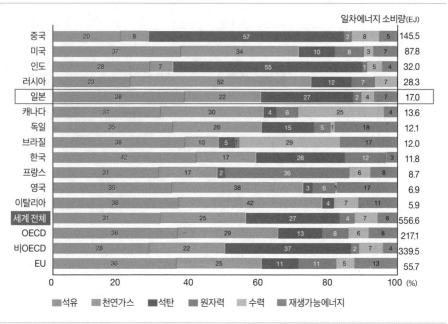

일차에너지 소비량(EJ)

국가	석유	천연가스	석탄	원자력	수력	재생가능에너지	소비량(EJ)
중국	20	8	57	2	8	5	145.5
미국	37	34	10	8	3	7	87.8
인도	28	7	55	1	5	4	32.0
러시아	23	52	12	7	7		28.3
일본	38	22	27	2	4	7	17.0
캐나다	31	30	4	6	25	4	13.6
독일	35	26	15	5 1	18		12.1
브라질	38	10	5 1	29	17		12.0
한국	42	17	26	12	3		11.8
프랑스	31	17	2	36	6	8	8.7
영국	35	38	3	6 1	17		6.9
이탈리아	36	42	4	7	11		5.9
세계 전체	31	25	27	4	7	6	556.6
OECD	36	29	13	8	6	8	217.1
비OECD	28	22	37	2	7	4	339.5
EU	36	25	11	11	5	13	55.7

0   20   40   60   80   100 (%)

■석유 ■천연가스 ■석탄 ■원자력 수력 ■재생가능에너지

(주) 반올림으로 인해 합계치가 맞지 않을 수 있다. 1EJ(=10¹⁸J)은 원유 약 2,680만 kl의 열량에 해당 (EJ: 엑사줄)
출처: BP 통계 2021

OECD는 13%, EU는 11%이므로 석탄의 경우 일본은 세계에서는 평균, 선진국을 기준으로 보면 매우 많은 편이라고 할 수 있다. 또 원전 2%는 OECD가 8%, EU가 11%이므로 비교적 적다. 그리고 수력은 4%인데 OECD는 6%, EU는 5%로 비슷하다. 재생가능에너지는 7%로, 8%인 OECD와는 큰 차이가 없으나 EU의 13%와 비교하면 적다. 정리하자면 일본은 OECD, EU와 비교하여 석탄 소비량이 많고 재생가능에너지 소비가 다소 적다고 할 수 있다.

G7 각국에서 석탄 소비량이 차지하는 비율은 미국 10%, 캐나다 4%, 프랑스 2%, 영국 3%, 이탈리아 4%, 독일 15%이므로 선진국들이 점점 석탄 비율을 낮추는 쪽으로 정책을 선회하고 있다는 것을 고려했을 때, G7 중에서 단연 큰 27% 비율을 보이는 일본은 향후 국제적으로 난처해질 가능성을 염두에 두어야 한다.

일본이 안고 있는 지정학적 리스크

일본의 초크 포인트 리스크는 매우 높은 상황이다(도표 1-3(65p) 참조). 최근에는 미국에서 수입하는 LNG가 늘고 있는데 그 경우 파나마 운하를 지나고 있다. 또한 중동에서 석유나 천연가스를 수입할 때는 호르무즈 해협과 말라카 해협을 통과한다. 호주에서 수입할 때는 초크 포인트 리스크가 기본적으로 없다. 따라서 일본은 에너지 안정 확보를 위해 호르무즈 해협, 말라카 해협, 파나마 운하를 주시해야 한다. 더욱이 G7 중 일본의 자급률은 11%로 최하위이고 천연가스와 석탄에서의 러시아 의존도도 비교적 높은 편이다.

일본의 지정학적 위치를 설명하자면, 일본은 바다를 사이에 끼고 서방 국가에 속하지 않는 핵보유국인 러시아, 중국, 북한과 마주하고 있다. 게다가 유럽의 영국과 노르웨이, 독일과 프랑스, 미국과 캐나다처럼 파이프라인이나 전력망이 이웃 나라와 연결되어 있지도 않다. 다시 말해 일본은 비교적 안정적으로 에너지를 공급받을 수 있는 에너지 공급 상대국이 가까이에 없는 상황이다.

03 일본의 석유에 대하여

　일본의 원유 수입처는 중동 88.3%로 중동 의존도가 매우 높다. 즉 사우디아라비아, 아랍에미리트, 카타르, 쿠웨이트, 이란, 바레인, 오만, 이라크 등으로부터 수입하는 원유가 많으며 러시아에서도 4% 정도 수입하고 있다.

▶ 도표 10-5 일본의 원유 수입처 : 중동 의존도 88.3%

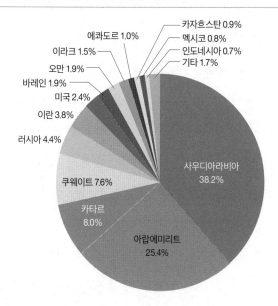

출처: 일본 경제산업성 〈자원·에너지 통계 연보〉 2018년 데이터

자주개발 확대

도표 10-6은 자주개발 석유, 천연가스 및 국내 생산량을 그래프로 나타낸 것이다. 자주개발 석유, 자주개발 천연가스는 해외개발에 참여하여 채굴한 석유와 천연가스의 수입량을 가리키는 말이다. 자주개발량과 국내 생산량을 더한 값은 안정적으로 확보할 수 있는 에너지로 간주할 수 있다.

현재 일본이 개발에 참여한 유전으로는 구 국제석유개발제석(INPEX)이 개발하고 있는 아랍에미리트 아라비아 해상 유전의 일부인 자쿰 유전, 사할린 석유가스개발주식회사(SODECO)를 포함한 다국적 국제 컨소시엄이 집행하고 있는 사할린-1 프로젝트의 차이보

▶ **도표 10-6 자주개발 석유·천연가스 거래량 및 국내 생산량과 자주개발 비율**

출처: https://www.globalnote.jp/p-cotime/?dno=2020&c_code=392&post_no=3222

유전·가스전 개발 등이 있다.

이처럼 일본 기업의 노력으로 자주개발 비율은 상당히 올라가서 전체의 40%를 넘었는데 일본으로서는 안심이 되는 부분이다. 여기에 중점적인 역할을 하는 회사가 국제석유개발제석이다. 도쿄에 본사가 있으며 국제석유개발과 제국석유의 합병으로 설립되었다. 석유 개발, 천연가스 개발, 호주에서의 LNG 개발 등의 사업을 하고 있다.

석유 비축

이어서 석유 비축 및 저장량을 살펴보자.

일본은 1973년 이래 민간 비축, 국가 비축, 산유국 공동 비축의 세 가지 형태로 비축량을 늘려 왔다. 현재는 국내 소비량의 145일분을 국가 비축, 90일분을 민간 비축, 6일분을 산유국 공동 비축하여 합계 241일분을 비축하고 있다.

일본은 원래 비축유를 방출한 적이 없었다. 그러나 2021년 11월에 미국과 보조를 맞추어 국가 비축유 일부를 매각하기로 결정했다. 일본으로서는 1978년 국가 비축 제도를 시작한 이래 처음으로 방출에 나선 것이다. 여기에는 여러 요인이 있었는데, 풍량 부족으로 인한 유럽의 풍력발전량 저조, 노르트스트림2 사용 보류, 코로나19에서 경제가 회복하며 늘어난 수요, OPEC+의 증산 거부, 유럽의 극심한 추위로 인한 천연가스와 석유 부족 등이다. 이는 유럽만의 문제가 아니라 전 세계의 에너지 가격이 연동하여 상승하는 원인이 되기 때

INPEX(구 국제석유개발제석)

· 본사는 도쿄에 있다.
· 2006년 4월 국제석유개발과 제국석유의 합병으로 설립되었다.
· 석유·천연가스, 그 외 광물 자원의 조사, 탐광, 개발, 생산, 판매 및 해당 사업의 부대 관련
  사업을 하며 그러한 사업을 하는 회사에 투자한다.
· 매출(2021년) 1조 2443억 6,900만 엔
· 직원수 약 3,182명
· 순이익(2021년) 2,330억 4,800만 엔

비축유 방출

· 2021년 11월 24일에 일본은 미국과 보조를 맞추어 국가 비축유의 일부(약 420만 배럴,
  2~3일분)를 매각하기로 결정했다.

 → 일본으로서는 1978년 국가 비축 제도를 시작한 이래 첫 비축유 방출이다.
 → 유럽의 풍력발전 부족, 노르트스트림2 사용 보류, 코로나19 이후 경제 회복, OPEC+
   의 증산 거부, 극심한 추위로 인한 천연가스, 석유 부족이 원인이다.
· 2022년 4월 7일 IEA 가맹국이 협조하여 비축유(국가·민간 비축) 방출했다.
  일본은 1,500만 배럴(약 240만 킬로리터)을 방출했다.

문에 미국으로서도 방치할 수 없어서 일본과 미국이 공동 매각에 나
섰다.

또 2022년 4월 7일, IEA(국제에너지기구) 가맹국이 협조하여 석유
를 방출하기로 했다. 이는 러시아가 우크라이나를 침공하여 에너지
가격 상승에 박차를 가했기 때문이다. 당시 일본은 1,500만 배럴을
방출했다.

이처럼 비축은 에너지 안전보장에서 매우 중요한 요소이다. 러시아의 우크라이나 침공으로 탈러시아라는 안전보장상의 이유가 생겼기 때문에 수급이 어려워졌다. 이럴 때 방출이라는 선택지는 유사시 대비책이 되므로 굉장히 중요한 역할을 한다.

04 LNG에 대하여

먼저 도표 10-7의 일본 천연가스 수입처를 나타낸 그래프를 보자. 호주 37%, 말레이시아 12%, 카타르 12%, 러시아 8%, 아랍에미리트 6%, 인도네시아 6%, 브루나이 5%, 파푸아뉴기니 4%, 미국 4%, 오만 3%이다.

중동 의존도는 21%이며 호주와 아세안을 합쳐 64%이다. 석유와 비교하면 에너지 안전보장상으로 천연가스는 훨씬 안전하다. 러시아 의존도도 8%이다. 일본은 비교적 가까운 사할린의 가스전을 러시아와 공동 개발하고 있으니 이웃나라 러시아와 원만한 관계를 유지할 필요가 있다. 미국에서의 수입이 4%로 수입국이었던 미국이 수출국으로 변했음을 알 수 있다.

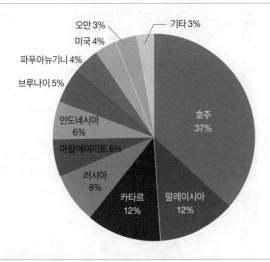

출처: 일본 외무성 〈일본무역통계〉 2018년 데이터

LNG 개발

미국으로부터의 LNG 수입은 개발 단계에서부터 일본 기업이 참여했다. 루이지애나주의 카메론 프로젝트에서는 수입기지가 수출기지로 변경되었고 셈프라사와 공동으로 미쓰이물산, 미쓰비시상사, 니폰유센 등이 LNG 사업에 참가하여 수출하고 있다. 또한 텍사스주의 프리포트 프로젝트에서는 프리포트 LNG와 함께 JERA, 오사카가스가 공동으로 사업을 벌여 수출하고 있다.

참고로 이 프리포트 프로젝트는 미국 LNG 수출의 20%를 차지하며 전 세계의 탈러시아 타개책으로 기대를 모으고 있다. 그러나

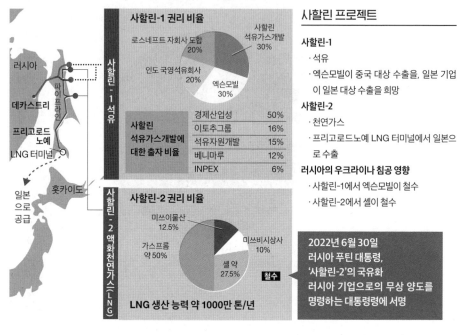

사할린-1 권리 비율

- 로스네프트 자회사 도합 20%
- 인도 국영석유회사 20%
- 엑슨모빌 30%
- 사할린 석유가스개발 30%

사할린 석유가스개발에 대한 출자 비율	
경제산업성	50%
이토추그룹	16%
석유자원개발	15%
베니마루	12%
INPEX	6%

사할린-2 권리 비율

- 미쓰이물산 12.5%
- 가스프롬 약 50%
- 셸 약 27.5% 철수
- 미쓰비시상사 10%

LNG 생산 능력 약 1000만 톤/년

사할린 프로젝트

사할린-1
· 석유
· 엑슨모빌이 중국 대상 수출을, 일본 기업이 일본 대상 수출을 희망

사할린-2
· 천연가스
· 프리고로드노예 LNG 터미널에서 일본으로 수출

러시아의 우크라이나 침공 영향
· 사할린-1에서 엑슨모빌이 철수
· 사할린-2에서 셸이 철수

2022년 6월 30일 러시아 푸틴 대통령, '사할린-2'의 국유화 러시아 기업으로의 무상 양도를 명령하는 대통령령에 서명

출처: JOGMEC, 일본 경제산업성, 데루이 유코(2022년 3월 2일)

2022년 6월, 프리포트의 LNG 생산기지에 화재가 발생하여 2023년 봄까지 복구에 매진했다. 이 사건은 탈러시아를 서두르는 유럽에 큰 타격이 되었다.

일본이 8%를 의존하고 있는 러시아에서는 2022년 6월 30일에 푸틴 대통령이 사할린-2를 국유화하기 위해 주주인 미쓰비시상사와 미쓰이물산에 대해 무상 양도를 명령하는 대통령령에 서명하여 혼란을 일으켰다. 또한 이토추상사, 세키유시겐카이하츠, 마루베니가 출자하는 사할린-1에도 같은 명령을 내렸다. 이는 일본이 경제 제재에 가담한 것에 대한 보복적 조치로 보이는데 사할린-1, 사할린-2 LNG 개발에 암운이 드리우며 일본의 러시아 의존에 경종을 울렸다. 그러나 그 후 교섭을 통해 2022년 11월에는 사할린-1과 사할린-2 모두 기존대로 권리를 유지하게 되었다.

일본 기업이 관련된 또 다른 러시아의 대형 LNG 프로젝트로는 아틱 LNG 프로젝트가 있다. 시베리아 기단반도에 있는 육상 가스전 개발 프로젝트로, 프랑스와 중국에 더해 일본의 미쓰이물산과 에너지·금속광물자원기구(JOGMEC)의 공동 출자 회사가 참가하고 있으며 2023년부터 생산이 시작될 예정이다.

LNG 대국 일본

일본은 세계적인 LNG 대국이다. 도표 10-9과 같이 북쪽 홋카이도부터 남쪽 오키나와까지 방방곡곡에 LNG 터미널이 있으며 섬과 섬 사이인 세토 내해에도 들어와 있다. 이는 세계적으로도 굉장히 드문 경우이다. 보통은 천연가스를 큰 거점에서 국내 파이프라인을 통해 전체에 공급한다. 그러나 일본은 국내 천연가스 파이프라인이 도쿄-니가타, 니가타-센다이 구간에 있을 뿐 국토 전체를 잇는 천연가스 파이프라인은 없다. 그 대신 LNG 터미널이 갖추어진 항구가 발달했다. LNG 터미널 건설에는 큰 비용이 드는데, 역시 일본은 잘 준비된 나라이다.

▶ 도표 10-9 LNG 터미널과 주요 도관망

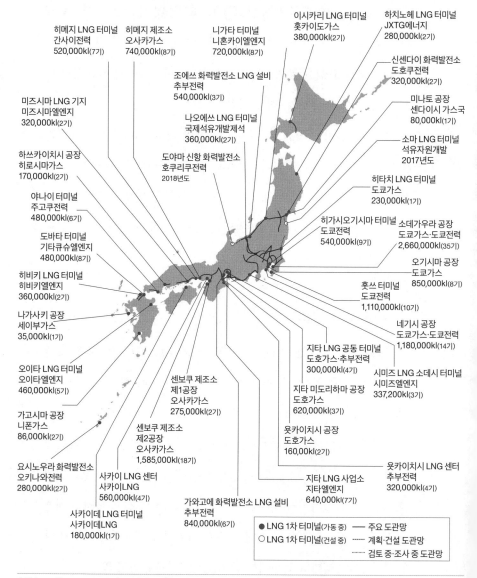

히메지 LNG 터미널
간사이전력
520,000kl(7기)

히메지 제조소
오사카가스
740,000kl(8기)

니가타 터미널
니혼카이엔지
720,000kl(8기)

이시카리 LNG 터미널
홋카이도가스
380,000kl(2기)

하치노헤 LNG 터미널
JXTG에너지
280,000kl(2기)

조에쓰 화력발전소 LNG 설비
추부전력
540,000kl(3기)

신센다이 화력발전소
도호쿠전력
320,000kl(2기)

미즈시마 LNG 기지
미즈시마엘엔지
320,000kl(2기)

나오에쓰 LNG 터미널
국제석유개발제석
360,000kl(2기)

미나토 공장
센다이시 가스국
80,000kl(1기)

하쓰카이치시 공장
히로시마가스
170,000kl(2기)

도야마 신항 화력발전소
호쿠리쿠전력
2018년도

소마 LNG 터미널
석유자원개발
2017년도

야나이 터미널
주고쿠전력
480,000kl(6기)

히타치 LNG 터미널
도쿄가스
230,000kl(1기)

도바타 터미널
기타큐슈엘엔지
480,000kl(8기)

히가시오기시마 터미널
도쿄전력
540,000kl(9기)

소데가우라 공장
도쿄가스·도쿄전력
2,660,000kl(35기)

히비키 LNG 터미널
히비키엘엔지
360,000kl(2기)

오기시마 공장
도쿄가스
850,000kl(8기)

나가사키 공장
세이부가스
35,000kl(1기)

홋쓰 터미널
도쿄전력
1,110,000kl(10기)

오이타 LNG 터미널
오이타엘엔지
460,000kl(5기)

네기시 공장
도쿄가스·도쿄전력
1,180,000kl(14기)

지타 LNG 공동 터미널
도호가스·추부전력
300,000kl(4기)

시미즈 LNG 소데시 터미널
시미즈엘엔지
337,200kl(3기)

가고시마 공장
니폰가스
86,000kl(2기)

지타 미도리하마 공장
도호가스
620,000kl(3기)

요시노우라 화력발전소
오키나와전력
280,000kl(2기)

욧카이치시 공장
도호가스
160,00kl(2기)

욧카이치시 LNG 센터
추부전력
320,000kl(4기)

센보쿠 제조소
제1공장
오사카가스
275,000kl(2기)

센보쿠 제조소
제2공장
오사카가스
1,585,000kl(18기)

사카이 LNG 센터
사카이LNG
560,000kl(4기)

지타 LNG 사업소
지타엘엔지
640,000kl(7기)

가와고에 화력발전소 LNG 설비
추부전력
840,000kl(6기)

사카이데 LNG 터미널
사카이데LNG
180,000kl(1기)

● LNG 1차 터미널(가동 중)　　── 주요 도관망
○ LNG 1차 터미널(건설 중)　　┈┈ 계획·건설 도관망
　　　　　　　　　　　　　　┈┈┈ 검토 중·조사 중 도관망

출처: https://www.meti.go.jp/meti_lib/report/H30FY/000716.pdf

일본의 LNG 수입을 주도하는 회사는 JERA이다. 도쿄전력과 추부전력이 출자하여 설립된 기업으로, 도쿄전력과 추부전력이 전기사업과 가스사업을 공동으로 운영하고 있다. LNG 수입에서 JERA가 차지하는 비율은 점점 커질 것이다.

하지만 LNG 수입을 늘리고 있는 나라는 일본만은 아니다. 세계 LNG 거래량은 1990년부터 2021년까지 크게 늘었다. 1990년의 세계 LNG 수입량은 74.4bcm이었고 그중 일본은 53.3bcm으로 프랑스, 스페인을 크게 제치고 70% 이상의 점유율을 차지했다. 그러나 2000년에는 한국이 대두하며 141.3bcm 중 일본은 80bcm으로 점유율이 56.6%까지 크게 떨어졌다. 2010년에는 한국에 더해 대만과 스페인, 튀르키예, 인도, 중국 등이 수입량을 늘려 289.2bcm 중 일본이 104.2bcm으로 36%까지 떨어졌다. 2021년에는 중국의 수입 급증으로 일본은 세계 2위가 되었고 인도, 한국, 대만 등의 수입량 증가도 겹쳐 점유율은 424.2bcm 중 95bcm, 22.4%가 되었다.

LNG 수출 부문에서는 카타르와 호주가 2강이다. 이를 바싹 추격하고 있는 나라가 미국, 러시아, 말레이시아다. 이들 상위국의 수출처를 보면 일본, 중국, 한국, 대만 등 동아시아 국가들과 인도의 LNG 수입량이 많다는 특색을 알 수 있다.

앞으로 러시아의 우크라이나 침공으로 탈러시아에 나선 독일 등 유럽 각국은 LNG 수입을 늘릴 예정이다. 그중에서도 사태가 긴급한 독일이 점유율을 확대할 것으로 예상된다. 유럽의 수입 증가가 가격에 미치는 영향을 다른 수입국들도 유념할 필요가 있다.

LNG 비축

앞에서 석유의 국가 비축, 민간 비축에 관해 설명했다. 그렇다면
LNG 비축 현황은 어떨까? 사실 일본은 아직 LNG에 대해서는 비
축을 의무화하고 있지 않다. 그러나 러시아의 우크라이나 침공 이후
2022년 5월에 독일은 '가스 저장법'을 시행했다. 우크라이나 정세와
러시아 천연가스에 대한 높은 의존도를 고려하여 독일 국내의 천연
가스 저장시설 운영자가 일정 저장률을 충족하도록 의무화한 법률
이다.

2022년 10월 1일 시점에는 1년 소비량의 80% 저장이 기준이며
11월 1일에는 90% 저장으로 목표를 상향할 예정이다. 겨울에는 비

축분을 사용하여 2023년 2월 1일 시점에는 40%로 저장량이 줄 예정이기는 하지만 유럽의 혹독한 추위를 견디기 위해 준비에 들어갔다. 2022년 여름을 천연가스 비축 시기로 삼겠다는 계산인데, 이는 임시방편이며 비축량, 저장량 확충이 앞으로 독일뿐 아니라 유럽 각국으로 퍼져나갈 것으로 생각된다.

한편 일본의 경우 LNG는 호주 등 리스크가 적은 나라에서 수입하는 양이 많다. 그러나 혹시 모를 위기를 고려하여 사업자 간에 융통하는 체제 구축, 아시아 LNG 안전보장 강화책 등 긴급 시에도 대처할 수 있는 구조를 점차 만들어나가야 할 것이다.

05 석탄에 대하여

현재 일본 석탄 수입의 70%는 호주에서 온다. 인도네시아에서도 11%를 수입하고 있으며 호주와 인도네시아를 합하면 80%가 넘는다. 이 두 나라는 정치적으로도 우호국이고 운송 거리도 짧아서 초크 포인트 리스크가 적으므로 안전보장 측면에서는 안심할 수 있다. 러시아 수입이 11% 있지만 우려할 수준은 아니라고 판단된다.

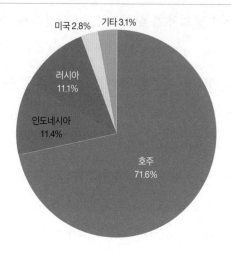

미국 2.8%　기타 3.1%

러시아
11.1%

인도네시아
11.4%

호주
71.6%

출처: 일본 재무성 〈일본무역통계〉 2018년 데이터

선진국 중 눈에 띄는 석탄 의존도

2021년 일본 경제산업성이 발표한 제6차 에너지기본계획에서는 발전원 구성에서 석탄이 차지하는 비율을 2019년의 32%에서 2030년에는 19% 정도로 낮추겠다고 밝혔다. 다른 선진국과 비교하면 높은 수치로, 지구온난화 대책이라는 측면에서 보면 논의의 여지가 있다. 그러나 전체적인 에너지 안전보장이나 경제성 측면에서 일본으로서는 석탄이 필요하다는 일본 정부의 판단이 에너지기본계획에서 드러난다.

그 때문에 일본은 COP26에서 석탄화력발전 감축에 대한 의장국 초안의 '단계적 폐지를 가속'이라는 표현에 지지 표명을 하지 않왔다. 이 표현은 석탄 의존도가 높은 나라들로부터 동의를 얻지 못해 재검토를 거쳐 3차 안에서 '폐지 노력을 가속'이라는 표현으로 강도를 낮추었다. 석탄화력 폐지에 소극적이었던 일본은 이 단계에서 의장국 안에 지지를 표명했다.

최종적으로 인도와 중국이 '폐지'라는 표현을 '감축'으로 바꾸자고 제안했기 때문에 해수면 상승으로 수몰 위기에 처한 마셜 제도 등이 강하게 반발하였으나 '폐지'라는 단어는 없어졌다. 그러나 일본은 인도와 중국이 반대해 주어서 운이 좋았다고 생각할 것이 아니라 세계 추세를 선도하는 산업을 육성하고 석탄화력발전을 감축하고 나아가 중장기적으로는 폐지에 대비해야 한다. 유사시에는 석탄화력발전을 사용하는 유연성도 필요하다.

한편 G7 중에서 유일하게 석탄 의존도가 높은 일본은 G7 모임에서 굉장히 난처한 입장이다.

예를 들면 2022년 5월에 개최된 기후·에너지·환경 장관회의 때가 그러했다. 이 회의에서는 공동성명의 핵심으로 '저감 장치 없는 석탄화력은 최종적으로 퇴출한다', '2035년까지 전력 부문의 대부분을 탈탄소화한다'는 내용이 제안되었다. 바꾸어 말하면 석탄화력발전소를 폐지하는 방향으로 논의가 기울었다.

이 회의에서 독일은 2030년 탈석탄을 각국에 타진하여 영국, 프랑스, 이탈리아, 캐나다가 찬성했다. 영국, 프랑스, 이탈리아는 이미 석탄 의존이 거의 없으므로 쉽게 찬성했고, 캐나다는 의존도가 다소 높지만 마찬가지로 찬성을 택했다. 미국은 2035년의 전력 부문 탈탄소를 이미 정책 목표로 내걸었기 때문에 '2030년'이 아닌 '2030년

▶ 도표 10-11 이산화탄소 배출량 (2018년)

순위	국가	배출량(100만 톤)	순위	국가	배출량(100만 톤)
1	중국	9,570.8	6	독일	696.1
2	미국	4,921.1	7	한국	605.8
3	인도	2,307.8	8	이란	579.6
4	러시아	1,587	9	캐나다	565.2
5	**일본**	**1,080.7**	10	인도네시아	542.9

출처: 일본 외무성

대'로 문언을 수정하여 독일과 타협하고자 했다.

반면 일본은 2030년 기준 20%가 경제산업성 계획이다. 2030년 시점의 20%를 '2030년대'에 폐지하기는 매우 어려우므로 미국이 주장하는 '2030년대'라는 문언을 포함하여 전체 삭제를 요청했다. 그 결과 이 회의에서는 탈석탄에 관한 합의는 이루어지지 않았다. 이는 당시 G7 가운데 고립된 일본의 상황이 잘 드러난 사건이었다.

그러나 그 후로 러시아의 우크라이나 침공으로 인해 제안자였던 독일이 손바닥을 뒤집듯 입장을 바꾸어 석탄화력발전을 폐지하지 않고 연장하기로 결정했다.

도표 10-11은 이산화탄소 배출량 세계 순위이다. 중국이 큰 차이로 1위이며 2위인 미국은 중국의 절반이고 3위인 인도는 미국의 절반을 배출하고 있다. 1위, 2위, 3위가 중국, 미국, 인도인 것과 각각의 비율을 기억해 두자. 그리고 4위 러시아, 5위 일본, 6위 독일 순

이다.

　참고로 1위 중국과 3위 인도는 발전원 구성에서 석탄 비율이 50% 이상을 차지하고 있어서 이것이 고스란히 이산화탄소 배출량으로 이어진다. 일본의 석탄화력발전소는 효율이 매우 좋아서 일반적인 석탄화력발전소보다 이산화탄소 배출량은 훨씬 적다. 그런 일본이 이산화탄소 배출량을 앞으로 어떻게 줄여나갈지 주목된다.

CCS와 CCUS

　이산화탄소를 포집하여 저장하는 CCS와 CCUS라는 기술이 있다. CCS는 Carbon-dioxide Capture and Storage의 약어로, 이산화탄소 포집·저장 기술이다. CCUS는 Carbon-dioxide Capture, Utilization and Storage의 약자로, CCS에서 분리 저장한 이산화탄소를 활용하는 기술이다.

　이처럼 이산화탄소를 감축하기 위해 지하에 파묻는 기술이 시도되고 있다. 이산화탄소 포집·저장은 주로 정유공장, 발전소, 화학공단 등에서 배출되는 이산화탄소를 포집하여 지하에 묻는 행위이다. 이 기술을 적용하려면 굉장히 깊은 곳에 주입해야 하며, 지층도 저장층 위에 차폐층이 있는 구조가 아니면 아무리 주입해도 위로 빠져나온다. 따라서 적절한 장소를 확보하는 것이 중요하다. 이때 유전이나 가스전에는 기본적으로 저장층과 차폐층이 있으므로 더이상 사용하지 않는 화석연료 지층 속에 주입하는 방안을 고려할 수

▶ **도표 10-12 탄소 포집·저장(CCS)**

· '탄소 포집·저장'이란 발전소나 화학단지 등에서 배출되는 이산화탄소를 다른 기체에서 분리하여
  포집하고 지하 깊숙이 저장·주입하는 것이다.
· 저장층이나 차폐층이 존재하는 지하에 저장·주입한다.
· 'CCS'는 'Carbon dioxide Capture and Storage'의 약어이다.

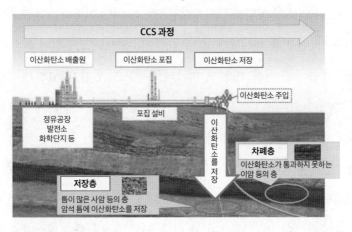

출처: 일본 자원에너지청

있다.

　CCS의 일환으로 호주에서 벌어지는 이산화탄소 지하 저장사업
에 JERA, 도쿄가스, INPEX가 착수했다. 호주의 산토스라는 회사와
의 협업이다. 해당 사업에서는 LNG 생산과정에서 배출되는 이산화
탄소를 지하에 매립하는 것뿐 아니라, 일본에서 발생한 이산화탄소
를 해상으로 운송하여 처분하는 방안도 검토되고 있으며 2026년부
터 최대 1,000억 엔 규모로 투자가 이루어질 예정이다.

06 원자력발전에 대하여

일본 최초의 상업용 원자력발전소는 1966년 이바라키현 도카이무라에서 운전을 개시했다. 1954년 소련의 오브닌스크 원전, 1956년 영국의 콜더홀 원전, 1957년 미국의 쉬핑포트 원전, 1961년 서독일의 칼 원전, 1964년 프랑스의 시농 원전 등 세계가 원자력발전소를 가동하기 시작했던 시기였다.

일본의 원자력발전소 수를 10년 단위로 보면 1970년에 3기, 1980년에 21기, 1990년에 39기, 2000년에 51기, 2010년에는 54기와 같이 증가하여 104기를 보유한 미국, 59기를 보유한 프랑스에 이어 세계 3위였고 세계에서 손꼽히는 원전 대국이었다.

후쿠시마 제1원전 사고와 그 영향

2011년 3월 동일본대지진과 그로 인한 후쿠시마 제1원자력발전소 사고가 발생했다. 이 사고는 세계 원자력 사상 최악 수준의 사고였으며 국제 원자력 사고 등급 7에 해당한다. 높이 13m의 지진해일에 덮쳐지자 1~4호기 전부 전원을 상실하여 핵연료의 냉각이 불가능해졌다. 지진 발생 다음날에 1호기부터 4호기 건물이 폭발했고. 1호기부터 3호기까지의 원자로 내에는 노심 용융이 발생했다고 추정된다. 이 사고를 계기로 일본은 모든 원자력발전소 가동을 정지했다.

▶ 도표 10-13 동일본대지진 : 후쿠시마 제1원자력발전소 사고

· 2011년 3월 동일본대지진의 지진해일로 후쿠시마 제1원전에서 일어난 세계 원자력 사상 최악 수준의 사고이다(국제 원자력 사고 등급 7에 해당).
· 높이 13m의 지진해일이 덮쳐 1~4호기 모두 전원을 상실하여 핵연료 냉각이 불가능해졌다.
  지진 다음날 1호기, 그 후 3, 4호기 건물이 폭발했다. 1~3호기 원자로 내에서는 노심 용융이 발생했다고 여겨진다.
· 이 사고를 계기로 일본은 모든 원자력발전소 가동을 정지시켰다.

출처: 도쿄신문

동일본대지진으로 인한 후쿠시마 제1원전 사고의 영향으로 2011년에 독일은 원자력법을 개정하여 2022년 말까지 독일에 존재하는 원자력발전소 17기를 모두 정지하겠다고 발표했다. 2021년 기준으로 14기를 정지하여 3기가 남았다.

독일은 동일본대지진에서 10년이 지난 2021년 3월 11일에 〈원자력의 단계적 폐지를 위한 12조 계획〉을 발표하여 타국에도 영향력을 행사하고 있다. 해당 계획은 독일 국내에서 4개, 독일을 제외한 유럽 단위에서 4개, 그 외 나라들에서 3개로 총 12개의 단계적 폐지를 계획 중이다. 또한 독일 내에서는 원전의 단계적 폐지를 위한 재생가능에너지 확대를 가속하고 원자력과 석탄에서 풍력과 태양광으로 신속하게 전환한다는 방침을 발표했다. 이처럼 일본의 원전 사고는 독일에 큰 영향을 미쳤지만 프롤로그와 제3장에서 이야기했듯이 그

후 발생한 우크라이나 침공으로 정책이 일부 역행하고 있다.

후쿠시마 제1원전 사고는 이탈리아에도 큰 충격을 주었다. 원래 이탈리아는 1960년대에는 원전을 3기 보유하고 있었다. 그리고 1973년 석유 파동을 계기로 원전을 가속하려고 했으나 체르노빌 사고로 이듬해인 1987년에 국민 투표를 거쳐 원전을 추진하지 않기로 결정했다. 이후로 가동하거나 건설한 원전은 하나도 없다.

2008년에 탄생한 3차 베를루스코니 내각은 전력의 안정적 공급과 경제성을 확보하기 위하여 원전을 재개하는 법률을 제정했다. 그러나 2011년에 후쿠시마 제1원자력발전소 사고가 발생하자 다시 국민 투표가 치러졌고, 국민의 94%가 원전 재개에 반대표를 던졌기 때문에 이탈리아는 원전을 배제한 새로운 국가 에너지 전략을 책정하게 되었다. 이처럼 일본의 원전 사고는 독일과 이탈리아에도 큰 영향을 미친 사건이었다.

앞으로의 원전

도표 10-14는 일본의 원전 상황이다.

2022년 2월 시점에서 가동 중인 원자력발전소는 10기이다. 이는 각각 간사이전력의 오이 원전 3·4호, 다카하마 원전 3·4호, 미하마 3호, 큐슈전력 센다이 원전 1·2호, 겐카이 원전 3·4호, 시코쿠전력 이카타 원전 3호로, 주로 서일본 지역에 몰려 있다. 또한 신 규제 기준에 합격을 받았지만 가동하고 있지 않은 원전이 7기 있다. 해당

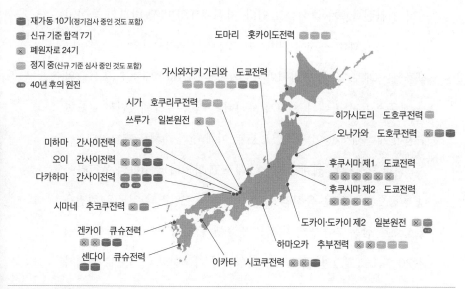

▶ 도표 10-14 일본의 원자력발전소 상황(2022년 2월 현재)

- 재가동 10기(정기검사 중인 것도 포함)
- 신규 기준 합격 7기
- 폐원자로 24기
- 정지 중(신규 기준 심사 중인 것도 포함)
- 40년 후의 원전

도마리 홋카이도전력

가시와자키 가리와 도쿄전력

시가 호쿠리쿠전력
쓰루가 일본원전

미하마 간사이전력
오이 간사이전력
다카하마 간사이전력

시마네 추코쿠전력

겐카이 큐슈전력

센다이 큐슈전력

히가시도리 도호쿠전력
오나가와 도호쿠전력

후쿠시마 제1 도쿄전력
후쿠시마 제2 도쿄전력

도카이·도카이 제2 일본원전

하마오카 추부전력

이카타 시코쿠전력

출처: 일본 경제산업성

7기는 도쿄전력의 가시와자키 가리와 2기, 간사이전력의 다카하마 2기, 주고쿠전력의 시마네 1기, 도호쿠전력의 오나가와 발전소 1기, 이바라키에 있는 일본 원전의 도카이 제2발전소 1기이다. 또한 심사 중인 원전도 10기 있다. 폐쇄가 결정된 원전은 엑스 표시된 24기이며 정지 중인 원전은 옅은 색으로 따로 표시하였다.

일본은 동일본대지진 이후 원자력발전의 새로운 운영 형태를 세계에 제시할 필요가 있다. 또한 세계가 같은 사고를 겪지 않도록 메시지를 전달할 의무도 있다. 그러기 위해서는 성능이 우수한 기계나 좋은 입지 조건뿐 아니라 인재 확보가 중요하다. 현재 보안 인재의 고령화 등으로 미래에 인재가 부족해질 우려가 있는 데다 일본 대학의 원자력 관련학과가 줄어들고 있다. 자연재해의 발생 빈도가 높아지고 강도가 심해지는 데에 대비하는 것은 물론, 러시아의 우크라이나 침공의 사례로 볼 때 원자력발전소의 방어와 테러 대처도 우선순위가 매우 높은 사항이다. 게다가 사이버 공격이 복잡해지면서 교묘한 수법이 계속해서 늘어나고 있으므로 이에 대한 대처도 필요하다.

원전을 둘러싼 세계정세는 글래스고 합의나 러시아의 우크라이나 침공으로 새로운 움직임이 보인다. 먼저 프랑스와 영국은 원전을 중심으로 삼은 기후변화 대책을 발표했다. 프랑스의 마크롱 대통령은 2021년 11월 9일, 글래스고 회의에서 기후변화 대책으로 재생가능에너지와 원전 건설 재개를 표명했다. 2022년 2월에 보다 구체적인 계획으로 2050년까지 원자로 6기 건설, 30년 이내에 화석연료 의존에서 탈피하는 세계 최초 주요국 달성, 기후변화 대책의 모범 사례이자 원전을 중심으로 한 에너지 독립 강화, 원전 산업 강화를 발표했다.

영국은 2022년 5월에 보리스 존슨 총리가 러시아의 우크라이나 침공 이후 정세를 반영한 기후변화 대책으로 2030년까지 원전을 최대 8기 신설하고 2050년까지 현재의 3배가 넘는 최대 24GW 출력이 가능하도록 정비하겠다고 발표했다. 이 계획을 실현하여 전력 수요의 최대 25%를 원자력으로 충당하는 것이 목표이다.

또한 독일의 탈원전 정책의 경우 우크라이나 침공 이후로는 탈러시아를 우선하게 되어 방침을 뒤집어 남아 있던 3기의 원전 가동을 연장했다. 주변 각국으로부터는 바뀐 태도로 인해 비판의 목소리가 나오고 있다.

그리고 2022년 8월에 일본 정부는 전력 수급 부족이라는 눈앞의 위기를 극복하기 위해 같은 해 겨울뿐 아니라 앞으로 수년간을 내다보고, 재가동 중인 10기의 가동 확보에서 한 걸음 더 나아가 설치 허가를 받은 원전의 재가동을 추진하고 있다. 또한 안전성 확보를 대전제로 수명 연장 등 기존 건설된 원전을 최대한으로 활용하고 새로운 안전 메커니즘을 도입한 차세대 혁신 원자로를 개발·건설하는 등의 방침을 발표했다.

물론 앞으로의 일본은 러시아의 우크라이나 침공에 수반된 자포리자 원전 공격 등 국제정세를 고려하면서 후쿠시마 제1원전사고의 경험을 과학적으로 반성하고 다시는 일어나지 않도록 대책을 강구할 필요가 있다. 그러기 위해서는 최근 추진하고 있는 것처럼 방위성, 경찰청, 국토교통성, 후생노동성, 내각부 등 정부부처 간의 연계가 필요하다. 또한 스웨덴의 사례처럼 그러한 대책을 공개하고 국민과 정보를 공유할 필요도 있다.

나아가 더 거시적인 관점에서 생각하면 원전뿐 아니라 모든 발전소, 송전선, 석유·천연가스 관련 시설에 대한 테러 대책도 중요하다. 일부의 발전소에 사고가 발생하더라도 버틸 수 있도록 발전량을 확보하고 송전선을 충분히 정비하는 것 등이 대책이 될 수 있다. 한편 재생에너지 확대를 추진하는 유럽에서는 전력회사의 경영 부진이 여기저기서 나타나고 있으므로 일본에서 재생가능에너지를 보다 확대하려면 전력회사의 안전관리에 지장이 없는 체제를 유지하는 것이 중요하다.

07 재생가능에너지에 대하여

현재 일본의 재생가능에너지 발전 비율은 22.32%이다. 바이오매스 4.1%, 태양광 9.3%, 수력 7.8%이며 풍력 0.9%, 지열 0.3%이다. 아무래도 석탄과 LNG 비율이 높지만, 2021년에 경제산업성이 발표한 에너지기본계획에 따르면 재생가능에너지를 2030년까지 2배 이상 늘릴 예정이다.

또한 2014년부터 2021년까지의 발전량 중 자연에너지 비율 추이를 보면 수력발전량은 일정하지만, 태양광은 유달리 증가했으며 바이오매스도 늘었다. 일본의 태양광발전량은 세계 순위로 보아도 3위이다. 풍력은 2020년대에 들어선 이후로 비율이 늘고 있다. 앞으로 풍력발전을 얼마나 확대할지 기대된다.

출처: ISEP

일본에서 태양광발전이 늘어난 이유

일본에서 태양광발전량이 증가한 데는 2012년에 도입된 발전차액지원제도(FIT)가 영향을 미쳤다. 재생에너지 설비로 생산한 전기를 미리 정해진 가격으로 매입할 것을 전력회사에 의무화한 제도이다. 독일은 이 제도로 크게 성공하여 정책 목표를 달성했기 때문에 현시점에서는 폐지했다.

또한 일본에서도 2022년 4월에 FIT의 후속 제도로 FIP가 도입되었다. 이는 고정가격으로 매입하는 것이 아니라 재생에너지 발전사업자가 도매시장에서 전력을 판매할 때 판매가에 일정 보조금을 더해서 매입하는 제도이다. 고정가격매입제도 정도는 아니더라도 미리 투자하는 사람이 얼마나 자금을 회수할 수 있을지 예상할 수 있게 되어 재생가능에너지 사업에 대한 투자가 활발해지고 재생가능에너지를 통한 발전량이 늘어날 것으로 기대하고 있다.

해상풍력발전 계획

이어서 해상풍력발전 설치 상황과 계획을 설명한다. 일본의 누계 설치 용량은 2018년 시점에서 약 20MW인데, 이는 유럽과 비교하면 매우 작은 수치이다. 유럽은 2012년 시점에 5,000MW, 2017년에는 1만 5,780MW로 5년간 3배 이상 증가했다.

다만 섬나라인 일본은 해상풍력의 잠재력이 크고, 또 각지에서 풍력발전이 가능하므로 앞으로의 높은 성장이 기대된다. 육상풍력발전은 인근 주민들 피해 때문에 설치가 어려운 곳도 있으므로 해상풍력발전에 더욱 기대가 집중되고 있다.

도표 10-16의 기존 설치 안건은 기타큐슈, 나가사키, 후쿠시마,

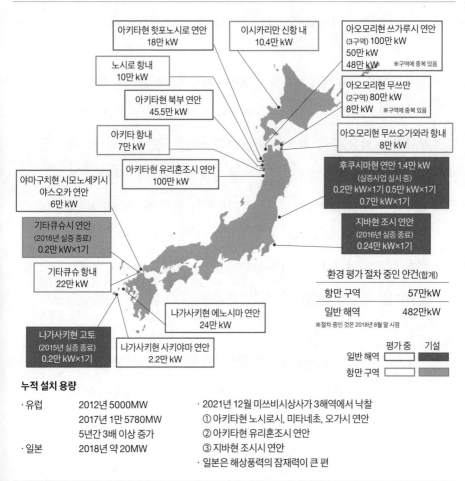

아키타현 핫포노시로 연안
18만 kW

노시로 항내
10만 kW

아키타현 북부 연안
45.5만 kW

아키타 항내
7만 kW

아키타현 유리혼조시 연안
100만 kW

야마구치현 시모노세키시
야스오카 연안
6만 kW

기타큐슈시 연안
(2016년 실증 종료)
0.2만 kW×1기

기타큐슈 항내
22만 kW

나가사키현 고토
(2015년 실증 종료)
0.2만 kW×1기

이시카리만 신항 내
10.4만 kW

아오모리현 쓰가루시 연안
(3구역) 100만 kW
50만 kW
48만 kW   ※구역에 중복 있음

아오모리현 무쓰만
(2구역) 80만 kW
8만 kW   ※구역에 중복 있음

아오모리현 무쓰오가와라 항내
8만 kW

후쿠시마현 연안 1.4만 kW
(실증사업 실시 중)
0.2만 kW×1기 0.5만 kW×1기
0.7만 kW×1기

지바현 조시 연안
(2016년 실증 종료)
0.24만 kW×1기

나가사키현 에노시마 연안
24만 kW

나가사키현 사키야마 연안
2.2만 kW

환경 평가 절차 중인 안건(합계)

항만 구역	57만kW
일반 해역	482만kW

※절차 중인 것은 2018년 8월 말 시점

	평가 중	기설
일반 해역		
항만 구역		

누적 설치 용량

· 유럽   2012년 5000MW
             2017년 1만 5780MW
             5년간 3배 이상 증가
· 일본   2018년 약 20MW

· 2021년 12월 미쓰비시상사가 3해역에서 낙찰
  ① 아키타현 노시로시, 미타네초, 오가시 연안
  ② 아키타현 유리혼조시 연안
  ③ 지바현 조시시 연안
· 일본은 해상풍력의 잠재력이 큰 편

출처: 일본 자원에너지청

지바 등에 이미 건설되었다. 또한 환경평가 실시 단계이기는 하지만 속이 빈 상자로 표시된 계획 중인 프로젝트가 줄지어 있다. 이처럼 해상풍력발전에는 앞으로 크게 기대를 걸어도 좋을 듯하다.

이차전지의 역할

이차전지는 다양한 역할을 할 수 있으며, 특히 다섯 가지 용도로 주목받고 있다. 1. 남은 전기의 저장 2. 전력계통의 안정 향상 3. 재난 방지 4. 피크 컷과 피크 시프트 5. 차세대 자동차의 에너지원이다.

날씨에 좌우되는 태양광발전과 풍력발전은 그 특성상 안정성이 부족하다. 예를 들어 2021년 유럽에서는 바람이 불지 않아 예상했던 풍력발전량을 전혀 확보하지 못했다. 또한 태양광발전은 애초에 태양이 뜨지 않는 밤에는 발전이 불가능하다. 한편 바람이 지나치게 불거나 태양이 너무 내리쬐어 발전량이 고르지 못하면 전력망에 걸리는 부담이 커져서 전력계통의 안정성에도 문제가 생긴다. 그러므로 전기를 저장할 수 있다면 이러한 문제들을 해소할 수 있는 방편이 된다.

또한 이차전지는 현재 리튬이온전지가 중심인데, 한국과 중국의 경쟁력이 매우 강한 분야이며 일본도 어느 정도의 세계 점유율을 차지하고 있다. 예를 들어 한국의 LG화학, 삼성SDI, 중국의 CATL 등

이차전지의 다양한 역할

1. 남은 전기의 저장
2. 전력계통의 안정 향상
3. 재난 방지
4. 피크 컷, 피크 시프트
5. 차세대 자동차의 에너지원

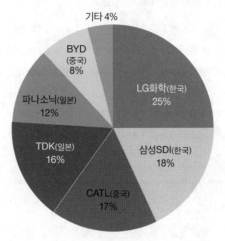

리튬이온전지는 전해질이 액체이나, 고체 전해질로 만드는 전고체 배터리 개발이 진행 중이다.

출처: Status of the Rechargeable Li-ion Battery Industry 2021

이 시장의 강자이고, 일본의 TDK와 파나소닉도 어느 정도 활약하고 있다. 리튬이온전지는 양극재와 음극재 등의 소재가 필요한데 양극재에서는 니치아화학공업, 스미토모금속광산 등의 회사가 능력을 발휘하고 있다. 음극재에서는 쇼와덴코머티리얼즈라는 회사가 세계 점유율을 일정량 차지하고 있다.

그러나 리튬이온전지는 전해질이 액체인 탓에 몇 가지 사용상의 어려움도 존재한다. 고체 전해질을 이용하는 전고체 배터리가 빠른 속도로 개발되고 있으며, 아마도 2020년대에는 실용화되어 이차전지가 크게 위력을 발휘하게 될 것이다. 또한 전고체 전지는 자동차

리튬이온전지 소재 세계점유율 (2020년)

	양극재			음극재	
1위	Umicore (벨기에)	8%	1위	BTR New Material (중국)	18%
2위	니치아화학공업 (일본)	7%	2위	쇼와덴코머티리얼즈(일본)	12%
3위	Xiamen Tungsten (중국)	7%	3위	shanshan group (중국)	10%
4위	스미토모금속광산 (일본)	7%	4위	POSCO Chemtech (한국)	9%
5위	Hunan Shanshan (중국)	5%	5위	Zichen (중국)	8%

출처: 닛케이크로스텍

제조사에서도 개발하고 있으며 일본 제조사가 심혈을 기울이고 있는 분야이기도 하다. 앞으로 이러한 분야에도 주목할 필요가 있다.

전력반도체와 지구온난화 대책

또 한 가지 주목할 산업은 전력반도체이다. 전력반도체를 활용하여 전력을 효율화하면 이산화탄소 배출량 감축, 즉 지구온난화 대책으로 작용한다.

먼저 반도체가 무엇인가를 설명하자면 전기가 통하는 도체와 전기가 통하지 않는 부도체의 중간적인 물질이다. 그리고 전력반도체는 일반적인 반도체와는 달리 고전압과 고전류를 다룰 때 사용된다는 특징이 있는데 이 특성으로 인해 전원에서 공급되는 전력을 제어할 수 있다. 교류를 직류로, 직류를 교류로 바꾸고 전압을 승압·강압하고 주파수를 변환하며 전력 교환 시의 전력 손실을 줄이기 위한 중요한 부품이다.

사용되는 예를 들자면 풍력발전이나 태양광발전에서 생산된 직류 전기를 가정이나 공장에서 사용할 수 있는 교류 전기로 변환할 때, 손실을 줄이며 전력망으로 보낼 때 전력반도체가 쓰인다. 또한 전기자동차 등의 모터를 저속부터 고속까지 정밀하게 움직이는 구동용 인버터, 에어컨 인버터 등에도 전력반도체가 필요하다.

이러한 전력반도체 시장에서는 일본, 독일, 미국 등의 제조사가 치열하게 경쟁을 펼치고 있다.

2022년 8월에 일본 정부는 그린 트랜스포메이션(GX)을 위하여 전력계통 정비 가속, 고정형 이차전지 도입 가속, 해상풍력 등의 발전

전력반도체와 지구온난화

● 전력반도체를 사용해 전력을 효율적으로 이용하여 이산화탄소 배출량을 감축한다(반도체: 전기가 통하는 '도체'와 전기가 통하지 않는 '부도체'의 중간적 특성을 가진 물질).

● 전력반도체
 · 일반적인 반도체와 달리 고전압·고전류를 다루는 특성이 있는 반도체이다.
 · 전원에서 공급되는 전기를 제어한다.
   교류를 직류로(정류), 직류를 교류로(인버터), 전압의 승압·강압, 주파수 변환
 · 전력교환 시의 전력 손실을 줄이는 데 중요한 부품이다.
 · 풍력발전·태양광발전에서 발전된 직류 전기를 가정이나 공장 등에서 사용할 수 있는 교류 전기로 변환할 때 전력망에 송전 시 손실을 줄인다.
 · 전기자동차 등 구동용 인버터(모터를 저속부터 고속까지 정밀하게 움직임)와 에어컨 인버터에도 필요하다.

● 전력반도체 개발에서는 독일, 미국, 일본(미쓰비시전기, 도시바, 후지전기) 등이 격렬한 경쟁 중이다.

원 추진을 비롯한 여러 방침을 발표했다. 경제성이 함께 확보되는 재생에너지 추진은 초크 포인트 리스크를 최소화하여 국방에도 도움이 되고, 지구온난화 대책과 자국 산업 육성에도 공헌하여 일석이조의 효과를 거둘 가능성을 품고 있다.

08 2021년 제6차 에너지기본계획

지구온난화 대책이 앞으로의 일본 산업을 좌우한다

2021년에 발표된 '제6차 에너지기본계획'을 살펴보면, 2050년 탄소중립 달성, 2030년에 2013년 대비 온실가스 46% 감축에서 가능하다면 50%까지 감축을 목표로 정하고 있다. 그리고 이 계획의 서두에서는 다음과 같이 선언했다.

'선진국을 비롯한 각국은 탈탄소화를 위하여 기술발전뿐 아니라 국제적인 규칙 형성 시 자국의 산업구조 등을 고려해 자국에 유리한 규칙을 만드는 데 매진한다. 기업도 탈탄소 기술을 이용한 경쟁력 강화에 힘쓰고 있다. (중략) 앞으로 기후변화 문제 대응은 산업혁명 이후 형성된 산업구조를 뒤바꿀 가능성을 내포하고 있으며, 변화에 잘못 대처하면 산업 경쟁력을 잃을지도 모른다. 한편 일본이 국제

> ### 제6차 에너지기본계획 (2021년)
>
> 1. 2050년 탄소중립 달성, 2030년 온실가스 배출 46% 감축(2013년 대비), 더 나아가 50% 감축을 목표로 한다.
> 2. 선진국을 비롯한 각국은 탈탄소화를 위해 기술발전뿐 아니라 국제적인 규칙 형성 시에 자국의 산업구조 등을 고려해 자국에 유리한 규칙을 만드는 데 매진하고, 또 기업도 탈탄소 기술을 이용한 경쟁력 강화에 힘쓰고 있다.
>
> 앞으로의 기후변화 문제 대응은 산업혁명 이후 형성된 산업구조를 뒤바꿀 가능성을 내포하고 있으며, 변화에 잘못 대처하면 산업 경쟁력을 잃을지도 모른다. 한편 일본이 국제적 규칙 형성을 선도하고 일본이 가진 탈탄소 기술을 세계, 특히 아시아의 탈탄소화 과제 해결에 살릴 수 있다면 새로운 성장 산업을 창출할 계기도 될 수 있다.

적 규칙 형성을 선도하고 일본이 가진 탈탄소 기술을 세계, 특히 아시아의 탈탄소화 과제 해결에 살릴 수 있다면 새로운 성장 산업을 창출할 계기도 될 수 있다.'

바꾸어 말하면, 지구온난화 대책은 한 국가의 산업구조를 근본부터 바꿀 것이고 일본도 대처가 늦으면 지금 있는 강점을 단번에 잃을 수 있다는 것을 지적하고 있다. 반면 이 위기를 잘 헤쳐나간다면 세계를 선도하는 산업을 만들어낼 수 있다는 점도 이야기했다.

제6차 에너지기본계획의 발전원 구성

2021년에 발표된 제6차 에너지기본계획에서 제시하는 전력원 구성은 다음과 같다.

2019년에 18%를 차지하는 재생가능에너지의 비율을 2030년

▶ 도표 10-18 2021년 제6차 에너지기본계획의 발전원 구성

		2019년	2030년(희망 예상치)
재생에너지		18%	36~38%
	태양광	6.7%	14~16%
	풍력	0.7%	5%
	지열	0.3%	1%
	수력	7.8%	11%
	바이오매스	2.6%	5%
원자력		6% 정도	20~22% 정도
LNG		37% 정도	20% 정도
석탄		32% 정도	19% 정도
수소·암모니아		0	1% 정도
		10240억kWh	9340억kWh(에너지 절약으로 약 10% 감축)

출처: 일본 경제산업성

에는 36~38%로 2배 이상 늘리는 것이 목표이다. 발전원별로 보자면 태양광은 6.7%에서 2배 이상인 14~16%로, 풍력은 0.7%에서 7배이상인 5%로, 지열발전은 0.3%를 1%로, 수력발전은 7.8%를 11%로, 바이오매스는 2.6%를 2배 가까이인 5%로 늘릴 예정이다. 또한 2019년에 6% 비율이었던 원자력을 20~22%까지 늘리기 위해 기존원전을 재가동하고 시마네에 원전을 신설할 계획이다.

이처럼 재생가능에너지와 원자력이 2019년 대비 대폭 증가한 발전원 구성이다. 반면 LNG와 석탄은 감소할 전망이다. 2019년에는 37%를 차지한 LNG를 2030년에는 20% 정도로 낮추겠다고 밝혔다.

그리고 석탄은 32%에서 19% 정도로 낮출 예정인데, 그렇다고 해도 선진국 중에서는 눈에 띄게 높은 수치이다. 현재는 아직 사용되고 있지 않지만 수소와 암모니아 발전도 2030년도에는 1%로 예정하고 있다. 2019년에는 1만 240억kWh였던 전체 소비량을 2030년에는 에너지 절약을 통해 약 10%를 줄여 9,340억kWh로 만들겠다는 계획도 중요하다.

수소와 암모니아 발전에 대해서도 알아보자. 수소는 산소와 반응시켜 전기를 생산하거나 연소시켜 열에너지로 이용할 수 있다. 그리고 이때 이산화탄소를 배출하지 않는다는 특성이 있어 가스화력발전에서 연소에 이용할 수 있을 것으로 기대된다. 천연가스를 태울 때 수소를 섞어서 연소하면 그만큼 이산화탄소 배출량이 줄어들기 때문이다. 그리고 수소는 연료전지차(FCV)나 연료전지버스 등에도 사용될 전망이다. 암모니아 역시 연소 시에 이산화탄소를 배출하지 않으므로 이산화탄소 배출량 감축에 기여할 가능성이 있다. 기대되는 용도는 발전 분야이며, 석탄에 섞어서 연소하는 것이다. 공장 등의 산업 분야나 수송 분야에서 이용이 확대될 가능성이 있다고 한다. 진행되고 있는 프로젝트로는 JERA와 이시카와지마하리마(IHI)가 공동으로 2030년에 헤키난 화력발전소에서 시작할 예정인 암모니아 혼소 실증사업이 있다.

만약 일본에서 대형 전력회사가 보유하는 모든 석탄화력발전소가 암모니아 20%를 혼합 연소한다고 가정하면, 이산화탄소 배출량

수소

● 산소와 반응시켜 전기를 생산하거나 연소시켜 열에너지로 이용한다. 이산화탄소 배출 없다.

● 기대되는 용도
  · 발전: 가스 화력에서의 혼소
  · 연료전지차(FCV)와 연료전지버스(FC버스)

● 제조 과정에서의 이산화탄소 발생 정도에 따라 그린수소, 블루수소, 그레이수소로 불린다.

암모니아

● 연소 시에 이산화탄소를 배출하지 않으므로 이산화탄소 배출량 감축에 기여할 가능성이 있다.

● 기대되는 용도
  · 발전 분야
  · 공장 등 산업 분야
  · 수송 분야 등

● JERA와 IHI
  2023년 헤키탄 화력발전소에서 암모니아 혼소 실증사업을 개시했다.

● 만약 일본에서 대형 전력회사가 보유하는 모든 석탄화력발전소가 암모니아 20%를 혼합 연소한다고 가정하면 감축되는 이산화탄소 배출량은 약 4,000만 톤이다.

이 약 4,000만 톤 줄어들어 석탄화력발전소에 대한 비난을 피할 근거가 될 가능성이 있다.

일본을 비롯한 아시아 국가들은 재생가능에너지 중 특히 풍력과 태양광발전에서 중동, 북미, 남미, 유럽과 비교하면 적절한 지대가 부족하다. 따라서 천연가스, 바이오, 수소, 암모니아, CCS, CCUS, 원자력 등 다양한 선택지를 조합할 필요가 있다. 특히 일본에는 재생에너지를 활용할 인프라가 갖추어지지 않았다. 전력망이 그물망 형태인 유럽과 달리, 일본은 전력망이 인근 지역과만 연결되어 있다는 걸림돌이 존재한다. 이에 더해 북쪽 홋카이도나 남쪽 규슈처럼 재생에너지 발전에 적합한 지역에서 수요지까지 연결된 전력망에 한계가 있어 태양광 등으로 생산된 전기가 낭비된다. 60Hz를 사용하는 서쪽과 50Hz를 사용하는 동쪽의 주파수 차이도 제약 요인의 하나이다.

2030년도 일본의 '3E'

일본 정부의 야심 찬 전망이 실현된다면, 2030년도 일본의 3E 중 에너지 안정 공급에 해당하는 에너지 자급률은 30%에 달할 것이다. 제5차 에너지기본계획상으로는 25% 정도였으므로 이 수치가 늘어난다는 뜻이다. 그러기 위해서는 발전원 구성에서 재생가능에너지가 차지하는 비율을 18%에서 2배 이상인 36~38%로 늘려야 한다고 판단되며, 이처럼 재생가능에너지는 환경문제뿐 아니라 자급률 향상에도 기여한다.

3E를 실현하려면 발전 분야에서의 노력만으로는 불충분하다. 총 에너지 소비 중 전기의 형태로 소비되는 것은 27% 정도이고, 휘발유 등의 운송용 연료나 생산현장에서 사용하는 고온의 열에너지, 가정이나 사무실에서 사용하는 냉난방과 온수 등 사회의 여러 분야에서 소비되는 에너지를 전기화하거나 절약하면서 탈탄소화를 위한 다양한 노력을 기울여야 한다.

환경 측면을 보자면, 온실가스 감축 목표 중 에너지에서 유발되는 이산화탄소 감축 비율은 45%로 예상되며, 이는 이전 계획이 25%

> ### 2030년도의 3E
>
> 일본 정부의 야심 찬 전망이 실현되었을 경우의 3E
>
> ● 에너지 안정 공급(Energy Security)
>   에너지 자급률 ⇒ 30% 정도(이전 계획: 대략 25% 정도)
>   에너지 절약은 자급률 향상에도 기여
>
> ● 환경 적합(Environment)
>   온실가스 감축 목표 중 에너지에서 유발되는 이산화탄소 감축 비율
>   ⇒ 45% 정도(이전 계획: 25%)
>
> ● 경제적 효율성(Economic Efficiency)
>   국민 부담 억제+자국 산업 경쟁력 강화

였던 것과 비교하면 상당히 커진 것이다. 여기에도 재생가능에너지 비율의 증가가 크게 공헌했다.

경제적 효율성 측면에서는 에너지 비용이 커지면 산업의 국가 경쟁력이 떨어지고 국민 부담도 늘어나므로 경제적 효율성을 잘 확보하자는 내용이 담겨 있다.

09 전기자동차와 일본 산업계의 향방

전기자동차가 일본 자동차 산업에 미치는 영향

전기자동차와 일본 자동차 산업의 관계를 짚어보자.

일본의 주력 산업인 자동차 산업은 휘발유 자동차와 하이브리드 자동차가 강점이다. 하이브리드차는 휘발유와 전기를 조합하여 에너지 효율이 매우 높은 자동차이다. 한편 전기자동차는 모터로 움직이며 휘발유 차량에 있는 내연기관 등의 많은 부품이 불필요하다. 3만 개의 부품이 2만 개 정도로 줄어든다고도 하니, 부품 산업 등 관련 산업이 크게 발달한 일본 산업계에 미치는 영향이 우려된다.

또 다른 불안 요소는 유럽과 미국 캘리포니아주가 2035년 이후 하이브리드차 판매를 금지했다는 것이다. 이는 모터로 구동하는 전기자동차만 팔 수 있다는 뜻이며 휘발유를 소량 사용하는 하이브리드차는 인정받지 못하게 되었다. 일본의 강점인 하이브리드차의 판매 금지 소식에 업계가 불안에 떨고 있다.

미국의 테슬라나 중국의 전기자동차 제조사의 약진에 일본 자동차 산업이 어떻게 대항할지도 과제이다. 개인적으로는 일본의 자동차 산업을 어떻게 지킬 것인지 고민하는 소극적 자세가 아니라, 일본의 자동차 산업이 지금까지 쌓아 온 강점을 살려서 지구온난화 대책의 한 해결책인 전기자동차도 일본이 세계를 선도하겠다는 적극

> ### 전기자동차
>
> · 자동차 산업은 일본의 주력 산업이다(휘발유 자동차·하이브리드차).
> · 전기자동차는 모터로 구동하며 휘발유차의 내연기관 및 많은 부품이 불필요하다.
> · 유럽이나 캘리포니아주가 2035년 이후 하이브리드차 판매를 금지했다.
> · 테슬라와 중국 전기자동차 제조사가 강세이다.
> · 전국적으로 급속 충전기 구축
> · 항속거리
> · 폐배터리 처리, 이산화탄소 배출량
> · 전기자동차에 사용되는 전기는 어떻게 생산되는가?

적인 자세로 임하기를 바란다.

전기자동차의 과제

전기자동차의 급속 충전기를 어떻게 전국적으로 빠르게 보급하느냐 하는 문제는 현재 세계 여러 나라의 공통된 과제이다. 또한 전기자동차의 항속거리가 어떤 추세로 늘어날지도 관심사였는데, 이에 관해서는 많이 진척되어 항속거리가 빠르게 늘어나고 있다.

한편 지구온난화 대책이라는 관점에서 전기자동차를 바라볼 때는 전체 이산화탄소 배출량을 고려할 필요가 있다. 즉 휘발유 자동차에는 없고 전기자동차에만 있는 배터리를 만들 때 얼마나 많은 이산화탄소가 배출되는지, 폐배터리를 처리할 때는 이산화탄소가 얼마나 배출되는지 등이다. 또 전기자동차에 사용되는 전기를 무엇으로 생산하는가도 고려해야 한다. 예를 들어 석탄화력발전으로 생산된 전기를 사용한다면 의미가 없다. 이처럼 전기자동차에 사용되는 전기 자체가 그린인지 아닌지도 검토하는 시대가 오고 있는 것이다.

10 공급망 배출량

공급망 배출량은 회사 하나만이 아니라 관련 기업, 공급자, 고객이나 소비자 등을 포함한 공급망 전체의 배출량을 관리해야 한다는 매우 중요한 개념이다.

1988년에 발족한 온실가스(GHG) 프로토콜 이니셔티브에서는 2011년 10월에 기업 가치사슬과 관련된 기준인 스코프3(Scope3)를 제시했다. 자기 회사만 친환경적이어서는 충분하지 않고 원재료는 무엇인지, 원재료가 만들어질 때 이산화탄소를 얼마나 배출하는지, 공장 건물을 세울 때 이산화탄소가 얼마나 배출되는지, 또는 직원들의 출퇴근 시 이산화탄소를 얼마나 배출하는지 등을 고려해야 한다. 또한 자사 제품이 유통될 때는 제품이 어떻게 쓰이고 어떻게 버려지는지, 그때 이산화탄소가 얼마나 배출되는지 등 공급망 전체의 이산화탄소 배출량 관리가 앞으로의 시대에는 필수적으로 요구될 것이다.

회사 하나만이 아니라 관련 기업, 공급자, 고객이나 소비자 등을 포함한 공급망 전체의 배출량 관리가 필요(2011년 10월 GHG 프로토콜 기업 가치 사슬(Scope 3) 회계처리 및 보고 기준)하다.

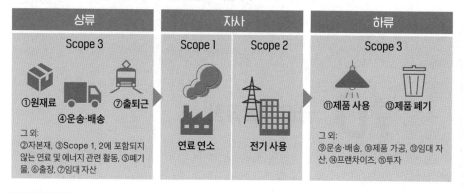

출처: 일본 환경성

11 GX와 일본의 3E

GX 세대

GX(그린 트랜스포메이션)란 각 산업의 공급망에서 제각기 지속가능한 사회를 목표로 하고 이산화탄소를 감축해 탄소중립을 실현하는 완전히 새로운 사회경제 구조로 변화하는 것을 뜻한다.

그러므로 제6차 에너지기본계획의 '그린 트랜스포메이션(GX), 디지털 트랜스포메이션(DX)과 같은 큰 변화의 물결을 적확하게 파악하여 미래를 위한 적극적인 성장 전략을 추진한다. 민간의 대담한

466

> ## GX(그린 트랜스포메이션)
>
> · 그린 트랜스포메이션(GX), 디지털 트랜스포메이션(DX)과 같은 큰 변화의 물결을 정확하게 파악하여 미래를 위한 적극적인 성장 전략을 추진한다. 민간의 대담한 투자와 창의력을 촉진하고 고용 유지·창출을 꾀함과 동시에 포스트 코로나 시대에 어울리는 사회경제 구조로의 패러다임 전환으로 연결해야 한다.
> · GX 세대에 큰 기대를 걸고 있다.

투자와 창의력을 촉진하고 고용 유지, 창출을 꾀함과 동시에 포스트 코로나 시대에 어울리는 사회경제 구조로의 패러다임 전환으로 연결해야 한다'는 방침은 매우 정확한 분석이다.

청년 세대는 앞으로 어떤 기업에서 일하든 그야말로 GX의 한복판을 걸어가게 될 것이며 GX의 중핵을 짊어질 세대이다. 그런 의미에서 지금의 청년 세대는 'GX 세대'라고 해도 과언이 아니다. 따라서 청년 세대가 2030년의 자신이 어떤 모습일지, 무슨 생각을 할지 등 앞으로의 인생을 상상하고 삶의 방식을 고민할 때도 GX는 늘 함께할 것이다. GX 세대의 미래에 큰 기대를 걸고 있다.

일본의 3E

지금까지 일본의 에너지 전략을 살펴보았다.

일본은 거듭 미사일을 발사하는 북한이나 러시아, 중국 등과 인접해 있다. 항상 우호적이지는 않은 나라들과 가까이 있어 지정학적으로 굉장히 곤란한 위치에 있다. 그런데도 여전히 에너지를 자급하지 못한다. 일본은 이 사실을 냉정히 받아들이고 전략을 짜야 한다.

세계적인 관점으로 보았을 때 일본은 이웃 나라와 연결된 파이프라인이나 전력망이 없으며 반대로 LNG 터미널과 원자력발전소 인프라는 잘 갖추어졌고 석탄 의존도가 높은 나라이다. 그런 일본이 국가의 독립과 안정을 확보하면서 경제 성장과 지구온난화 대책을 동시에 추구한다는 지난한 에너지 전략을 어떻게 달성할지 타국에서도 관심을 가지고 지켜보고 있다.

에너지의 경제성이 없으면 국민 생활과 각 산업의 국제 경쟁력에 큰 여파를 미치며 실업률도 올라간다. 지구온난화 대책의 과제는 선진국 중에서 높은 석탄 비율을 어떻게 줄여나갈지이다. 또한 정부의 계획은 2030년까지 재생가능에너지와 원전을 늘려나간다는 것이지만, 그보다 더 먼 미래에 어떻게 지속가능한 에너지 정책을 꾸려나갈지 지금부터 고민해야 한다.

1800년대의 일본은 석탄을 개발하여 당대의 과제인 근대화에 성공했다. GX 세대가 부디 지구온난화 대책, 국가의 독립과 안정, 산업의 발전을 함께 고려하며 앞으로의 과제인 GX를 성공적으로 이끌어 나가는 모범적인 지구 시민이 되기를 기원한다.

GX, 재생에너지 추진은 국방 공헌으로 이어진다

지금까지 세계 각국의 에너지 전략을 꼼꼼히 살펴보았다.

세계에는 에너지 자원이 풍부한 나라도 있고 그렇지 않은 나라도 있다. 에너지 대부분을 한 나라에 의존하며 언젠가 끊길지도 모른다고 불안해 하는 나라가 있는가 하면, 자급률을 높이거나 수입 경로를 다각화하여 대처하는 나라도 있다. 많은 파이프라인이 통과하는 나라가 있는가 하면 주변국으로만 지나가는 나라도 있다. 또 새로운 기술로 국내 생산을 늘려 수입국에서 수출국으로 변모한 나라도 있다.

이처럼 세계 각국은 저마다 에너지 사정이 다르다. 그중에는 바뀌는 것과 바뀌지 않는 것, 바꿀 수 있는 것과 바꿀 수 없는 것이 있다. 에너지 전략과 나라의 미래상은 사람이 바꿀 수 있는 것에 속한다.

에너지 전략과 국방

미국은 셰일 혁명을 일으켜 수입국에서 수출국으로 변모했다. 한편 중국의 에너지 전략은 꾸준히 성과를 올리고 있다. 아프리카의 석유 개발권을 확보하고, 미얀마와 러시아에서 파이프라인으로 천연가스를 수입하고, 사우디아라비아와도 전략 동반자 협정을 맺었다.

LNG, 원자력발전, 재생가능에너지 추진에도 가속이 붙고 있으며 화석 연료 및 재생에너지와 관련된 자국 기업을 육성했다.

독일은 러시아의 우크라이나 침공으로 종전의 에너지 전략 실패가 두드러지지만, 탈러시아라는 새로운 방향으로 맹렬하게 전환을 추진하고 있다. 우크라이나 침공 이후 처음 맞이하는 겨울인 2022년부터 2023년까지의 겨울을 어떻게 극복할지가 가장 큰 관심사였는데, 이때 유럽의 겨울이 비교적 온난한 기후를 보여 독일로서는 다행이었다. 2022년 6월, 수입을 기대했던 미국의 LNG 플랜트에 사고가 발생했을 때는 위기에 처했으나 코로나19 유행으로 인한 중국의 에너지 수요 감소가 독일에 오히려 긍정적으로 작용했다. 이처럼 에너지 전략에는 날씨나 일부 공급 기지의 사고 가능성 등을 반영해야 한다.

우크라이나가 계속해서 전기를 공급받을 수 있는 비결인 유럽 광역 전력망은 앞으로 더욱 그 역할이 중요해질 것이다. 유럽 각국은 탈러시아를 위해 LNG나 원전을 추진하고 있으며, LNG 수출 여력이 생긴 미국이나 카타르가 존재감을 더해 가고 있다.

마지막으로, 러시아가 지금 같은 자원 대국이 된 것은 그리 오래되지 않았다. 푸틴 정권이 석유와 천연가스 관련 국영기업을 강력하게 육성하는 등 노력을 기울인 결과이다.

세계에서 보기에 일본은 주변국의 미사일 위협에 시달리는 특수한 지정학적 위치에 있는 나라이다. 그러므로 에너지 전략에 좀 더 진지하게 임할 필요가 있다. 평화를 유지하는 데도 에너지 전략은 중요하기 때문이다.

1800년대 후반부터 일본은 풍부한 석탄 생산에 힘입어 발전했지만, 제1차세계대전기에 세계가 석탄에서 석유로 전환했는데도 그 과제를 일원적으로 관리하는 정부 부처인 상공성 연료국을 1937년에야 만들었다. 과제를 인식한 때로부터 20년 이상이 지난 매우 늦은 시기였다. 아마도 나라의 에너지 전략을 고민할 인재가 있었다면, 또는 잘 성립된 에너지 전략이 있었다면 석유 수입의 80%를 의존하는 미국과 전쟁을 벌이지는 않았을 것이다.

우크라이나 침공 이후 금수조치라는 말이 자주 들리는데, 자원대국 러시아를 향해 선진국이 가하는 금수조치와, 자원이 없는 일본에 대한 수출을 금지하는 금수조치는 그 심각성이 완전히 다르다.

전쟁은 과거의 일이나 남의 일이라고 여겨질지 모르지만, 에너지 전략은 정부나 에너지 기업만 세우는 것이 아니다. 한 사람 한 사람과 관련이 있다. 이에 대해 좀더 자세히 설명해 보자.

지속가능한 사회와 에너지 전략

지금까지 각국의 에너지 전략을 3E라는 관점에서 들여다보았다. 현재 세계정세는 3E 중 국가 독립, 군대, 방위 등과 밀접하게 관련된 '에너지 안전보장(Energy Security)'의 중요성을 특히 주목하고 있다. 따라서 지구 환경보다도 국가의 독립이나 눈앞의 생활이 중요하다고 여겨져 세계적으로 지구온난화 대책(Environment)의 중요성이 덜 강조되고 있다고 느껴질 수도 있다.

그러나 이 책에서 설명한 각국의 에너지 정세를 보면 알 수 있듯이 재생에너지 및 에너지 절약으로 지구온난화 대책을 추진하는 것은 나라의 자급률을 높여 국가의 독립과 안정, 국방에 공헌한다.

지구 환경을 지키는 활동은 얼핏 보면 아무 관계가 없어 보이지만 국방에 공헌하는 일이다. ESG나 SDGs 등의 지속가능한 사회를 만들기 위한 활동도 사실 국가의 독립과 방위에 공헌하는 측면이 있다. 에너지 전략을 공부한 GX 세대 독자는 앞으로 지속가능한 사회를 만들기 위한 에너지 전략 추진의 일익을 담당해야 할 것이다.

앞으로의 에너지 전략은 지구온난화 대책이 단순히 지구 환경을 지키기 위한 것이 아니라 나라의 국방에도 공헌하는 활동임을 이해하고 추진하는 것이 중요하다. 이러한 활동에는 여러 가지가 포함되며, 개인과 회사의 소비와 주주로서의 활동, 지역에서의 비영리 활동도 포함된다.

그러나 여기서 주의해야 할 점은 재생에너지의 '경제적 효율성(Economic Efficiency)'이다. 국방에 공헌하고 지구온난화 대책으로써 훌륭하더라도 경제성이 동반되지 않으면 지속되지 못하거나 충분한 공급량을 확보하지 못한다. 우선은 설비나 기기의 국산 여부와 관계없이 빠른 속도로 재생에너지를 추진할 필요가 있지만, 거기에 경제성이 갖추어진 재생에너지 산업 육성이 동반되면 매우 이상적이다. 경제 성장과 고용에도 공헌하며 국방에도 도움이 되는 일석삼조의 지구온난화 대책(Environment)이 달성된다.

3E를 실현하려면 발전 분야에서의 노력만으로는 불충분하다. 총 에너지 소비에서 전기의 형태로 소비되는 것은 27% 정도이고, 휘발유 등의 운송용 연료나 생산 현장에서 사용하는 고온의 열에너지, 가정이나 사무실에서 사용하는 냉난방과 온수 등 사회의 여러 분야에서 소비되는 에너지를 전기화 하거나 절약하면서 탈탄소화를 위한 다양한 노력을 기울여야 한다. 쉽지 않은 과제이지만 청년 세대의 발상과 행동력에 기대를 걸고 싶다.

예를 들어 브라질은 석유 수입국에서 수출국으로 변모했다. 그 과정에서 세계가 의심했던 '휘발유가 아닌 알코올로 달리는 자동차'를 실현했다. 또한 심해 시추 기술이 없던 시절에 리우데자네이루 근처의 심해 유전 시추를 시도한 결과 심해 석유개발에 성공하였고 수출국으로 변모할 수 있었다. 이처럼 브라질의 에너지 전략은 찬란한 성공을 낳았다. 평소에 접하는 뉴스는 브라질의 혼란한 경제나 정치 사회의 모습이 많지만, 브라질 정부는 그와는 정반대로 견실한 에너지 전략을 추진해 왔다. 자칫하면 전 세계에서 비웃음당할 법한 일이라도 기술 개발을 계속하여 현실로 이루어낸 것이다.

예를 들어 세계의 동향이 전기자동차(EV)로 굳어졌지만, 수소 엔진차 개발을 계속하다 보면 큰 진전을 이룰지도 모른다.

한편 재생에너지 추진에는 이차전지가 중요하다. 이차전지는 발전량이 일정하지 않은 풍력발전이나 태양광발전을 보급하기 위한 기초이기도 하고, 송전선의 부하를 줄이는 데도 중요하다. 또한 전기자동차의 주행 거리나 충전 시간 등과도 큰 관련이 있다.

군사적으로도 드론의 성능을 다투는 가운데 드론에도 이차전지 성능이 매우 중요하다. 이처럼 앞으로의 에너지 전략에는 이차전지 성능이나 충전 시스템 향상을 어떻게 조기에 확보할지가 주목된다. 2019년의 노벨 화학상은 스마트폰이나 전기자동차 등에 탑재되는 리튬이온전지를 개발한 존 구디너프, 스탠리 휘팅엄, 요시노 아키라가 수상했다. 청년 세대, 특히 이공계 전공자의 미래 활약을 기대하는 부분이다.

일본이 강세를 보이는 LNG와 원자력발전 인프라

일본은 전 세계에서 LNG와 원자력발전 인프라가 뛰어난 나라이다. 현재 세계 LNG 생산이 확대되고 있는 한편 유럽의 예처럼 LNG 터미널 건설이 줄을 잇고 있다. 화석연료이기는 하지만 EU가 녹색 금융 투자 영역으로 분류하는 등 앞으로 세계 에너지 전략에서 LNG의 역할은 확대될 전망이다. 이미 항만과 선박 등 인프라가 갖추어져 있는 일본은 원래부터 LNG 선진국이었다. 아부다비와 카타르의 LNG는 도쿄전력이나 추부전력 등과 맺은 장기 계약을 토대로 시작되었으나 해당 계약은 연장되지 않고 끝났다.

말레이시아, 호주에 이어 미국에서도 LNG 수입을 시작했는데, 탈러시아 운동으로 LNG 수입을 서두르는 유럽 등의 움직임으로 인해 일본의 현재 비율을 잠식당할 수도 있다는 우려가 나오고 있다.

앞으로는 LNG 현물 시장이 활성화될 것이다. 종전에는 현물 계약이 거의 없었으나 현재는 장기 계약이 75%, 현물 거래가 25% 정도의 비율로 성사되고 있다. 초기에 세계에서 시작된 LNG 프로젝트의 25년 계약이 일제히 종료되며, 다음 단계로 나아가는 가운데 LNG 현물 시장이 확대되고 있다. LNG 선물 시장도 2022년 4월에 막 개시되었다. LNG 선진국인 일본의 행보가 주목된다.

석유 파동을 겪은 일본은 세계적으로 재빠르게 원자력발전을 추진했다. 도쿄의 야마노테선 다카다노바바역에는 애니메이션 〈우주소년 아톰〉 주제곡이 흘러나온다. 원자력발전 추진과 직접적인 관계는 없지만, 주인공 아톰과 여동생 우란(이름의 어원이 우라늄-옮긴이)이 등장하는 애니메이션이 히트했던 1950년부터 1960년대는 일본이 원자력의 평화적인 이용을 새로운 미래 기술로 꿈꾸던 시대였다.

2022년 12월에 일본 정부는 원자력을 미래에 지속적으로 활용하겠다는 방침을 표명하고, 폐지된 원자력발전소를 재건축하고 수명을 현재의 최장 60년보다 더 연장하겠다고 결정했다. 동일본대지진은 전 세계 원전 정책에 큰 영향을 미쳤다. 그렇기에 일본의 원전 정책은 주목을 받고 있다. 지진이 잦지 않은 해외에서는 최대 진도가 비슷했고 지표면과 가깝게 일어나는 '직하형'이었던 2004년 니가타 주에쓰 지진은 문제가 발생하지 않았는데 동일본대지진은 왜 사고로 이어졌는지 궁금해 하고 있다. 지진과 원전 사고를 경험한 일본이 다시 원전 정책을 펼치는 이상 그 내용을 세계에 전달하고 설명하는 것도 중요한 일이다.

또한 정부는 에너지기본계획에서, 에너지 정책에는 3E에 Safety(안전성)를 더한 3E+S가 중요하다는 인식을 표명했다. 이처럼 에너지 전략에는 안전성 관점이 필수적이다.

특히 우크라이나 전쟁에서는 원자력발전소를 포함해 많은 발전소와 송전선이 공격 목표가 되었다. 겨울에는 난방이 생사를 가르는 문제인데 우크라이나는 겨울도 길다. 정전의 암흑 속에서 난방이 없어지면 가혹한 생활을 견뎌내야 한다. 이때 우크라이나가 전력망인 러시아 의존을 끊고 유럽과 연결한 것은 피해를 최소화했다. 인접국 정세가 특수한 일본으로서는 특히 원전을 비롯한 에너지 관련 시설의 안전성을 확보하는 것이 중요하다. 국가 에너지 전략에서 에너지 외교가 중요하다는 사실을 절대로 잊어서는 안 된다.

국가와 국가 간의 관계는 다방면으로 성립된다. 이익이 상충되는 면이 몇 가지 존재하더라도 에너지 분야에서 공통 이익을 창출하고 거래하거나 공동 프로젝트를 추진하는 일은 양국의 경제와 평화에 공헌한다. 진영과 관계없이, 예를 들어 다른 진영의 이웃 나라와 천연가스를 공동으로 개발·생산하는 프로젝트를 추진하고 교섭하는 것은 외교상으로 유용하게 작용한다.

높아지는 에너지 외교의 중요성

에너지 정세가 갑작스럽게 변화할 수 있다는 점도 주의해야 한다. 흔히 전쟁이나 분쟁으로 에너지 가격이 급등할 위험만 이목을 끌지만, 사실은 그 반대의 리스크도 존재한다.

평화나 세계 불황으로 에너지 가격이 내려가면 채산성이 부족한 프로젝트가 대량 발생하기도 한다. 1998년 12월 아시아 외환 위기를 계기로 유가가 1배럴당 10달러 수준으로 하락하자, 세계 석유회사들이 경영 위기를 맞아 엑슨과 모빌이 합병하는 등 큰 충격을 받았다.

아이러니하게도 세계 평화는 자원 프로젝트에는 경제적 위기이다. 현 상황에서는 좀처럼 상상하기 힘들지만, 정부만이 아니라 에너지 관련 기업 또한 에너지 전략을 짤 때 평화 정세에 대해서도 대비할 필요가 있다.

또한 전쟁 등으로 가격이 올랐을 때 이득을 보는 회사와 어려워지는 회사에 대해, 반대로 갑작스러운 평화로 에너지 가격이 하락했을 때 어려워지는 회사와 이득을 보는 회사에 대해 어떻게 대응할 것인지에 대한 사회적 제도 역시 설계해야 한다.

그리고 최소한 2030년대 중반까지는 전 세계가 화석연료 의존에서 벗어나야 하는 현실도 전략에 반영할 필요가 있다.

GX 세대에 기대하는 바

마지막으로, 내가 이 책을 쓴 이유는 앞으로 세계에서 활약할 청년들이 미래에 필요한 힘, 즉 세계를 바라보는 힘, 꿰뚫어 보는 힘, 예측하는 힘을 갖출 수 있도록 기본적인 관점이 될 에너지 전략을 배우길 바라는 마음에서이다.

에너지 전략은 2030년이나 2050년이라는 목표 지점만이 아니라 국가가 나아가는 길에 오랫동안 큰 영향을 미칠 것이다. 갑작스러운 전쟁이나 분쟁, 반대로 갑작스러운 화해나 안정되고 평화로운 행복한 생활의 이면에는 언제나 에너지 전략이 따라붙는다.

그러므로 아직 경험하지 못한 세계 무대에서 활약하는 자신의 미래를 상상하면서 공부하기를 바란다. 미래에는 그런 청년들이 필요하다. 지금의 청년 세대는 GX 세대이다. 해외만이 아니다. 미디어, 상사, 금융, 제조사, 운수, 유통, 서비스, 공무원, 어떤 진로를 택하더라도 GX는 일어날 것이다.

얼핏 사소해 보이는 것이라도 쌓이면 국가 지구온난화 대책을 구성하는 조각이 된다. 에너지 전략을 접한 독자가 국방에도 공헌하는 지구온난화 대책을 자기 일처럼 여기고 행동하는 모범적인 지구 시민으로서, GX 사회의 리더로서 활약하기를 기대해 본다.

감사의 글

이 책을 출판한 도요게이자이신포샤는 2012년에 내게 연락을 주었다. 그러나 당시 나는 아베 총리의 내각관방에 자원전략 담당으로 취임하게 되어 출판을 연기했다.

2022년 1월, 10년이나 걸렸음에도 다시금 출판 기획을 제안해 준 오카다 고지 씨에게 감사를 표한다. 그 후 러시아의 우크라이나 침공으로 에너지 관련 세계정세가 크게 변화하면서 2007년부터 계속한 와세다 대학의 강의 내용도 전면 수정했지만, 많은 학생의 요청에 따라 새로운 정세에 기반한 교양서를 시의적절하게 준비할 수 있었다. 8년간의 내각관방 경험이나 소장으로 일하고 있는 와세다 대학 자원전략 연구소 활동도 반영했다.

2월 24일 나는 우크라이나 침공으로 크게 당황하며 수업 내용을 대폭 수정할 준비를 했다. 연구실 멤버들과 주 3회 10시간이 넘도록 함께 자료를 작성하여 어떻게든 개강 전까지 마칠 수 있었다. 대학원생인 후다노 아라와, 고바야시 다쿠야, 오카다 마사카즈, 요시다 류신, 그리고 초인적인 능력을 발휘해 준 고다마 유코 교수, 아베루 요헤이 교수에게도 감사를 표한다. 매번 작업에 몰두하는 사이 자정이 가까워져 와세다 대학 관리 선생님이 귀가를 재촉한 일이 지금은 그리운 추억이 되었다. 이시노 기코 씨는 모든 원고를 헌신적으로 정리해 주었다.

와세다 대학 자원전략연구소 소속인 셸재팬 사장 요시다 야스코 초빙 연구원, 전 자원에너지청 장관인 구시카베 사토시 초빙 연구원, 네모토 나오코 교수, 나카무라 요시오 교수는 귀중한 의견을 주었다. 또한 경제산업성의 마쓰야마 야스히로, 시미즈 미키하루, 니시카와 가즈미 씨는 전체 원고를 검토해 주었다. 이 자리를 빌려 감사드린다.

그 외 하버드 대학이나 자원 교섭으로 알게 된 해외의 오랜 지인등 많은 사람에게 귀중한 조언을 받았다. 이 책의 집필에 도움을 준 모든 분께 감사를 드린다.

독자 여러분이 이 책을 계기로 세계의 에너지 정세에 관심을 가지고 그 역동성과 낭만, 그리고 냉혹한 현실을 인식할 수 있다면 저자로서 더할 나위 없이 기쁠 것이다.

색인

복잡한 세상을 단박에 정리해주는

세계 에너지 전쟁 지도

지은이 | 히라타 다케오
옮긴이 | 양하은

1판 1쇄 발행 | 2024년 3월 29일
1판 3쇄 발행 | 2024년 9월 30일

펴낸곳 | (주)지식노마드
펴낸이 | 노창현
등록번호 | 제313-2007-000148호
등록일자 | 2007. 7. 10

주소 | (04032) 서울특별시 마포구 양화로 133, 1202호(서교동, 서교타워)
전화 | 02) 323-1410
팩스 | 02) 6499-1411
홈페이지 | knomad.co.kr
이메일 | knomad@knomad.co.kr

값 25,000원
ISBN 979-11-92248-20-2 13320

copyright ⓒ 히라타 다케오